迷わずステップアップ！
脱 初心者の釣り

JN039687

目次

迷わずステップアップ!
脱
初心者の釣り

足場が良くても落水する可能性はゼロではありません。ライフジャケットは必ず身に付けましょう。

釣りの楽しさとは

魚釣りにハマると、次から次へと疑問がわいてきます。どうしたらもっと釣れるのか、大きい魚を釣るためには何が必要なのか、そんなことを考えることこそ釣りの楽しさ。釣りを続ける限り、きっとこの先もたくさんの疑問がわいてくることでしょう。

ひと言で釣りといっても、サビキ釣り、チョイ投げ釣り、穴釣り、ウキ釣り、ルアー釣りとジャンルは多岐にわたり、それぞれの釣りにコツがあります。

本書を読んで、面白そうだと思う釣りが見つかったら、その気持ちが冷めないうちに海辺に立ち、実際にチャレンジしてみるのが一番。堤防や海釣り公園で基本を身に付けたら、さらなるステップアップを目指しましょう。

魚釣りを趣味にすることで自然をより身近に感じることができるようになります。

掛けた魚が無事にタモに入った瞬間は至福のときです。

休日の魚釣りは親と子のコミュニケーションを取るのにも最適な時間となります。

こんなに大きなマダイだって堤防で釣ることができます。

自分だけのお気に入りの釣り場を見つけましょう。

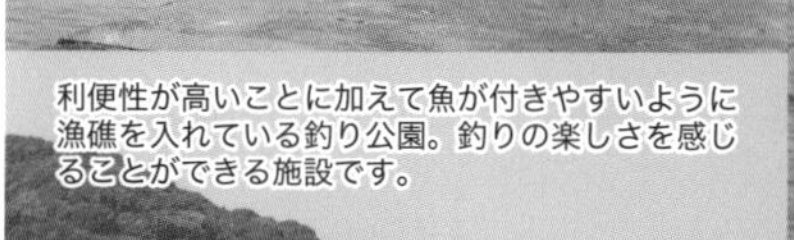
釣り方の基本は足場の良い堤防で覚えましょう。

利便性が高いことに加えて魚が付きやすいように漁礁を入れている釣り公園。釣りの楽しさを感じることができる施設です。

休日の釣り公園は人気のレジャースポットです。

まんまとアジを仕留めることに成功。

チョイ投げ釣りの主役は砂浜の女王と呼ばれるキス（シロギス）。

活発にエサを追うベラが出迎えてくれました。

穴釣りでキャッチしたカサゴ。サバの切り身を食ってきました。

竿は1.5mのルアー用。市販の仕掛けとムシエサを用意すればチョイ投げ釣りを楽しめます。

サビキ仕掛けには必ずアミカゴをセットします。

サビキか投げか穴釣りか、どんな釣りがしたいかを決めて釣り場へ向かいましょう。

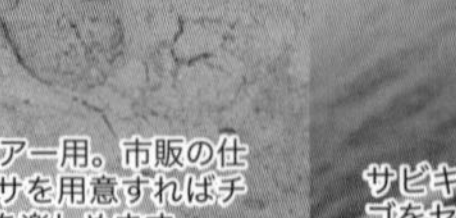

海中に撒いたアミに紛れ込ませるサビキ仕掛け。

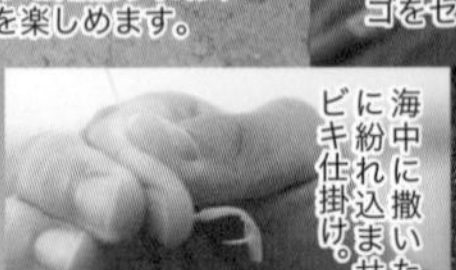

常温保存が可能な人工エサを購入しておけば、いつでも好きなタイミングでエサ釣りを楽しめます。

釣れる魚種の幅を広げてくれるイカの短冊とサバの切り身。

さまざまなエサ釣り

魚にはエサを口にする本能があり、それを利用するのがエサ釣りです。エサ釣りを成功させるためには、釣りたい魚がどこでどんなエサを食べているのかを考えなければなりません。

アミに群がってくるアジを狙うならサビキ釣り、砂浜でゴカイをついばんでいるキスを狙うなら投げ釣り、岩の隙間で甲殻類を待ち伏せているカサゴを狙うなら穴釣りというように、ターゲットごとに有効な釣り方があります。

とはいえ、毎回同じ場所で同じように狙ったとしても、結果が異なるのが釣り。潮の流れ、風の強さ、太陽の位置は刻々と変化し、魚たちは季節の移ろいにも敏感です。人間も魚と向き合うことで、自然の素晴らしさに気づくことができるのです。

アタリを待つ時間も楽しい時間。

偽のエサに生命を吹き込む

ルアーとは疑似餌(ぎじえ)＝偽物のエサのこと。ルアーフィッシングは、さまざまなルアーを駆使してターゲットをキャッチするゲームです。

エサ釣りと比べると難易度が高そうな印象を持たれがちなルアーフィッシングですが、釣れるパターンを見つけてしまえば、入れ食いも夢ではありません。

この「釣れるパターン」に再現性があるかどうかが、ルアーフィッシングの本質といえる部分。たまたま釣れたのではなく、狙って釣った魚に価値を見出すということです。

ルアーフィッシングにおける最も重要なキーワードは、マッチ・ザ・ベイトとリアクションバイト。観察力と想像力、行動力をフル活用して、狙いを定めたターゲットに迫りましょう。

釣れないときはルアーをローテーション。さまざまなタイプのルアーを使って正解を導き出しましょう。

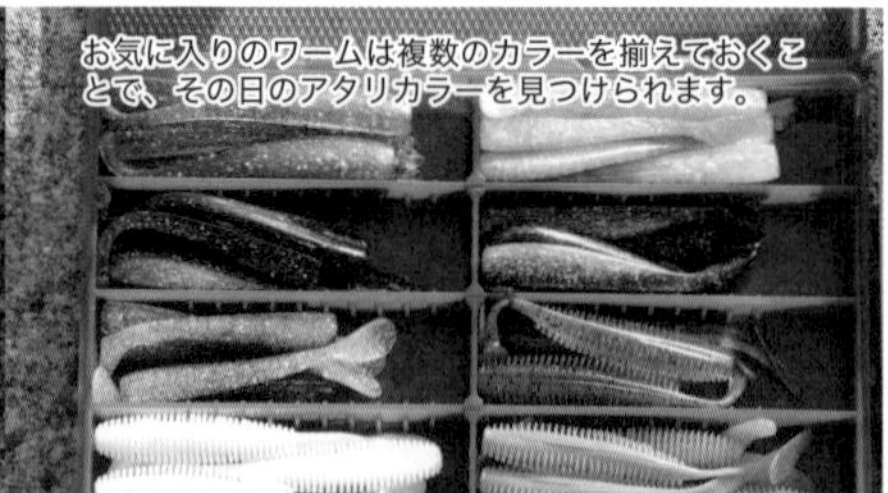
お気に入りのワームは複数のカラーを揃えておくことで、その日のアタリカラーを見つけられます。

ルアーフィッシングの基本はキャスト。きれいなフォームを身に付けて思い切りフルキャストしましょう。

ヒットパターンさえ分かれば爆釣も可能なアジング。

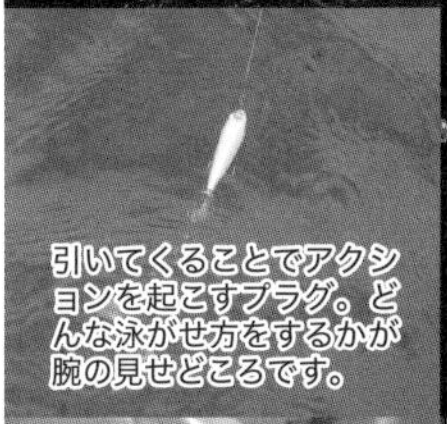
引いてくることでアクションを起こすプラグ。どんな泳がせ方をするかが腕の見せどころです。

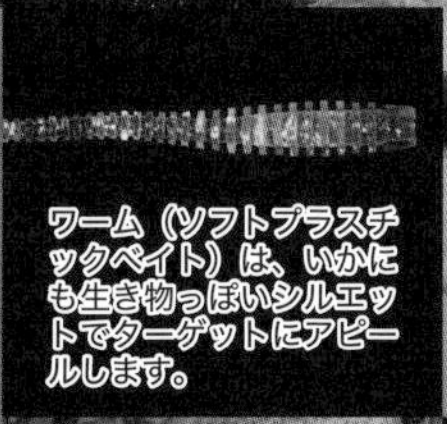
ワーム（ソフトプラスチックベイト）は、いかにも生き物っぽいシルエットでターゲットにアピールします。

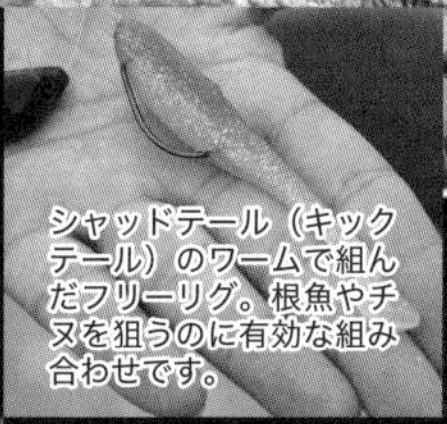
シャッドテール（キックテール）のワームで組んだフリーリグ。根魚やチヌを狙うのに有効な組み合わせです。

同じ形をしたルアーでも海面に浮かぶルアーはフローティング、沈むルアーはシンキング。

ジグヘッドが上あごに掛かったアジ。アタリを確実に感じ取ってしっかりとフッキングを決めましょう。

メタルジグでボトムを狙えばハタ類を釣ることもできます。

メバルはワームにもプラグにも反応の良い魚です。

プラグにアタックしてきたカサゴ。根魚狙い専用のクランクベイトを使いました。

堤防から狙える最大級のターゲットはシーバス（スズキ）。ヒットしたシーバスはエラ洗いという豪快なファイトで楽しませてくれます。

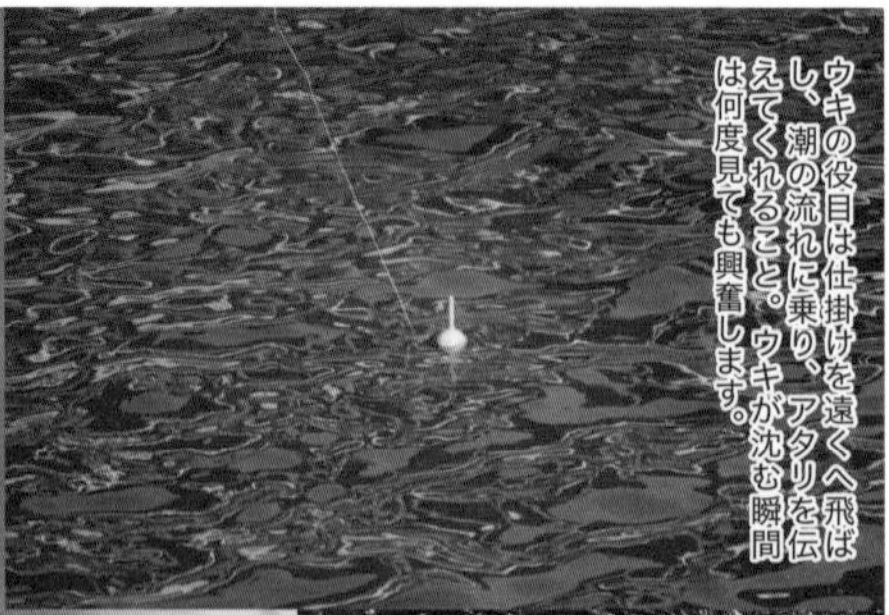
ウキの役目は仕掛けを遠くへ飛ばし、潮の流れに乗り、アタリを伝えてくれること。ウキが沈む瞬間は何度見ても興奮します。

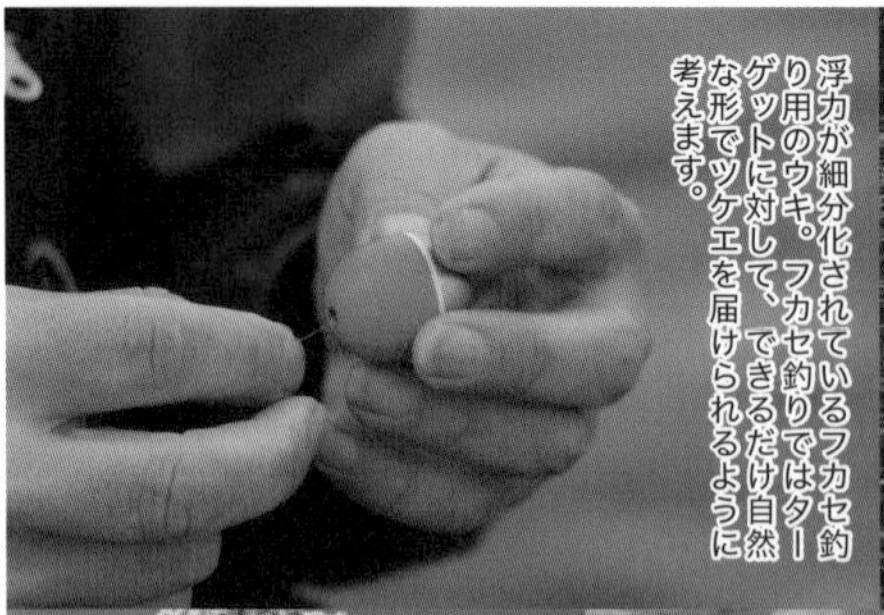
浮力が細分化されているフカセ釣り用のウキ。フカセ釣りではターゲットに対して、できるだけ自然な形でツケエを届けられるように考えます。

堤防からのウキ釣りでメインのターゲットとなる魚はチヌ。この魚しか狙わないという人もいるほど高い人気を誇ります。

カゴ釣りに欠かせないエサとなっているオキアミボイル。解凍しただけでは海面に浮かんでしまうので、あらかじめ海水を吸収させて使いましょう。

オキアミと集魚材を混ぜて作ったマキエ。マキエヒシャクを使って狙ったポイントに投入します。

遠くまで仕掛けを流しているときにアタリが出たら、素早く糸フケを取ってアワせましょう。

カゴの中にマキエを入れて、ハリに刺したツケエを食わせるカゴ釣り。遠投してもマキエとツケエを同調させやすい点がメリットです。

ハリに装着するオキアミの頭を取るか取らないかは、狙っている魚の活性、エサ盗りの有無、潮の速さなどを考慮して決めます。

ウキを使った釣り

ウキを使用する釣りは仕掛けのバリエーションや使用するパーツが多く、初心者の目には面倒で難解な釣りに映りがちです。しかし逆にいえば、非常に奥が深い釣りだということ。とりわけ戦略的なマキエワークを行うフカセ釣りに関しては、各地の名人が独自の釣法を考案し、進化が止まることはありません。

狙うのはハリの大きさやハリスの太さのわずかな違いにも敏感な魚。エサ盗りと呼ばれる本命以外の魚をかわすためにはツケエの種類を替えてみたり、装着法の工夫も必要です。

パワフルな魚が一気にウキを消し込んでいくのもこの釣りの魅力。アワセが決まった次の瞬間からスリリングな攻防が始まります。

1

漁港の各部名称

漁港の各部名称を覚えて、本書を読む上で正しく理解できるようにしておきましょう。呼び名は人や地域により若干違ってきますが、基本を知っていれば大丈夫です。

魚には見えている？

海を泳いでいる魚が見えるということは、魚からも人が見えていると思ってよいでしょう。魚の視野は片目で180度ありますから、真後ろ以外はほとんど視認可能です。

しかし、海中には濁りがあり空気中よりも透明度が低いため、少し距離を置くだけで魚にはバレにくくなります。

「見える魚ほど釣れない」とよく言われるように、見えない魚を狙うのが魚釣りの基本となります。

しかし、見えない場所を釣るわけですから、魚がいることを知っていないと、まったく釣れません。でも安心してください。魚が集まる場所はある程度決まっており、そこを『ポイント』と呼んでいます。

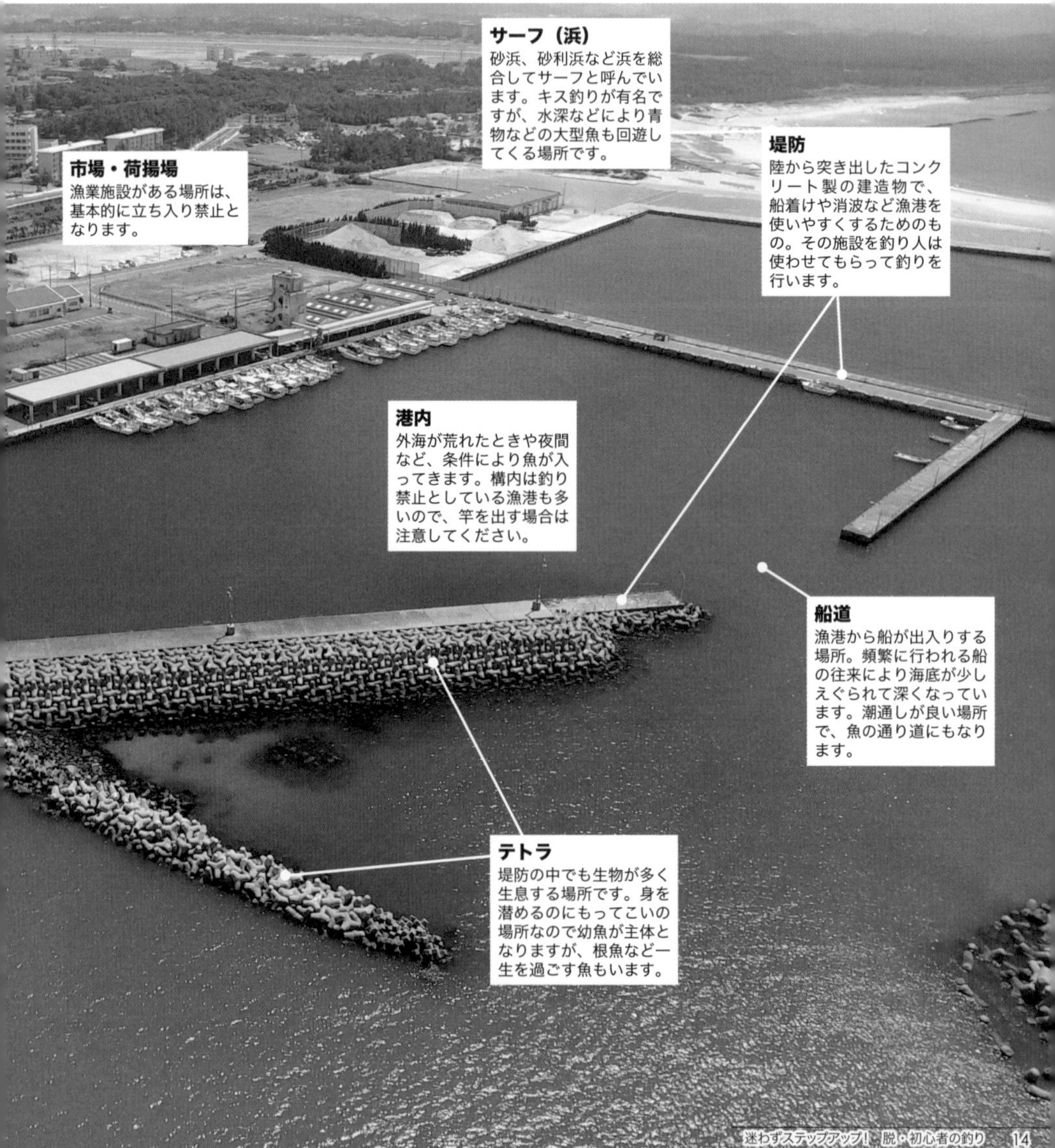
サーフ（浜）
砂浜、砂利浜など浜を総合してサーフと呼んでいます。キス釣りが有名ですが、水深などにより青物などの大型魚も回遊してくる場所です。
市場・荷揚場
漁業施設がある場所は、基本的に立ち入り禁止となります。
堤防
陸から突き出したコンクリート製の建造物で、船着けや消波など漁港を使いやすくするためのもの。その施設を釣り人は使わせてもらって釣りを行います。
港内
外海が荒れたときや夜間など、条件により魚が入ってきます。構内は釣り禁止としている漁港も多いので、竿を出す場合は注意してください。
船道
漁港から船が出入りする場所。頻繁に行われる船の往来により海底が少しえぐられて深くなっています。潮通しが良い場所で、魚の通り道にもなります。
テトラ
堤防の中でも生物が多く生息する場所です。身を潜めるのにもってこいの場所なので幼魚が主体となりますが、根魚など一生を過ごす魚もいます。

沖堤防
歩いて行けない場所ですが、渡船で渡れる場合もあります。地続きの堤防で腕を鍛えたら行ってみましょう。

赤灯台・白灯台
海から陸に向かって港に入るとき、船の右側に赤灯台、左側に白灯台というのが法律で定められています。

スロープ（船揚場）
スロープ内は危険なため立入禁止ですが周辺を狙うことはできます。普段は期待の薄い場所ですが、港内に魚が入っているときは期待できます。

導流堤
河口付近に設置されている長い堤防です。

桟橋
砂利などの資材を船に積み込むために造られたもの。桟橋上や作業中は立入禁止。大型船が接岸できるように周囲が深く掘られています。

石積みの堤防
石で積み上げられて造られた堤防。足場が不安定なので注意。比較的波が穏やかな場所に設置されています。

地磯・灯台
地続きで歩いて行ける磯を地磯と呼びます。見晴らしが良く突き出した岬には灯台が設置されており、ここも魚影が濃くなりやすい場所です。

河口
河川が海へと流れ込む場所。汽水域であり、シーバス（スズキ）やハゼ、チヌなどが釣れるポイントです。浅くてもナイトゲームでは実績が高い場所です。

2

堤防の主なポイント

堤防全体が魚礁のようなものなので、どこで狙っても釣れる可能性はありますが、よく釣れる場所はだいたい決まっています。効率良く魚を狙うためにもポイントを知っておきましょう。

漁港の主なポイント

スロープ
船を海から引き揚げて、修理や点検をする場所。立ち入り禁止。

漁業施設
当然立ち入り禁止エリアとなります。周辺への駐車もしないようにしましょう。

排水口
水産物加工場からの排水がある場合は、エサが豊富なので生物が多く寄ってきます。釣り禁止でなければ、作業の邪魔にならないように釣りを楽しみましょう。特によく釣れるというわけではありません。

魚を狙うにはある程度の水深も必要です。海底まで透き通って見える場所では期待が薄いので、まずは底が見えない場所で竿を出しましょう。

港内
港内には海底にロープなどが沈んでおり、底付近を狙う釣りだとすぐに引っ掛かってしまいます。釣り禁止としている場合もあるので、確認してから竿を出しましょう。漁港の出入り口付近では、アジなどが釣れる可能性が高くなります。

テトラの切れ目
魚がテトラの中にずっと隠れているわけではありません。出入りしている魚も多く、暗い場所から明るい場所を通るエサを待ち構えている場合もあります。

テトラ周辺
特に穴釣りで使われる場所ですが、波が当たって酸素が多いため生物も多くそれをエサとする魚も寄ってきます。ポイントの目安としやすい場所でもあります。

2

漁港は波を穏やかにするために設置された、漁業者の作業場所です。漁港全体で潮がどのように流れているかを知ることで、どこに魚が集まるか予想できます。まずは潮が淀んでいない場所を目安に狙ってみましょう。

堤防のコーナー
潮の流れに変化ができる場所は、酸素が生成されたり、エサが流れてきたりする場所なので、釣りのポイントになります。
外海から潮が入ってくる場所
漁港外からダイレクトに潮が流れ込んでくるような場所では、港内に居着く魚も増えてきます。潮がどのように流れているか、漁港全体をチェックしてみましょう。
堤防の先端付近
先端付近はどこでも人気の場所です。それだけチャンスがあるポイントでもありますが、釣りやすいというのも一つの要因です。
船道
船が出入りする場所なので、往来に注意して竿を出しましょう。釣りを禁止している漁港もあります。
外海に面しているところ
漁港や堤防で釣りをする場合、基本的に外海に面している場所で竿を出します。その中でも、潮が動いている場所を選びますが、分からない場合は、堤防の先端付近を目安にするとよいでしょう。
海底の起伏の変化
海底の地形はなかなか視認できませんが、調べる方法はいくつかあります。海底の起伏は魚が居着きやすい場所というのを覚えておきましょう。
沖の流れ
沖には速い潮が流れています。沖の潮が遠くて届かない場合でも、この潮に引かれるように流れる潮ができていれば狙い目です。

潮目を知ろう

潮の動きはある程度視認して予測することが可能です。写真のように、海の色が他の場所と異なっているところ（線のような部分）を「潮目」と呼び、流れの異なる潮がぶつかっている場合にできやすいものです。一帯で一番速い流れを「本流」と呼び、これに引かれるように流れる潮を「引かれ潮」と言います。その他にも反転流や湧昇流、潜り潮など釣りではさまざまな潮に名前がつけられており、そのほとんどがポイントになります。海釣りではこの「潮の流れ」が釣れるキーワードとなりますので、ポイント探しの重要事項として認識しておきましょう。

変化を知ろう

地形の変化を波や色で知ることもできます。地形変化もポイント選択の基準となりますので、知っておきましょう。

写真左は浅い場所と深い場所の違いによる、波の違いです。境界線には波が立っています。深い場所では波が大きく、浅い場所では波は小さくなります。

右の写真は、海面の色で地形の障害物を知ることができるものです。色が濃くなっている海底には、海藻や岩があることを教えてくれています。海底の障害物は魚が立ち寄るステーションとなりますので、見逃さないようによく周囲を観察しましょう。

3

水中から堤防を観察してみよう

海底の様子をリアルに知っていることで、釣りを有利に展開することが可能となります。ルアーやエサの位置をしっかりと想像して、魚のいるところをダイレクトに狙いましょう。

水深が浅く日差しが届いていると海中でもこんなにきれいに見通すことができます。

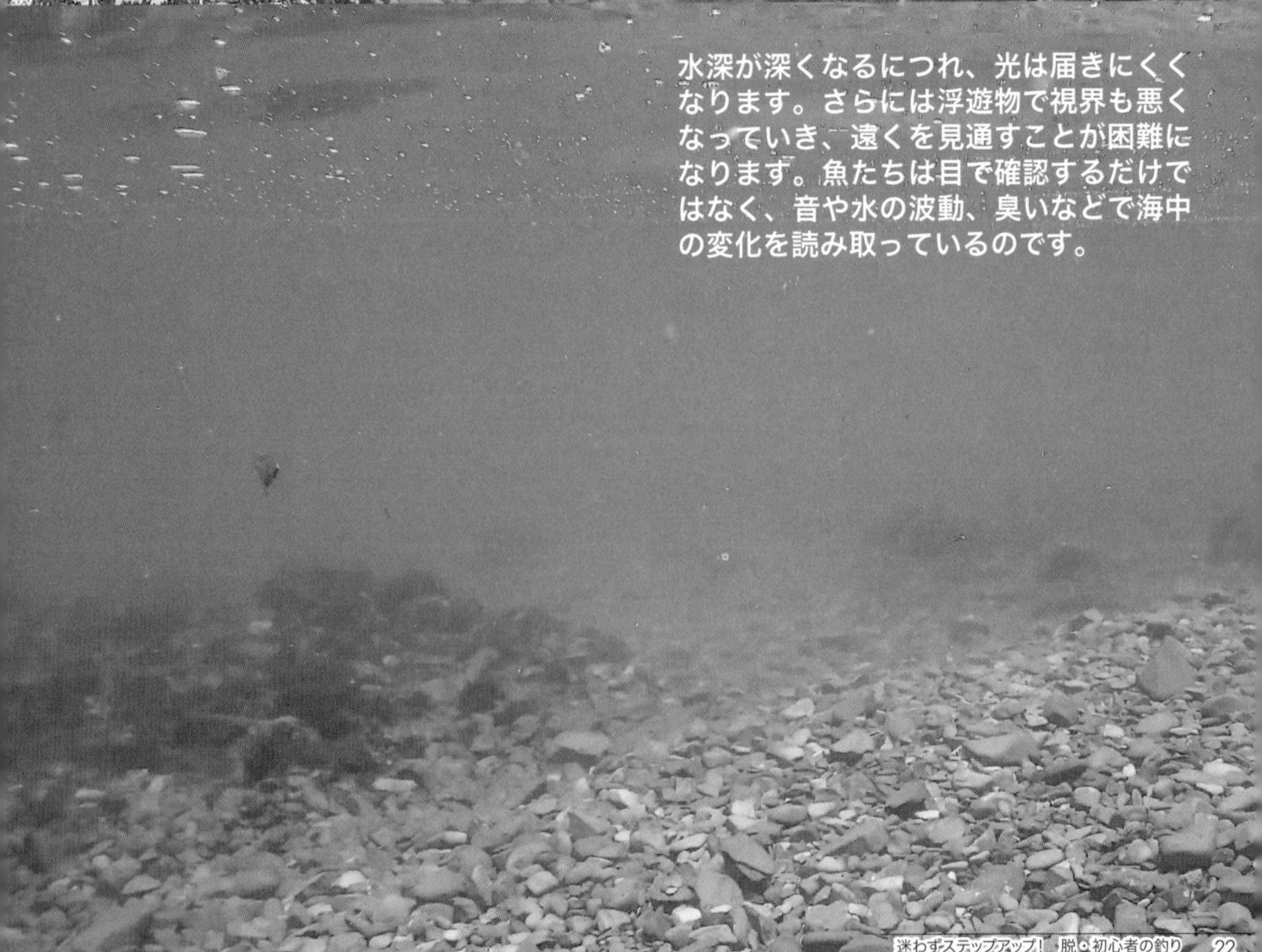

水深が深くなるにつれ、光は届きにくくなります。さらには浮遊物で視界も悪くなっていき、遠くを見通すことが困難になります。魚たちは目で確認するだけではなく、音や水の波動、臭いなどで海中の変化を読み取っているのです。

3

小魚の群れは、下から見るとこのように見えます。外敵から見えにくくするため光と同化するように、お腹は白くカモフラージュされています。

角度が急なカケアガリは、潮の流れの変化も大きくなります。また、斜面は光が当たりやすいため植物なども多く生育しています。

どんな釣りでもポイントとされるカケアガリ（ブレイク）。大小さまざまで角度も違いますが、規模が小さくても魚の姿を見ることができます。

フィッシュイーターたちは浅場へと魚を追い込み、捕まえやすくして漁を行います。

潮が絶えず当たる場所なので酸素量も多くたくさんの生物がいます。

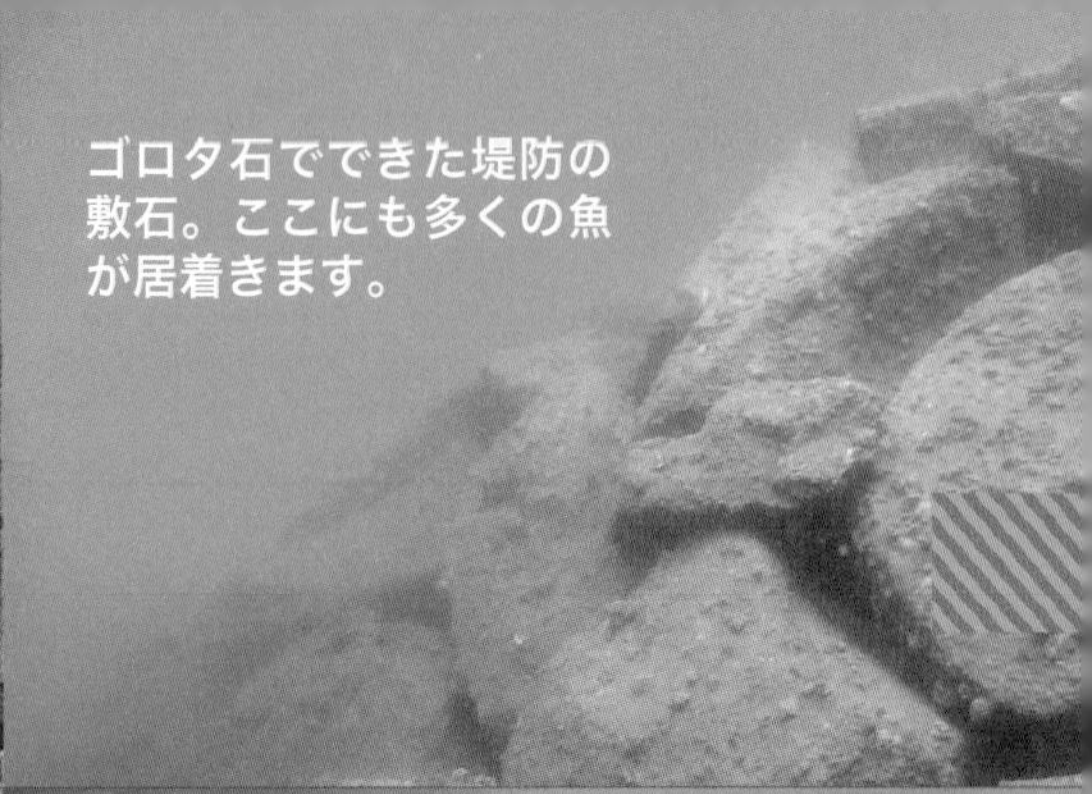
ゴロタ石でできた堤防の敷石。ここにも多くの魚が居着きます。

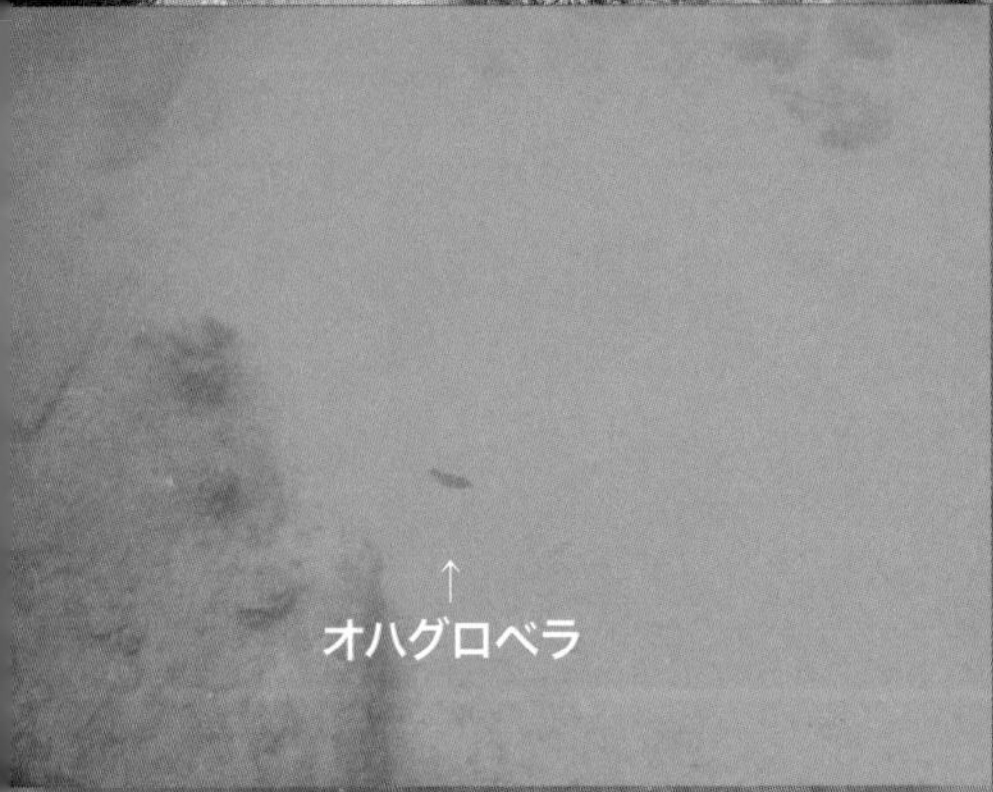
↑
オハグロベラ

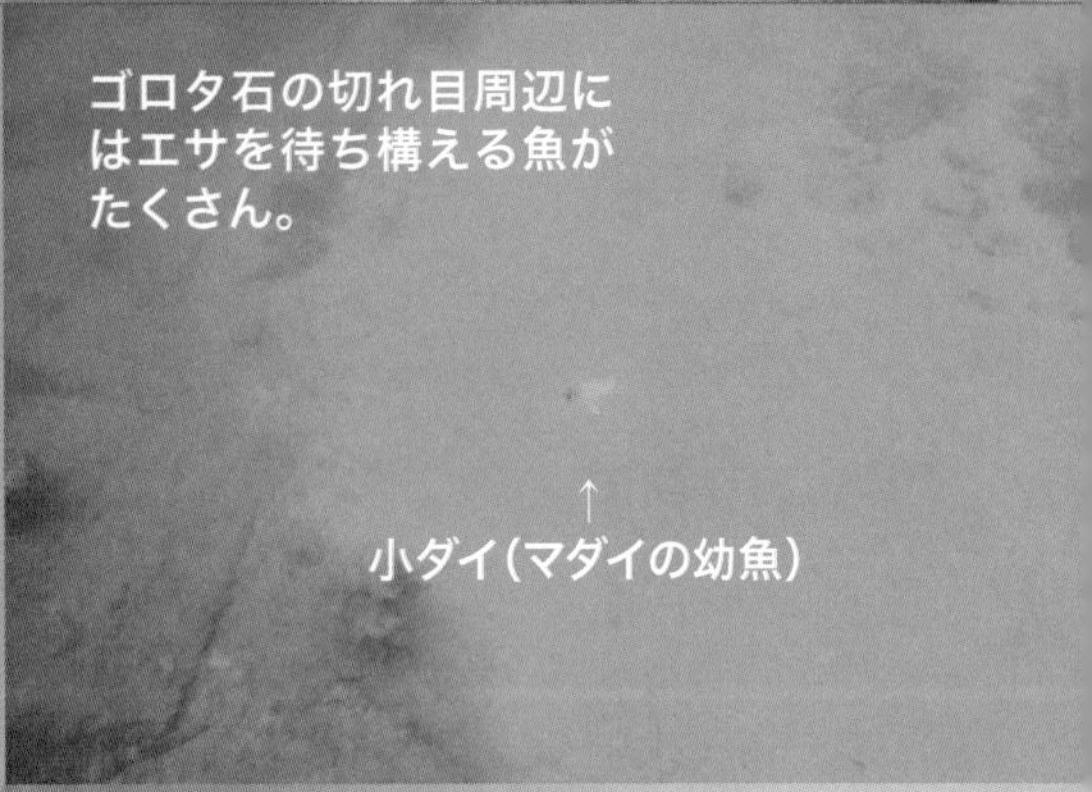
ゴロタ石の切れ目周辺にはエサを待ち構える魚がたくさん。
↑
小ダイ（マダイの幼魚）

イシダイの幼魚
↓
↑
ヒダリマキ
堤防の先端の様子。ここでは、敷石として穴のあいたブロックが敷き詰められています。堤防のケーソンには生物がぎっしりと繁栄しています。潮通しが良く酸素量が多く、日当たりが良いことを証明しています。

3

穴あきブロックの穴の中にも、多くの魚が隠れています。ブロックやテトラは、幼魚や小さな生物にとっては身を隠す場所であり、エサ場ともなります。

釣りで一般的に「海底が砂場」と呼ばれる写真。海水浴場のような完全な砂ではなく、小石混じりの場所の方がポイントとなりやすいようです。

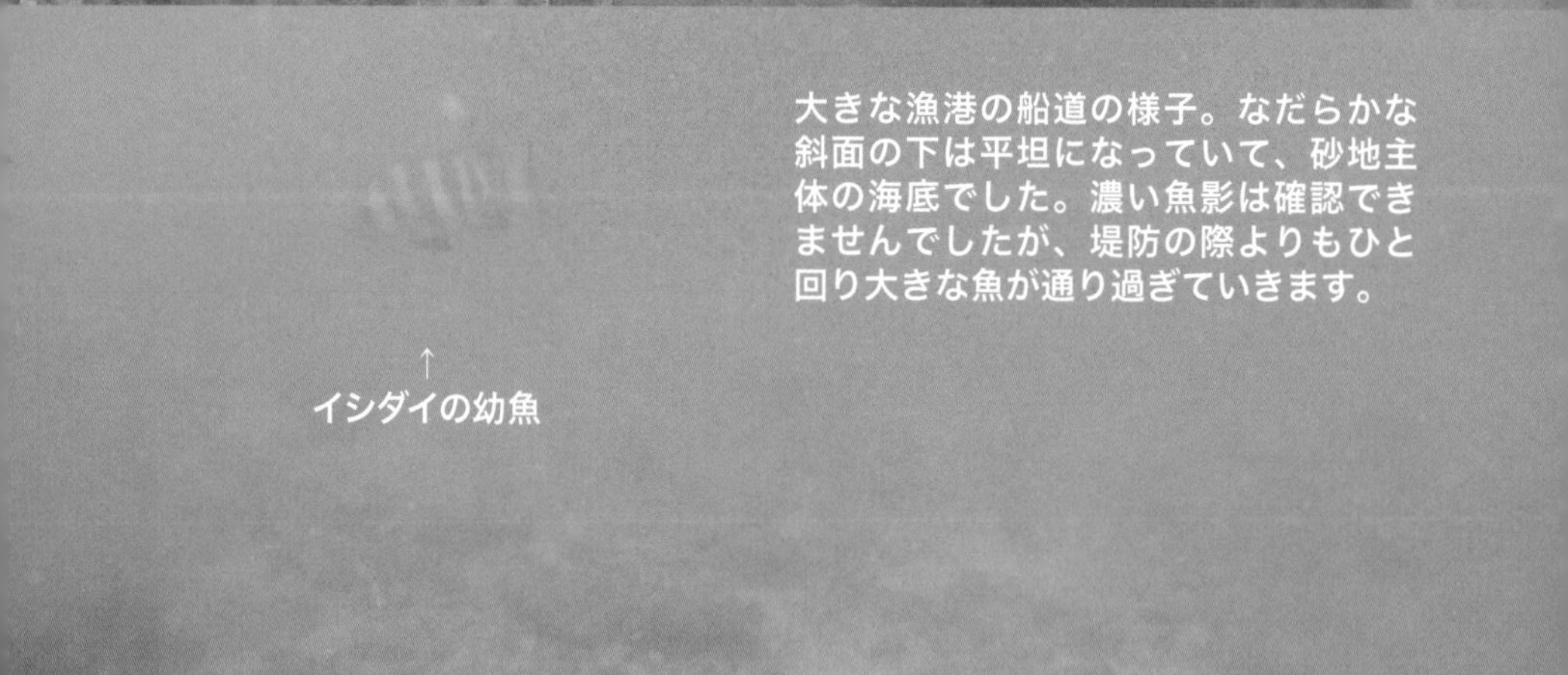

大きな漁港の船道の様子。なだらかな斜面の下は平坦になっていて、砂地主体の海底でした。濃い魚影は確認できませんでしたが、堤防の際よりもひと回り大きな魚が通り過ぎていきます。

砂地主体ですが植物も多く見られます。

4

釣りをするときの注意点

釣りに限らず、どんなレジャーでもマナーとルールを守ることが大切です。また港湾部ならではの注意事項もあります。安全に釣りを楽しむためにも、基本の注意事項を理解しておきましょう。

釣りができないところ

港湾部の中には、釣りができない場所もあります。看板などで注意喚起されていることもありますが、見逃してしまいそうなものもあります。釣りをしてよい場所とそうでない場所の区別をしっかりとして、安全に釣りを楽しみましょう。

解放されているように思える堤防でも、釣りができるところとできないところがあります。

立ち入り禁止

漁港や商用港では立ち入り禁止エリアが設定されていることがあります。フェンスで仕切られ、大きく看板が出ている分かりやすいケースもありますが、小さく標されているだけで、一見分からないようなこともあります。

また荷物の積み降ろしが行われている商用港では、ＳＯＬＡＳ《ソーラス》条約（海上人命安全条約）により立ち入り禁止エリアが設定されていることがあります。テロ対策として施されているもので、フェンスなどで仕切られていることがほとんどですが、誤って入ってしまうと厳重に処罰されるので注意してください。立ち入り禁止と書かれているにも関わらず、中に入って釣りをしている人をたまに見かけますが、他の人が入っていても決して真似をしないようにしましょう。

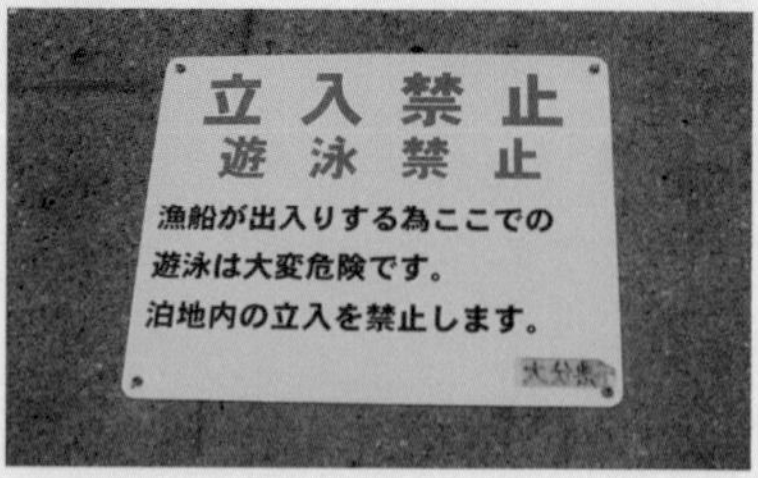

立ち入り禁止となっている場所には例え他の人が入っていても入らないようにしましょう。

釣り禁止

入ることは問題なくても、釣りが禁止されている場所もあります。

入ることは問題なくても、釣りが禁止されている場所があります。港の一部の堤防であったり、港全体が禁止となっていることもあり、看板が出ていたり、堤防に大きく書かれている場合もあります。最初に周りをよく見て、釣りをしてよい場所なのか確認するようにしましょう。

作業中の場所

網などの漁具は漁師にとってとても大事で、また高価なものです。決して触らないようにしましょう。

荷物の積み降ろしなどの作業をしているところには近づかないようにしましょう。作業の邪魔になるだけでなく、大変危険です。

また、漁港では漁に使う網などの道具を干していたり、メンテナンスのために置いていることがあります。勝手に触ったりすることはもちろんですが、その周辺に近づかないようにしましょう。

係留してある船

船が係留してある場所では仕掛けやルアーがロープに引っ掛かることがあるので、釣りをしないようにしましょう。

仕掛けやルアーが船を係留しているロープに引っ掛かり、それを放置したために漁師がケガをする事例が報告されています。

禁止はされていないケースが多いですが、係留してある船の近くでの釣りは避けましょう。

港内

港の内側での釣りを禁止している漁港があります。船の出入りの邪魔になったり、係留している船に仕掛けを絡ませたり、破損させたりすることがあるからです。

ほとんどの場合、分かりやすく標記されていますが、だれも港内で竿を出していない場合はよく確認するようにしましょう。

船の往来の邪魔になるので、港の内側で釣り禁止になっているところもあります。

その他

船を陸に揚げたり、海に入れたりするために設けらているスロープは基本的に立入禁止です。また、魚の水揚げをしたり、競りなどを行う漁協の建物周辺には作業がされている、いないに関わらず近づかないようにしましょう。

時間帯によって立ち入りを禁止している場所もありますので、必ず確認するようにしましょう。

漁協の建物周辺は近づかないようにしましょう。

堤防での注意事項

堤防の多くは漁港や荷物の発着のための商用港などに設置されています。つまり堤防は港で働いている人や港を利用して仕事をしている人のための施設なのです。

多くの堤防は一般に解放されており、もちろん釣りを楽しむこともできますが、あくまでも釣りをさせてもらっている、という認識を持つことが大切です。

残念ながら、過去に釣り人の事故があったり、釣り人の迷惑行為により立ち入り禁止や釣り禁止となってしまった堤防は少なくはありません。

とは言っても、何も難しく考えることはありません。一般的な常識の範囲で「きちんと安全を確保して、周りの迷惑になるような行動をしない」ということを心がければよいだけなのです。

よく問題になるのが駐車場所、騒音、ゴミなどです。周囲に住む人やそこで仕事をする人の迷惑になるようなことがないように心がけましょう。

車は駐めてよい場所なのかよく確認してから駐車するようにしましょう。

5

釣りに必要な道具（基本編）

釣りをするうえでなくてはならない基本の道具があり、揃えなければ釣りを始めることができないので最初に購入する必要があります。自分にどのような道具が必要なのか知っておきましょう。

釣りをするうえで、まず必要になるのが竿、リール、ラインです。中には竿やリールを使わない釣りもありますが、本書ではこの3点を使う釣りを紹介しています。どのようなものを選べばよいのかしっかりと理解して購入するようにしましょう。

それぞれの釣りの解説の中に必要な道具は記していますので、参考にして選んでもらえばよいでしょう。

釣りをするうえでメインの道具となるのが竿、リール、ライン。

竿

釣りの種類によって専用のものが数多くラインアップされており、選ぶのが一番難しいと考えられるアイテムです。

いろいろな釣りに使われることを想定して作られているものもありますが、基本的には自分がやりたい釣りの専用品を選ぶ必要があります。

そのため、まずは自分がどのような釣りをしたいか、どんなターゲットを狙いたいのかを決める必要があります。

竿はまず、エサ釣り用とルアー釣り用の2種類に大きく分けることができます。

エサ釣りとルアー釣りでは竿に求める要素が大きく異なり、使用されているパーツや構成もかなり違っていますので流用できないものもあります。

エサ釣り用の竿

陸からのエサ釣り用の竿はルアー釣り用に比べて長いというのが一つの特徴になります。長い仕掛けを扱いやすくするためというのが大きな理由です。

ほとんどのものは振り出し式（テレスコピック）と言われる構造で、パイプ状のパーツを引き出して伸ばしていく仕組みになっています。

使いやすさを考慮した2mクラスのものから6mクラスまで長さはさまざまですが、堤防で使うのであれば3～5m程度が扱いやすいでしょう。

通称「万能竿」と呼ばれるいろいろな釣りに使えるものもありますが、投げ釣り用やウキフカセ釣り用など、釣り方に合わせた専用のものを選ぶと、より快適に釣りが楽しめ、高い釣果を得やすくなります。

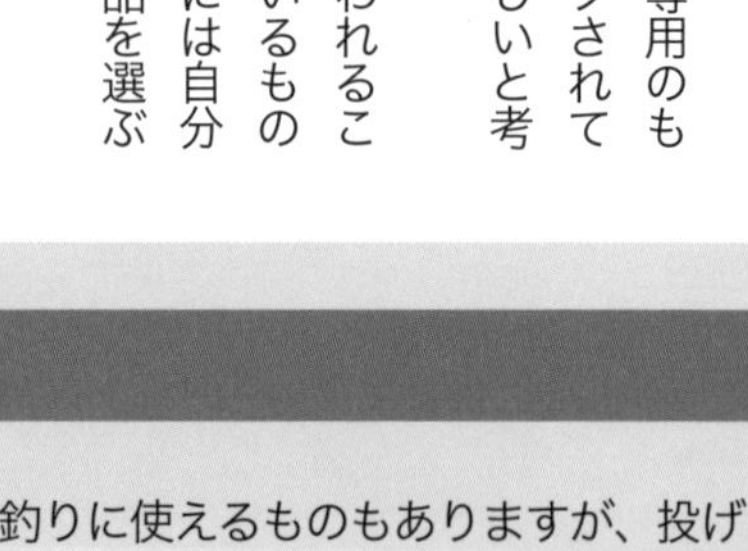

エサ釣り用の竿を畳んだ状態。

ルアー釣り用の竿

ルアー釣り用の竿は、ルアーを自在にアクションさせることに重点が置かれています。そのため操作性を重視してエサ釣り用の竿よりも短く設定されています。

陸からのルアー釣り用の竿は7～10ft（約2.1～3m）くらいのものが多く、2本のパーツを中心で接続して使用する、並継ぎの2ピースと言われる構造が主流です。

主に堤防で使うことを考えるのなら、あまり長いものは必要ありません。短めの方がルアーを軽快にアクションさせることができ、疲労や体への負担も小さいのでおすすめです。

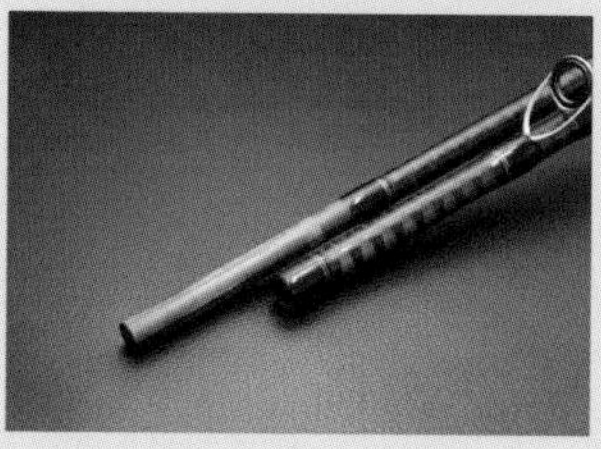

ルアー用の竿のジョイント部分。

ルアー釣り用の竿はターゲット別に専用品が数多く販売されています。まずはしっかりと自分が狙いたいターゲットを決めてから竿を選ぶ必要があるでしょう。

リール

リールは大きく分けてスピニングリールとベイトキャスティング（両軸）リールがありますが、陸からの釣りの場合、特にこだわりがないのであれば、キャストでライントラブルが少ないスピニングリールがおすすめです。

スピニングリールを選ぶ主な基準となるのは、使用するラインが必要な長さ巻けるかどうかということです。

リールにはサイズがあり、番手と呼ばれる数字で変わってきます。陸からの釣りでよく使われるは500～10000番程度で、数字が大きくなるほどサイズは大きくなり、より太いラインを巻けるようになります。

堤防からの釣りでは2500～4000番程度が主に使われています。

スピニングリール。

ライン

ラインには大きく分けて二つの役割があり、一つはリールのスプールに巻きつけて、仕掛けやルアーと釣り人を繋ぐことです。これをエサ釣りでは道糸、ルアー釣りではメンインラインと呼びます。

もう一つは道糸やメインラインの先端に結束して仕掛けにしたり、ルアーとの接続に使うもので、エサ釣りではハリスやエダス、ミキイト、ルアー釣りではリーダー(ショックリーダー)と呼んでいます。どちらも材質によっていくつか種類がありますが、現在主流となっているのはナイロンライン、フロロカーボンライン、PEラインの3種類です。

それぞれに性質の違うラインで、釣りの種類によって選ばれるものが異なってきます。

エサ釣り全般に広く使われるナイロンライン。

仕掛け・ルアー

基本の道具が揃ったあとは、それぞれの釣りに合わせて必用なものを揃える必用があります。

エサ釣りではウキやカゴ、ハリ、オモリなど釣りの種類によって必用なものがそれぞれ違ってきます。また、仕掛けは市販のものを使った方が便利なことも多いです。

ルアー釣りではターゲットによって使うルアーを替える必要があります。

また、同じ魚を狙う場合もいろいろなルアーが必用になるケースもあります。

仕掛けや必用なルアーはそれぞれの釣り方の項で記載していますので、参考にしてください。

ルアー釣りでは一つのターゲットに対していろいろなルアーを使うことがあります。

釣りに必要な道具（その他編）

6

最も基本となる道具の他にも必要なものはいくつかあります。それがないと釣りができないわけではありませんが、ないと困るもの、あると便利なものなど持っておきたいアイテムを紹介します。

タモ

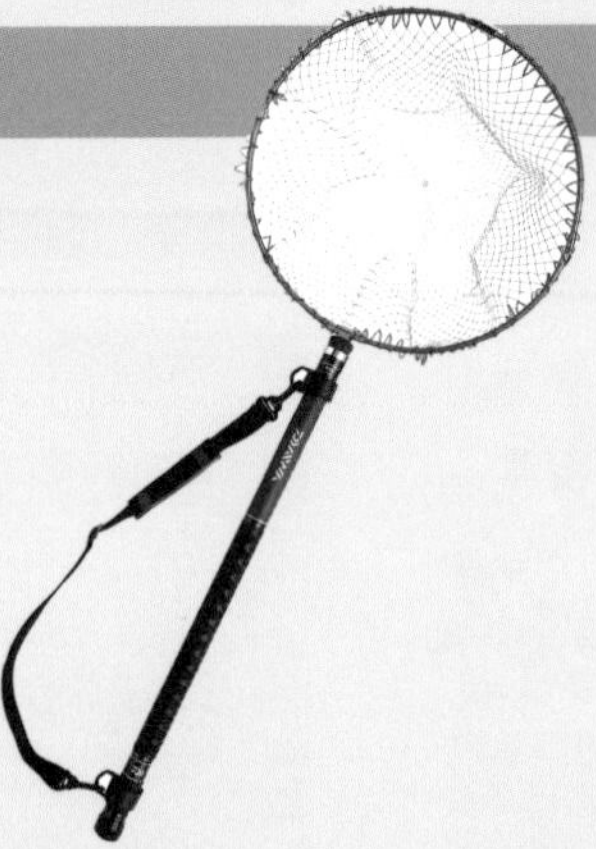

釣った魚を取り込むのに使うアイテムです。魚を無理に抜き上げようとすると、竿などを破損する原因になりますし、確実に取り込むためにはタモを用意しておいた方がよいでしょう。

タモ枠を装着するシャフトの長さはいろいろとあり、自分が釣りをするであろう場所に合わせるのがベターですが、よく分からない場合は５ｍを選ぶとよいでしょう。

ラインカッター

ラインを切るためのアイテムです。仕掛け作りなどで必要になります。形状はいろいろあるので、好みで選べばよいでしょう。

PEラインを使う場合のみ少し注意が必要です。PEラインは専用の刃先のものでないときれいに切れないので対応品を選ぶようにしましょう。

プライヤー

魚に掛かったハリを外す、オモリを潰す、ラインを切るなどいろいろな目的で使用します。必ず１本は持っておきたいアイテムです。アルミ製やステンレス製などがありますが、力を入れるような作業をする場合は強度が高いステンレス製がおすすめです。

また、ルアー釣りの場合はスプリットリングを開くための爪が先端に設けられているものを選ぶとよいでしょう。

フィッシュグリップ

魚を掴むためのアイテムです。人間の体温は魚に対して非常に高いため、素手で掴むと魚が弱る原因になります。また、魚のヒレやエラで手をケガする可能性もありますし、粘液で手が汚れてしまいます。

掛かったハリを外すときなどに魚をしっかりと固定できるので、大変便利です。

魚の胴の部分を掴むタイプと口を掴むタイプがありますが、胴を掴むタイプはプラスチック製で構造が簡単で価格が安いのが特徴です。

口を掴むタイプは多少価格が高くなりますが、力を使わずにしっかりとホールドできる仕組みになっています。

口を掴むタイプ

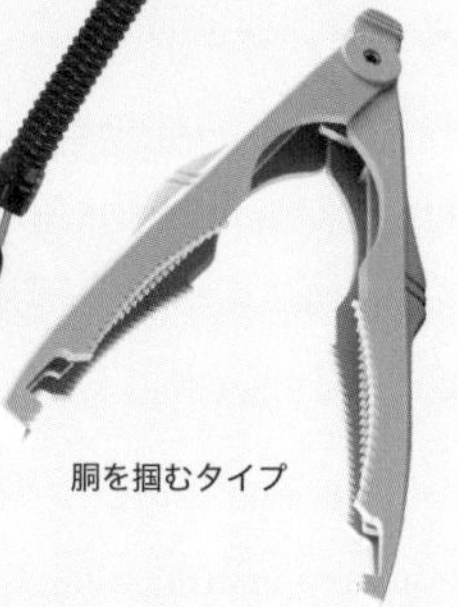

胴を掴むタイプ

小型の魚には胴を掴むタイプ、大型の魚には口を掴むタイプが向いています。

6

ライト

夜間に手元や足元を照らすためのものです。暗い時間帯に行動する場合は必要になります。

特にルアー釣りでは夜間に活発に捕食活動をする魚が多く、ナイトゲームが主流になるターゲットも少なくありません。

また、早朝や夕方にも使用することがあります。

LEDが普及してから、明るく価格も安いものが多く販売されるようになりました。選ぶときは300ルーメン以上の明るさがあるものがよいでしょう。

頭にセットするヘッドライトタイプが主流ですが、首に掛けるものやベストに装着するものなどあります。自分のスタイルに合ったものを選ぶとよいでしょう。

収納ケース

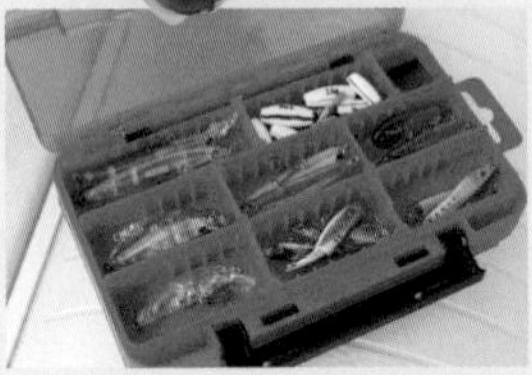

仕掛けに使うハリやオモリなどの小物やルアーなどはそれなりに数が増えるのできちんと整理しておきたいものです。

100円ショップ商品を利用してもよいですが、釣具店では、ハリやオモリ、ルアーなどの専用ケースも売られています。専用品はより使いやすく高機能に作られていますので、使い勝手を求めるのなら専用品を購入してみるとよいでしょう。

水汲みバケツ

名前の通り、水を汲むためのバケツです。ヒモが付いており、海に落として海水を入れてから引き上げます。バケツ自体はビニール製で折り畳めるものもあります。

エサを作るときに混ぜる海水を汲み上げたり、手を洗ったりするほか、魚を一時的に活かしておくこともできます。

クーラーボックス

釣った魚を入れるというのが一番の目的ですが、飲み物などを冷やしておくためにも使用します。

狙う魚の大きさに合わせたものが必用になりますが、サイズが大きくなると重量も増えるので持ち運びが大変になります。

「大は小を兼ねる」よりも適正なサイズを選ぶことが大切です。

堤防釣りなら持ち運びを考えると、10L前後がおすすめです。

釣りに最適な格好

7

釣りはアウトドアのレジャーです。快適に楽しむためには適した服装というのがあります。また、海という大自然を相手にするので、事故やケガから自分の身を守る安全上の配慮も求められます。

ライフジャケット

固形式の浮力体を使ったベストタイプ

膨張式の浮力体を使ったタイプ

ポーチタイプ

肩掛けタイプ

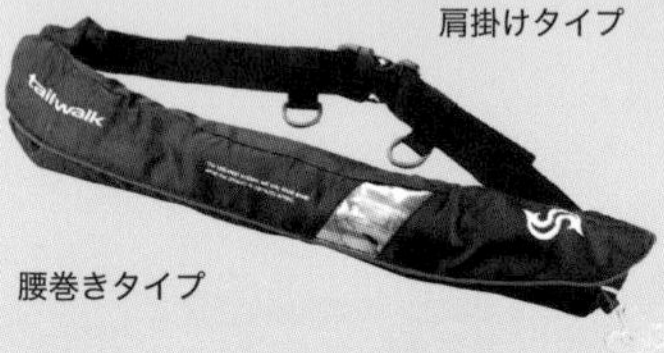

腰巻きタイプ

万が一の落水時に浮力を得ることで身を守るためのものです。足場が整備された堤防での釣りは比較的安全性が高いですが、それでも海という自然を相手にして水辺で行うレジャーです。自分の身を自分で守るためにも着用することが望ましいです。

ライフジャケットに使用される浮力体には固形式と膨張式があります。

固形式は主にベストタイプに使われ、膨張式は肩掛けタイプ、腰巻きタイプ、ポーチタイプなどがあります。

ベストタイプにはただ浮くことのみを目的としたシンプルなものと、多くのポケットや釣りに必用な装備を備えた機能的なものがあります。

高機能なものは釣りに必用な道具や仕掛け、ルアーなどを全て身に付けることができるためとても便利です。しかしその反面、重量が増えるため装着感にわずらわしさを感じることもあります。

膨張式は内蔵されているボンベにより、浮力体が浮き輪のように膨らむタイプです。通常は浮力体は折り畳まれて収納されているため、軽量・コンパクトというのが特徴です。

膨張式には落水時に自動で膨らむものと手動のものがあります。自動膨張式は落水時に気を失っても機能するので、より安全性が高くなります。

膨張式の中で一番安全性が高いのは肩掛けタイプです。首回りをしっかりとサポートしてくれるので、気を失っていても頭を水面上にホールドして呼吸を確保することができます。

腰巻きタイプやポーチタイプは動きを妨げず、使用感がほとんど気にならないというメリットがあります。

服装

釣りをするうえで好ましい服装と装備（気温が高い時期用）。

動きやすいものというのが大前提になりますが、基本的に肌を露出しない服装が好ましいです。

釣りはハリの付いた仕掛けやルアーを扱います。ハリを肌に引っ掛けてしまうと大ケガに繋がることもあります。また強い日差しも肌に負担をかけます。釣りの最中は気が付かなくても、後でひどく日焼けしていた、ということも少なくありません。

また、夏場は虫に刺されやすくなってしまいます。

アウトドアでのレジャーは長袖、長ズボンのスタイルが好ましいですが、気温が高い時期は半袖やショートパンツの下にスパッツやコンプレッションウエアなどを着用するのもよいでしょう。

靴は滑りにくいソールを採用したスニーカーが好ましく、動きやすく疲れにくいものを選びましょう。

サンダルやかかとのないシューズはおすすめできません。

帽子

帽子も着用しましょう。日差しから頭部を保護するだけではなく、仕掛けやルアーのハリから守るという意味合いもあります。

形状や素材はどのようなものでも構いませんが頭部を保護するという面では、ツバが広いハットが優れていると言えるでしょう。

また、冬場はニット帽が快適です。キャップの上からニットを被ると、日差しを遮ることができる上に耳を冷たい外気から保護してくれます。

ハット

キャップ

サングラス

海辺では海面の照り返しもあるため、太陽の眩しさはひときわです。また、仕掛けやルアーのハリから目を保護するという意味でもサングラスの着用をおすすめします。

釣りで使うなら偏光タイプをおすすめします。偏光レンズが採用されているものは、海面の反射を抑え、水中が見えやすくなるなどのメリットがあります。

グローブ

手のケガなどを防ぐほかに、釣り竿を持つときに滑りにくくなる、手への負担を減らしてくれるなどのメリットがあります。

釣り用は細かい作業がしやすいように指先がカットされたものがスタンダードです。３本指カットや５本指カットなどがあります。

3本指カット

5本指カット

8

タックルセッティングのやり方

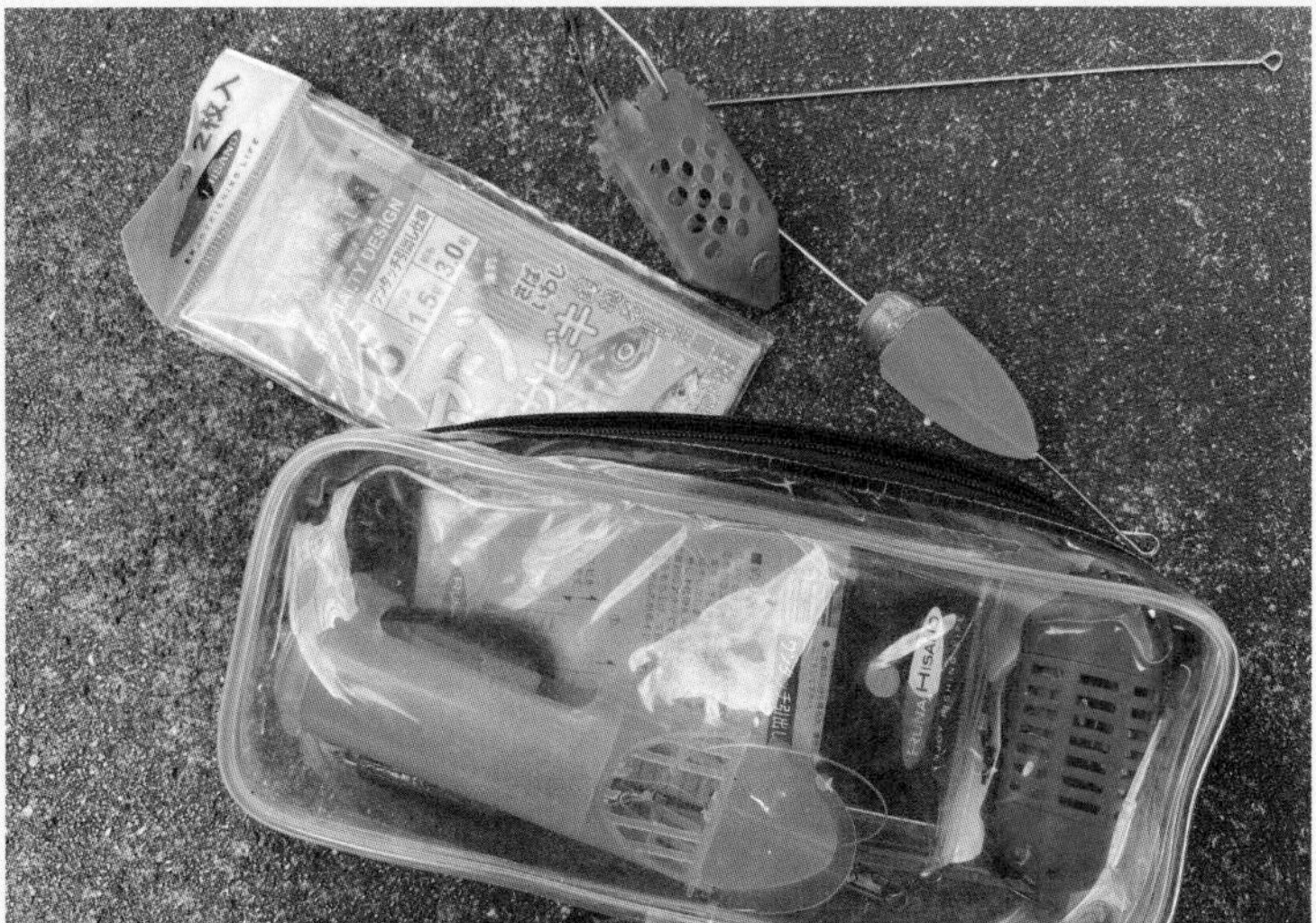

初歩の初歩である、タックルの組み方を紹介します。一度覚えてしまえば、自分なりの組みやすい方法を考えるとよいでしょう。素早く、丁寧に、効率良く行うのが基本です。

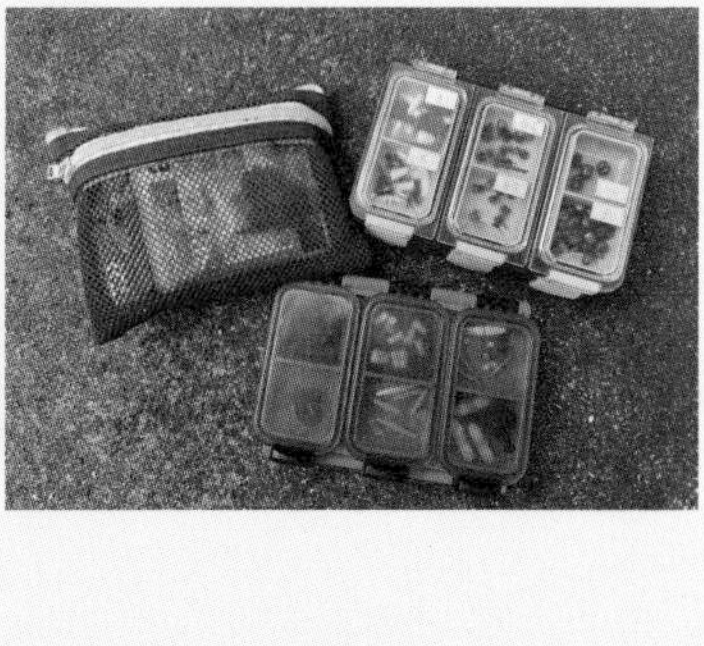

竿とリールの注意点

竿先は折れやすい

竿の先端部分をトップやロッドティップと呼びます。竿の中では一番細くできていることもあり、特に初心者は竿先を折ってしまうトラブルが多いようです。原因は突く、ラインが絡まる・強く引く、踏むなどです。注意して取り扱いましょう。破損箇所は釣具店で修理することも可能です。

リールの部品紛失

リールのトラブルは、スピニングリールの先端に付いているドラグネジが緩んで落とす、ハンドルのネジが緩んで落とす、ベイルアームが曲がる、ラインローラーが固着するなどです。巻き心地が重くなった、異音がしはじめたなども故障のサインです。日頃からメンテナンスを行いましょう。

ライン通し忘れ

トラブルではありませんが、リールを竿にセットしてラインをガイドに通した後、リールのベイルを開けずに行ってしまい、ラインが巻けない状態になることがあります。全てやり変えなくても、リールのスプールを一旦外してベイルを開け、ラインを掛け変えれば対処可能です。覚えておきましょう。

ルアーロッドのセッティング（2ピースロッド）

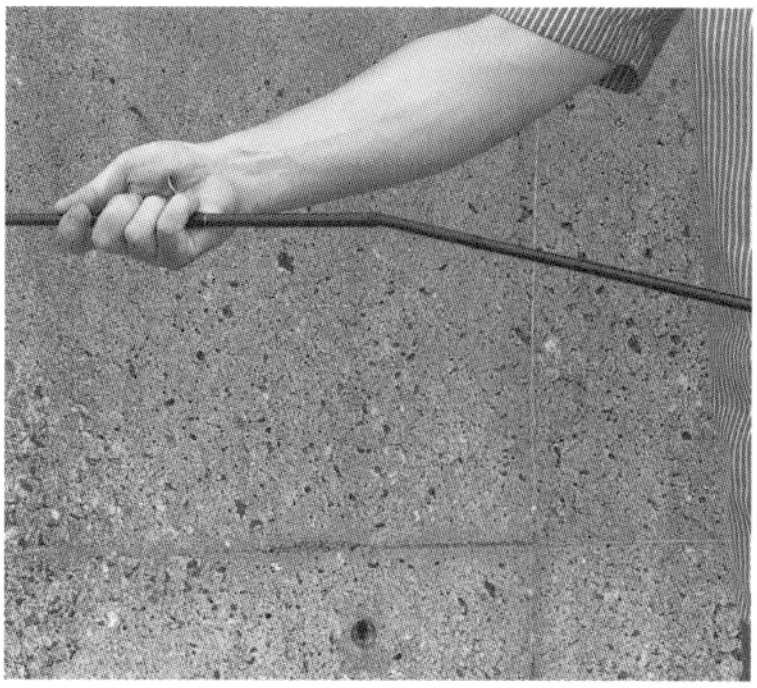

①二つに分かれているロッドをしっかりと繋ぎ合わせます。印籠継ぎ・逆並継ぎは最後までは入りません。

②リールシートにリールをセットします。ガタがないか確認して外れないようにしっかりと固定してください。

③リールのスプールを開きます。

④リールからラインを引き出します

⑤ガイドにラインを通します。通し忘れや、ガイドリング以外に通さないように注意してください。

⑥手元まで引き出したらリールスプールを閉じます。ロッドを小脇に抱えて、ルアーにラインを結びます。

8

振り出し竿のセッティング（テレスコピックロッド）

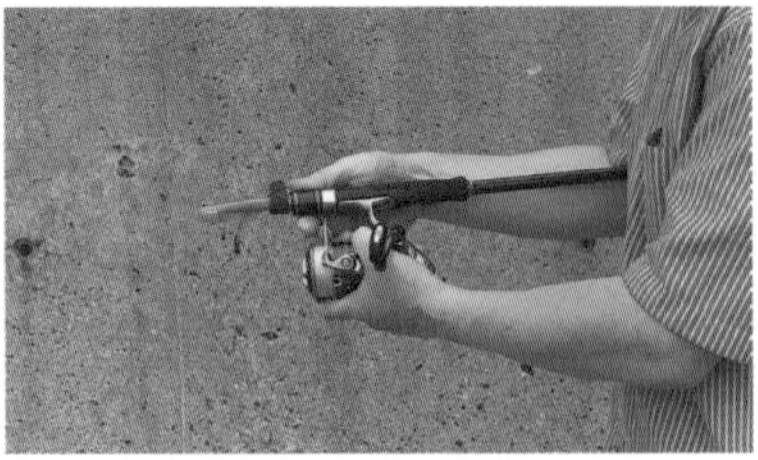

①リールシートにリールをセットします。固定側から差し込んでロックします。ガタがないかチェックしてください。

②竿のキャップを外します。下に傾けると勝手に竿が伸びてしまうので注意。

③リールのベイルを開けて、ラインを引き出します。

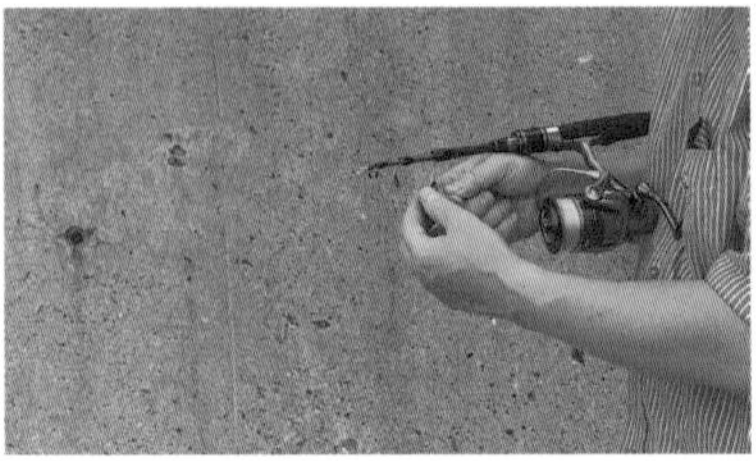

④竿のガイドにラインを通します。通し忘れ、穂先破損に注意してください。

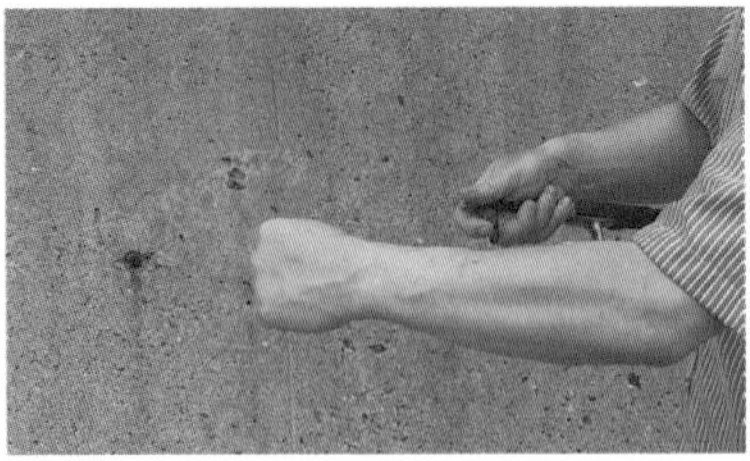

⑤通し終えたら、抜けないように少し長めにラインを引き出しておきます。ここで仕掛けをセットしてもOK。

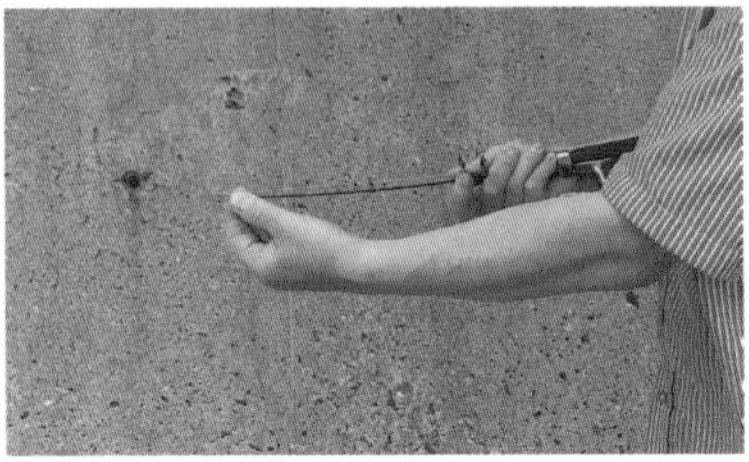

⑥竿の先から伸ばしていきます。竿と一緒にラインを持って伸ばせば、ラインが勝手に抜けてしまうことを防止できます。

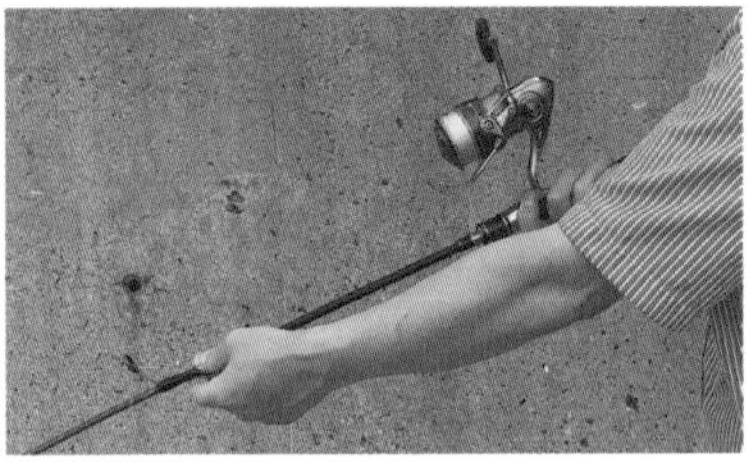

⑦伸ばし終えたら、ガイドが全て同じ方向を向くように調整してください。

⑧手元までラインを伸ばしたら、リールのベイルを閉じます。その後、仕掛けを結びます。

①竿にリールをセットし、ラインをガイドに通します。振り出し竿の場合は、最後に竿を伸ばします。

②引き出したラインにウキ止め糸を結びます(一番最後でもOK)。

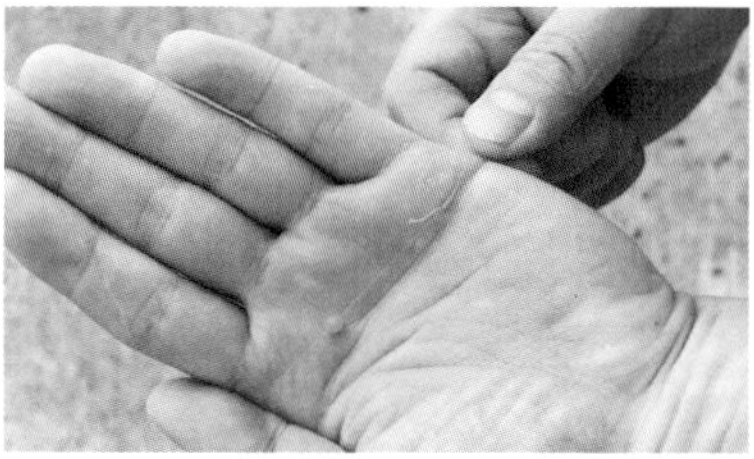

③シモリ玉を通します。穴に大小(テーパー)がある場合は、小さい穴から通します。

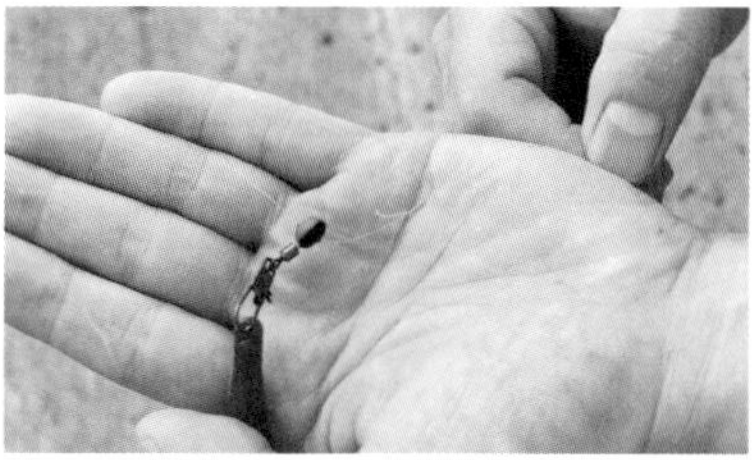

④ウキを通します。写真のようにシモリペットを使う場合は、シモリ玉は不要です。小さい穴から通します。

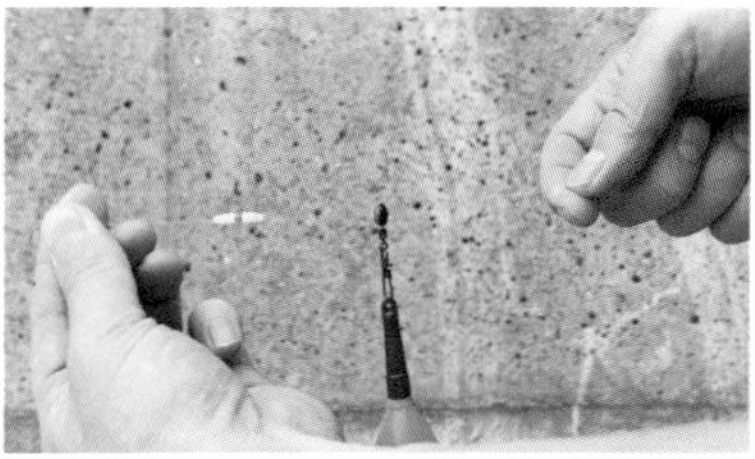

⑤ウキストッパーのゴムを通して、棒で固定します。ゴムは、上部は細い方から通し、下部は太い方から通します。

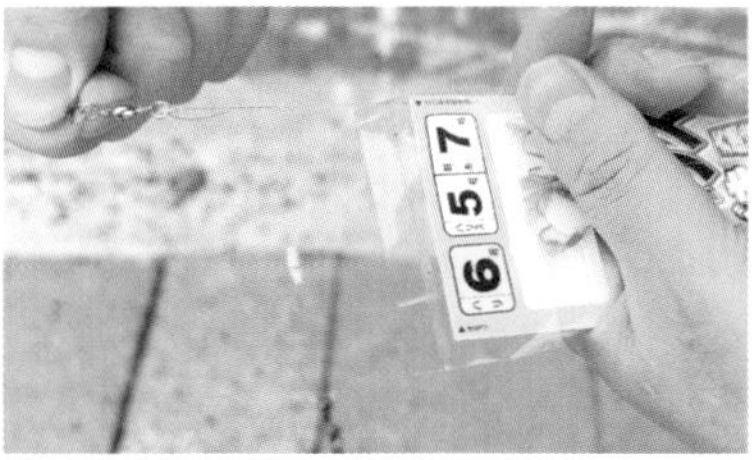

⑥サビキ仕掛けを結びます。

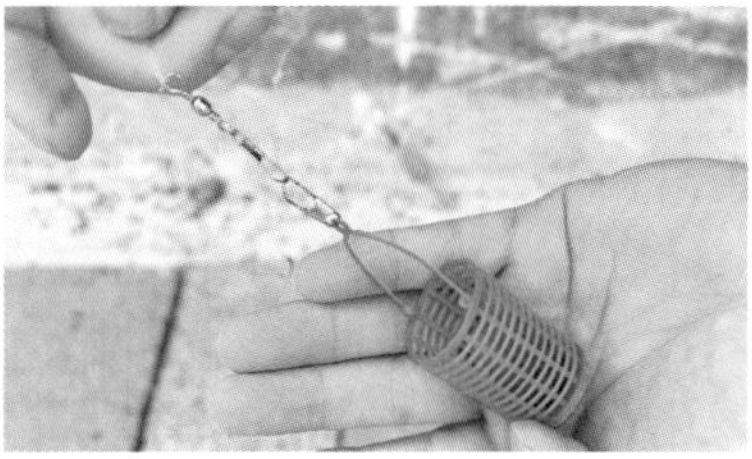

⑦サビキカゴを取り付け、台紙からサビキ仕掛けを解きます。

⑧ウキストッパーはウキの長さ分、サビキ仕掛けから離してください。ウキが仕掛けに絡みにくくなります。

チョイ投げ仕掛けの作り方(ジェット天秤)

①竿にリールをセットしたら、ラインの先端を手に取ります。

②ジェット天秤のフロートが付いている方へラインを、ユニノットやクリンチノットで結びます。

③ジェット天秤の反対側の環に、投げ釣り仕掛けのスナップを取り付けます。金具を開いて……

④環に通して閉じるだけです。

⑤絡まないように、仕掛けを台紙から引き出します。

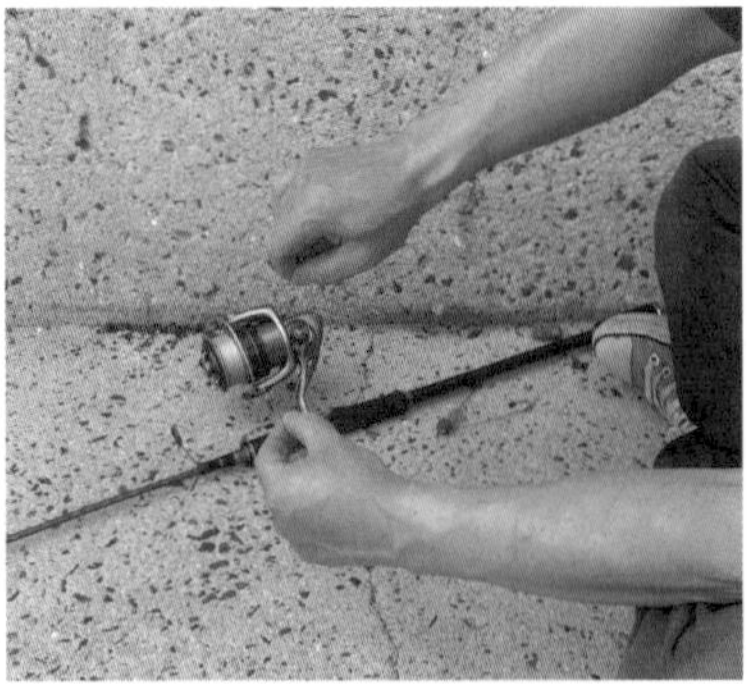

⑥エサを付けたら釣り開始です。

ウキ仕掛けの作り方(半遊動仕掛け)

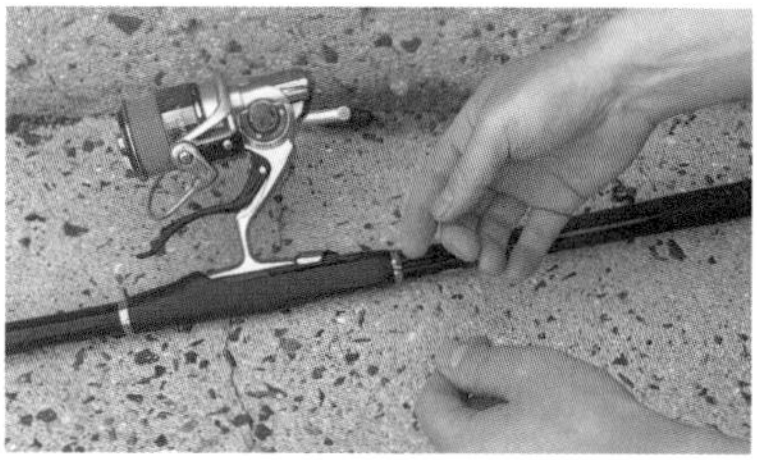

①竿にリールをセットし、ラインをガイドに通します。

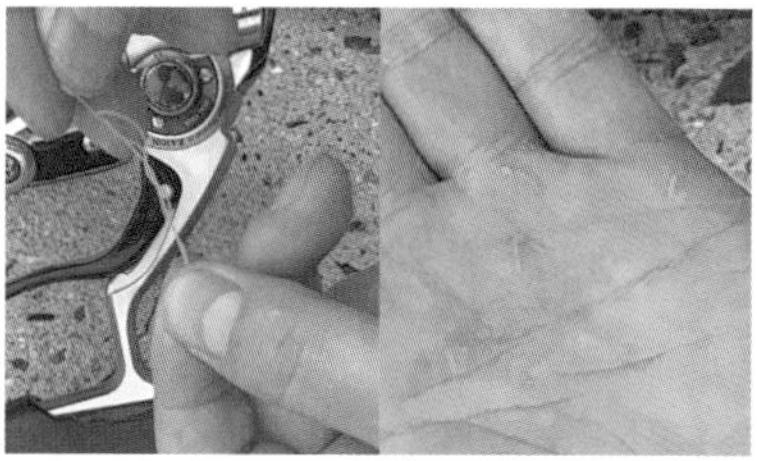

②引き出したラインにウキ止め糸を結びます(一番最後でもOK)。

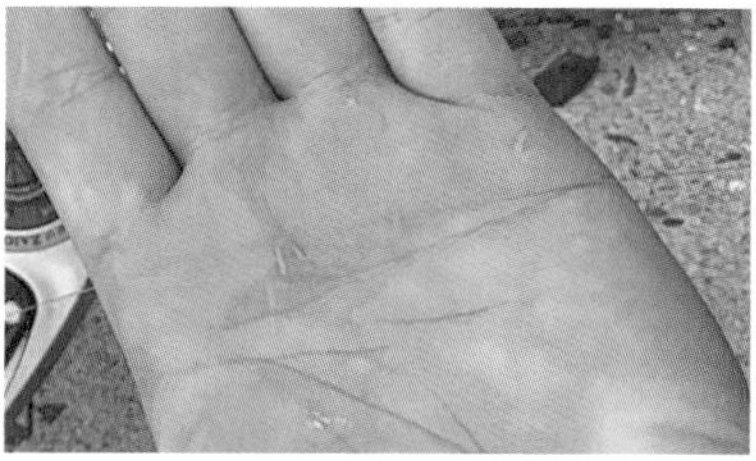

③シモリ玉を通します。ウキ止めが通過しない穴径を使用してください。小粒が最適です。

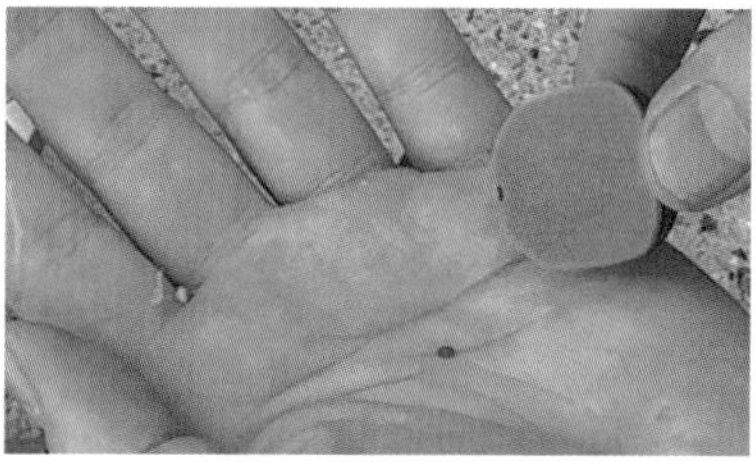

④ウキを通します。上下に注意してください。通常は絵柄を見て判断できます。

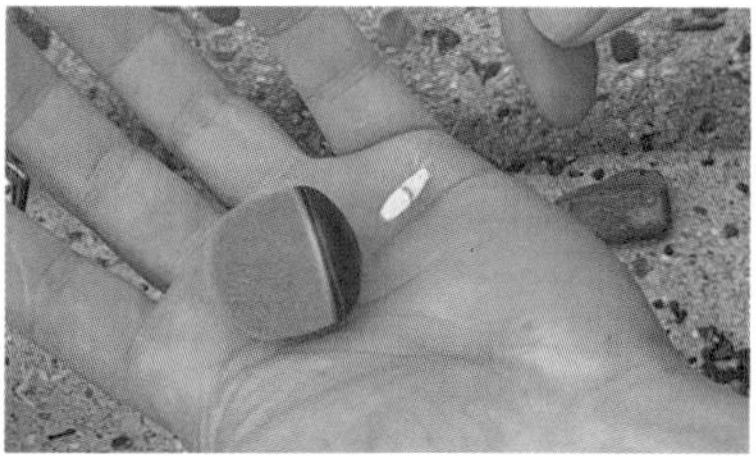

⑤ウキストッパーのゴムを通して、棒で固定します。

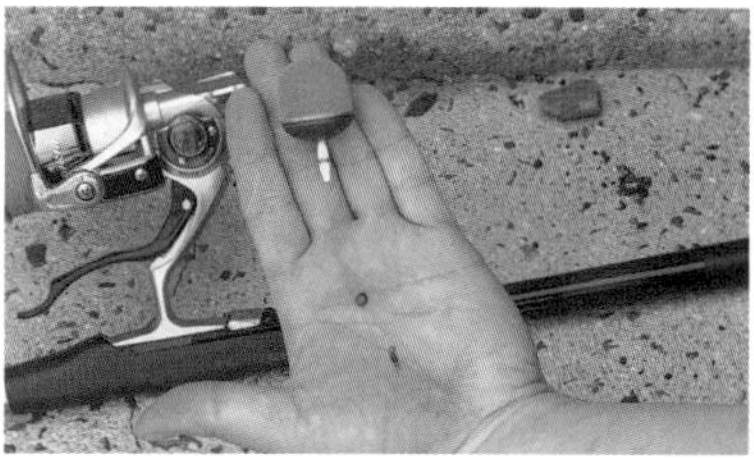

⑥スイベルを結び、ガン玉をセットします。ガン玉のサイズはウキの浮力(号数)と同じものを取り付けます。

⑦ハリスをスイベルに結び、3mほど引き出してカットします。

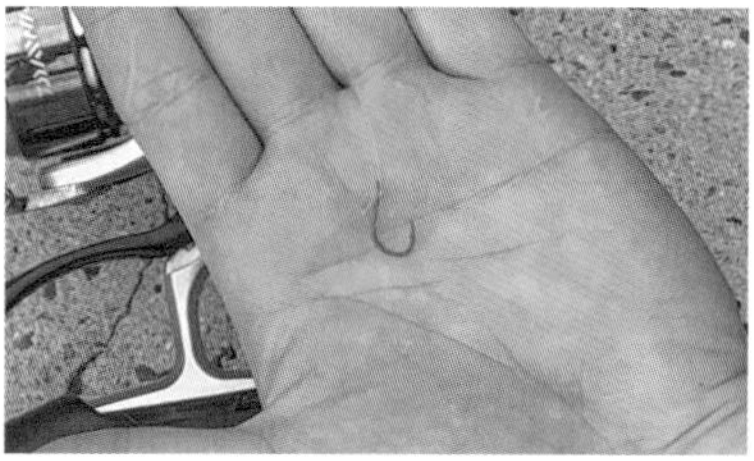

⑧ハリを結んで完成です。ウキ止めの位置は、狙う深さに調整してください。

ルアーのセット方法

作業時のロッドの構え方

ルアー釣りだけではなく、ウキ釣りでも同じですが、ロッドを持ったまま作業する場合は、ロッドを小脇に抱えるようにして作業を行うと、両手が使えてスムーズに行なえます。

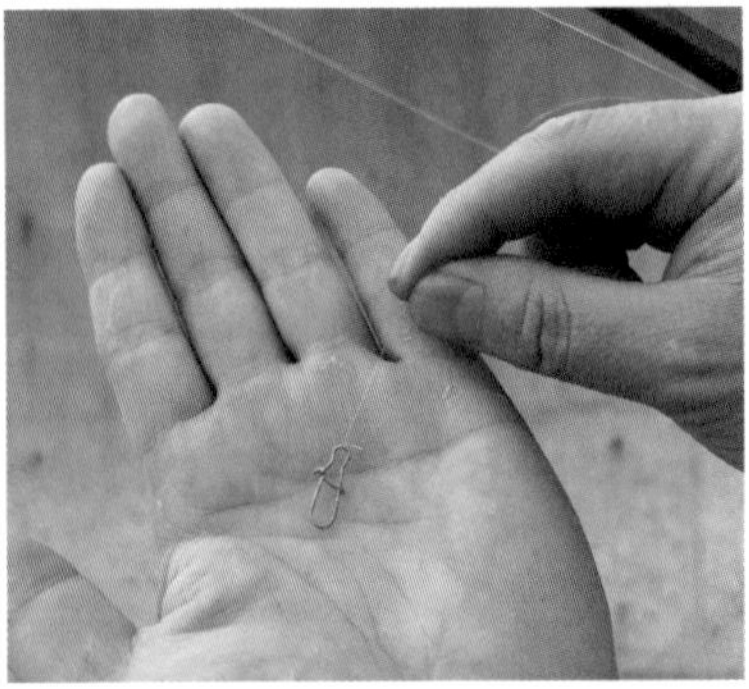

スナップを使用することで、ルアーの変更が素早く楽に行なえます。スナップのサイズは強度で選ぶとよいでしょう。

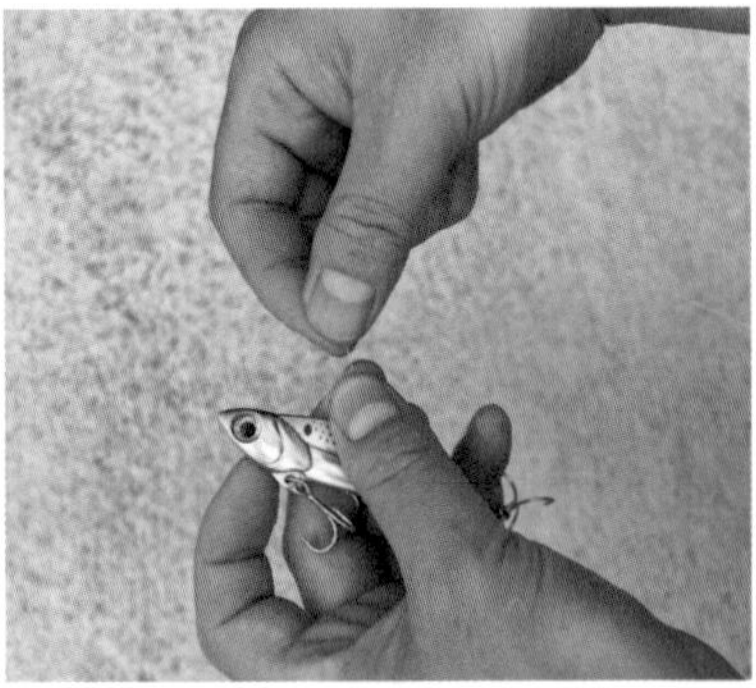

ルアーに直接ラインを結ぶ場合は、ユニノットやクリンチノットで大丈夫です。最後にしっかりと締めるのがコツです。

太いラインほど結び目をしっかりと締めてください。締め方が緩いとラインが滑って抜けてしまいます。

結び目はラインが滑ることもあるので、結んだ後の残りのラインは、ギリギリではなく２㎜ほど残しておきます。

釣り具の使い方

9

釣り具の基本的な使い方を知っておきましょう。道具を正しく使うことは、釣りを快適にしてくれます。釣果にも大きく影響しますし、安全性の確保にも役立ちます。

必要な道具だけ揃えよう

竿やリール、ルアーなどは、釣りをしている間は常時使わなければならないため、使いこなすには時間をあまり必要としません。

しかし、タモやフィッシュグリップをはじめ、あまり登場機会がない道具は、いざ使おうとしたときにうまく使えなくて困ることがあります。

購入したら必ず使い方を予習することが大切ですが、これから釣りをしていくと、購入したけど使わない道具も増えていくことでしょう。まずは道具の目的を知り、使い方を学んでおきましょう。

覚えたてはなんでも欲しくなるものですが、必要に迫られてから購入することをおすすめします。

ラインカッター（爪切りタイプ）

爪切りのように挟んでラインをカットするもの。通常はピンオンリールにセットして、すぐに使えるよう衣類やバッグに装着しておきます。

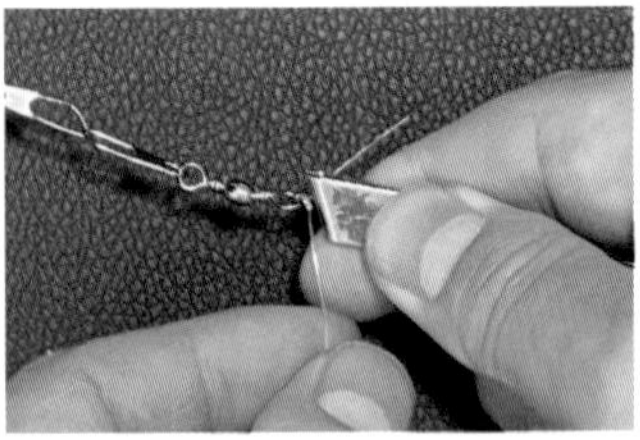

爪切りタイプの最大の利点は、結び目のギリギリでカットできることと、切り口がきれいになることです。細かな作業に向いています。

PEライン用ハサミ

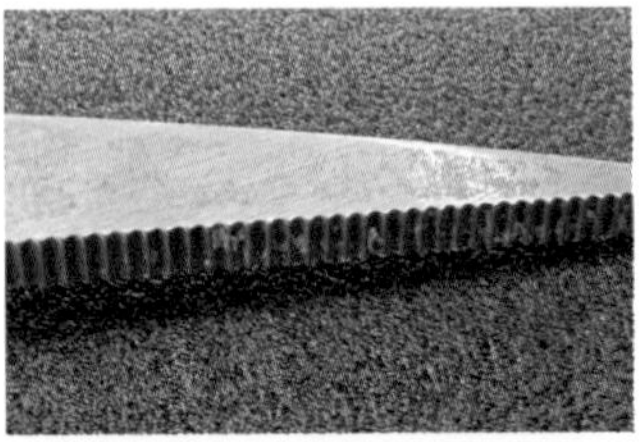

PEラインは滑りやすいため、通常のハサミでは切りにくく、切り口も荒くなってしまいます。PEライン専用のハサミの刃は波刃になっています。

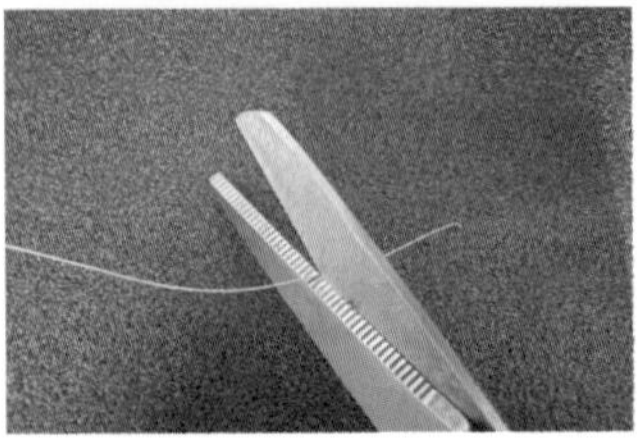

波刃がしっかりとPEラインをキャッチすることで、滑ることなくカットできます。切りにくい場合はラインを張った状態でカットします。

プライヤー

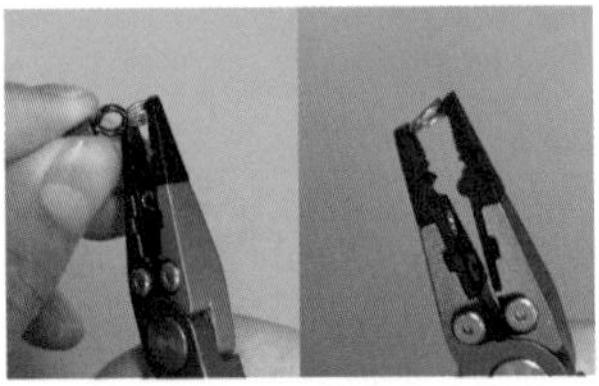

先曲がり部分はスプリットリングオープナー。ルアーのフック交換時に役立ちます。プライヤーのメイン機能で、購入時はここを最重視します。

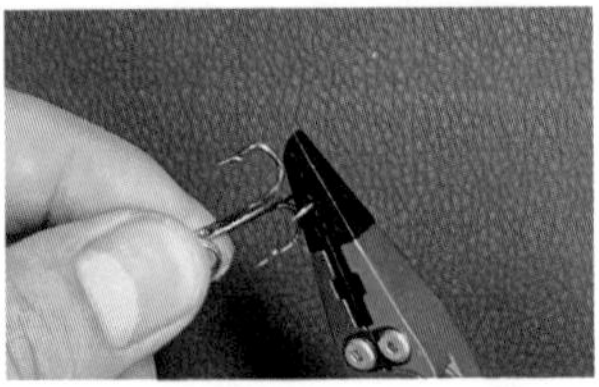

先端付近にある穴が開いている部分は、鋼線などを通して形状を修正する機能です。フックやルアーアイの修正や補正時に活躍します。

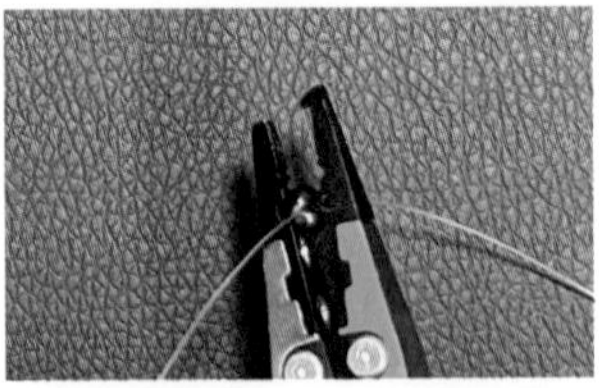

凹凸部分はガン玉を潰したり外すときや、スリーブをカシメたりするのに使います。プライヤー機能の中では出番が少ないところです。

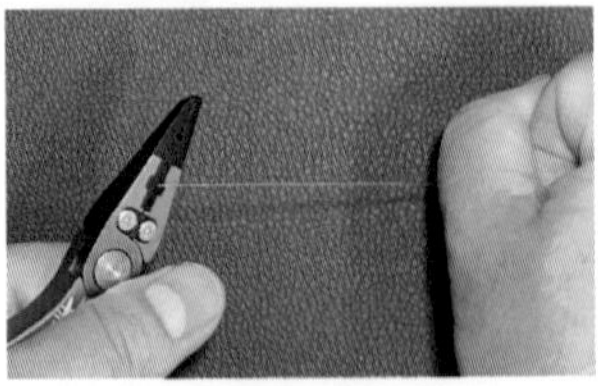

平らな部分はラインを挟んで結び目を締める際に使います。滑り止めが付いていないものはラインを巻き付けて使います。押し潰しにも使えます。

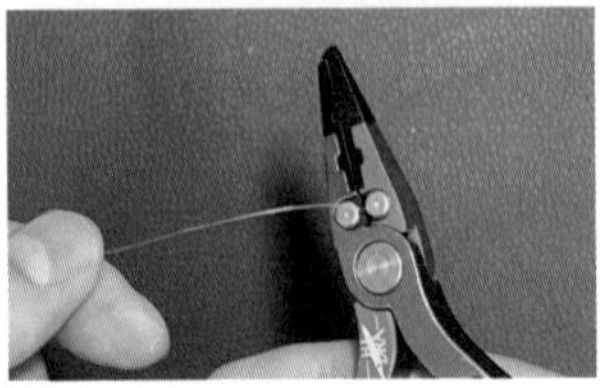

ラインカッター部もよく使う機能です。刃が鋭いうちはPEラインも比較的切れます。切れが悪くなったら交換も可能ですが替刃販売はほぼありません。

フィッシュグリップ

魚を素手で掴まないためにも持っておきたいフィッシュグリップ。基本的には魚の胴体を掴むハサミタイプと、口に掛けるグリップタイプがあります。使い分けは魚のサイズが基準となりますが、使用するフックサイズや数にも気を配りたいところです。特にルアー釣りなどフックが大きく複数本付いている場合は、できるだけ魚から距離を取れる先の長いものや、口に掛けて動きを制御しやすいタイプがおすすめです。

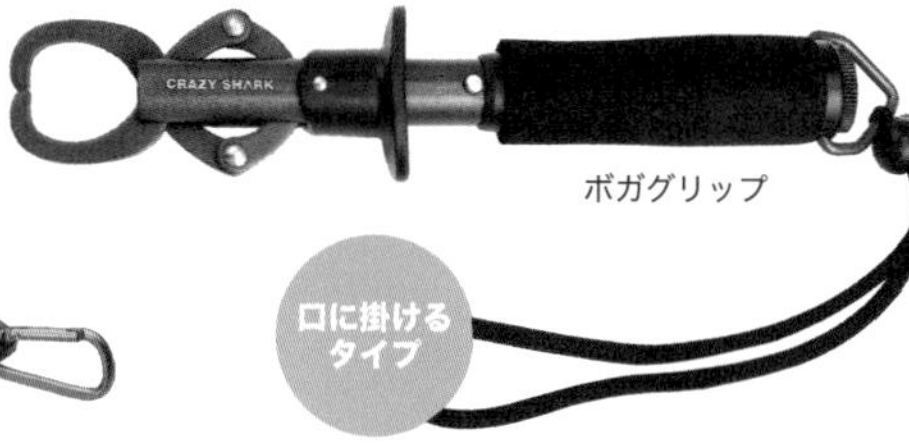

ボガグリップ

口に掛けるタイプ

ガーグリップ

フィッシュグリップ

魚を挟むタイプ

魚バサミ

ガングリップ

9

タモ（網＋タモの柄）

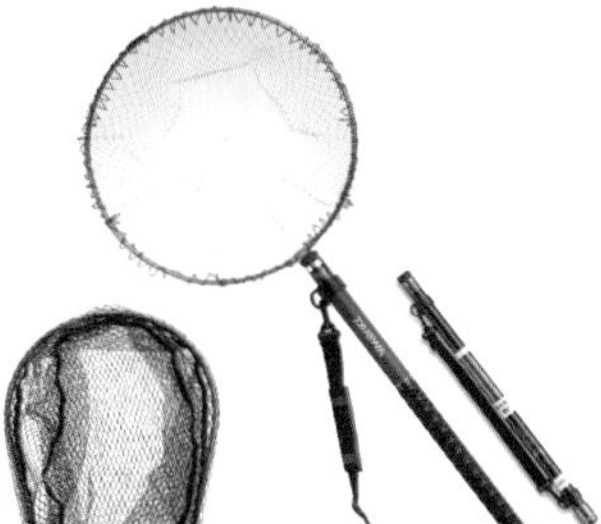

タモ網と柄をつなぐネジは各社共通なので自分好みにカスタマイズ可能です。持ち歩く場合は小継タイプの柄を使うと便利です。網も狙う魚のサイズに合わせれば使い勝手が向上します。

陸からの釣りでは、タモの柄は伸縮タイプを使います。タモの柄は垂直に伸縮させるのが正しい使い方です。伸ばす際は水平でも構いませんが、魚を入れて持ち上げる際は、縮めながら真っすぐに引き上げるようにします。

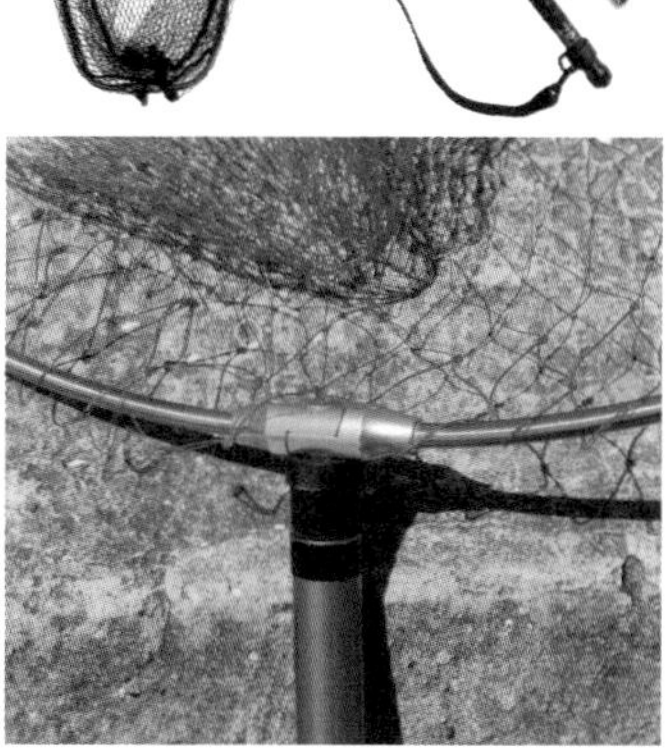

タモの柄の先端に付属しているゴムは、柄を縮めた際に固定するものです。これがないと勝手にタモが伸びてしまいます。替え用のゴムが別売されていますので、劣化や紛失した場合は修理しましょう。

写真のようにタモの柄を伸ばしたまま魚を持ち上げようとすると、柄が重量に耐えきれず折れてしまうことがあります。必ず、縮めながら引き上げるようにしてください。

ライブウェル

釣った魚や、エサにする魚などを一時的に生かしておけるバッカン。酸素を供給するエアポンプが別途必要です。暑い時期は1時間おきくらいに水換えが必要です。

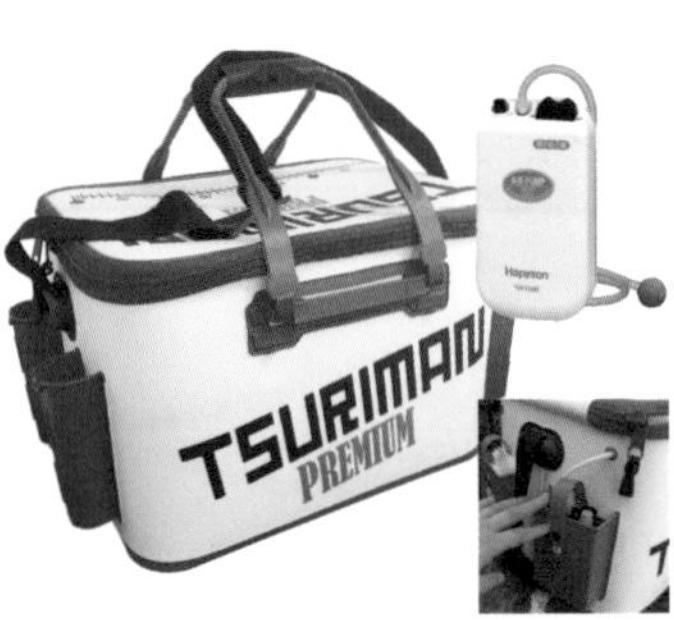

釣りの競技会などで広く使われているものですが、通常の釣りでも多くの人が愛用しています。持ち帰ろうか悩んだときや、釣れているときの一時保管に重宝します。

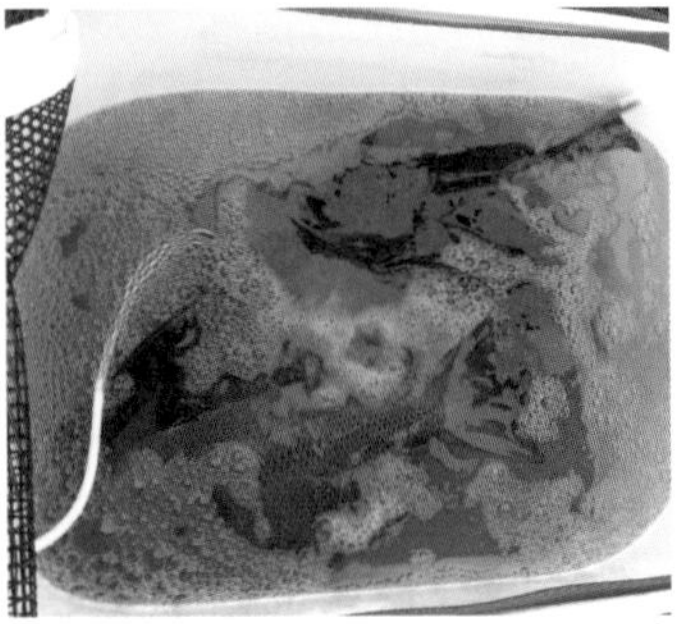

水汲みバケツ

水汲みバケツは海水を汲んで使うものです。手を洗ったり、周囲を清掃したり、一時的に魚を生かしたり、凍ったエサを解かしたりできます。

バケツの形状は丸と四角があり機能的にはほとんど差はありません。購入時はロープが付属したものを選ぶか別途購入してください。ロープの素材は、PP素材は水に濡れてもすぐに乾き、PE素材は滑りにくいのが特徴です。コブ付きロープはさらに滑りにくく工夫されたものです。

ストリンガー

魚を一時的に生かしておくための道具です。口の大きな魚であれば使うことができますが、絶えず泳いでいる青物などには向きません。主にチヌやシーバス釣りに使用されます。

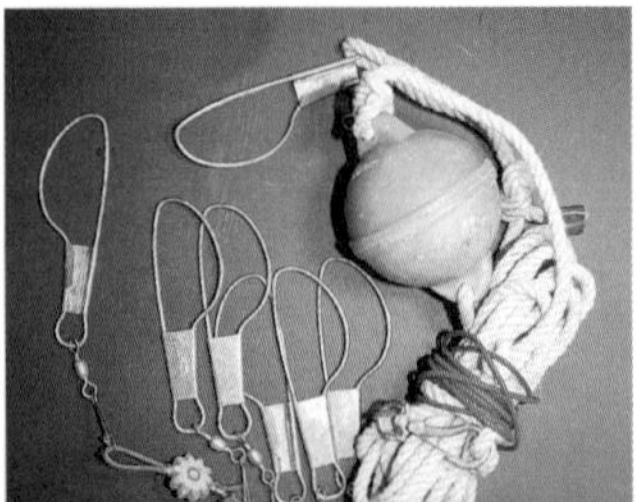

使い方は下顎の薄い皮からストリンガーのスナップを刺し通し、口から出してロックします。エラから通すと呼吸できなくなって死んでしまうので注意してください。

バッカン

バッカンはエサや海水、物を入れるものです。防水仕様なので濡れたものを収納するのにも重宝します。サイズは36㎝と40㎝が多く、セミハードタイプが主流です。

エサ入れなどに使うバッカン。

機能性豊かなゲームバッカン。

セミハードタイプは型崩れすることはほとんどないですが、折りたたみタイプは折り目がなかなか取れません。その場合はお湯を張って型崩れを修正するとよいでしょう。

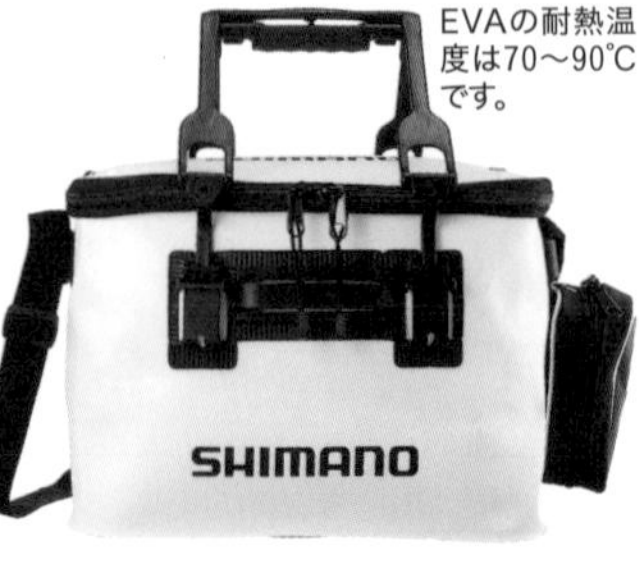

EVAの耐熱温度は70～90℃です。

移動中のルアー（ロッド掛け）

ルアーをセットしたロッドを持ち歩く場合は、自分だけではなく他人への配慮も必要です。また不意になにかに引っ掛けてしまうと、ロッド破損のおそれがあります。持ち歩く場合は、ロッドのどこかにフックを掛け、ラインを張った状態で持ち歩くのがよいでしょう。ロッドにセットして使うフックキーパーがおすすめですが、簡易的に引っ掛けるなら、ロッドガイドの脚が良いでしょう。リングに掛けると破損するおそれがあります。またロッドにルアーがぶつからないように気をつけてください。傷が付き最悪破損します。

キャップライト

夜釣りはしなくても1台は持っておきたいアイテムです。朝の暗いうちから準備するときや、日が沈むギリギリまで釣りをする際に使います。両手がフリーになるものがよく、頭か首に装着するタイプがおすすめです。手や足元使いなら光が拡散して周囲を照らせるタイプ、夜釣りもするなら遠くも照らせるタイプを選ぶとよいでしょう。

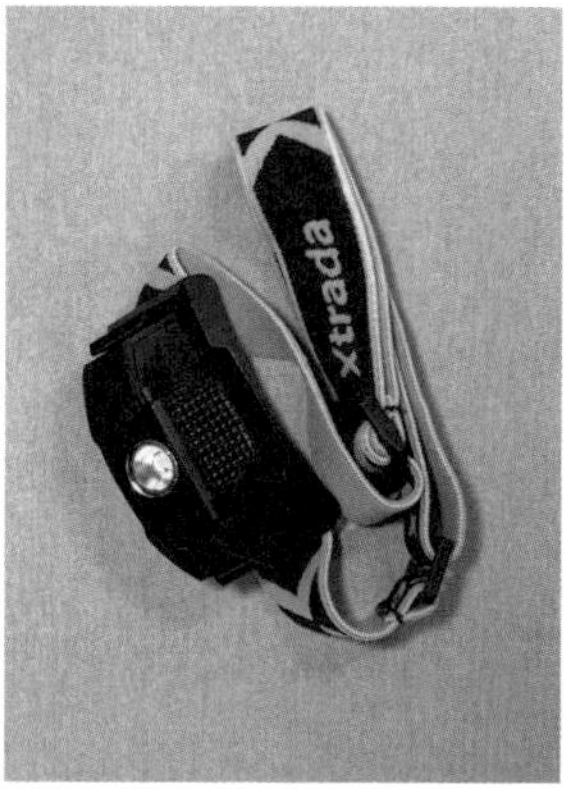

後付けブレード

ルアーのアイにスプリットリングを介してセットします。フックとの兼ね合いに注意し、お互いに干渉してブレードが回らなかったり、フックが隠れて魚が食っても掛からなかったりしないように注意してください。通常はルアーの後方にセットしますが、決まり事ではありません。

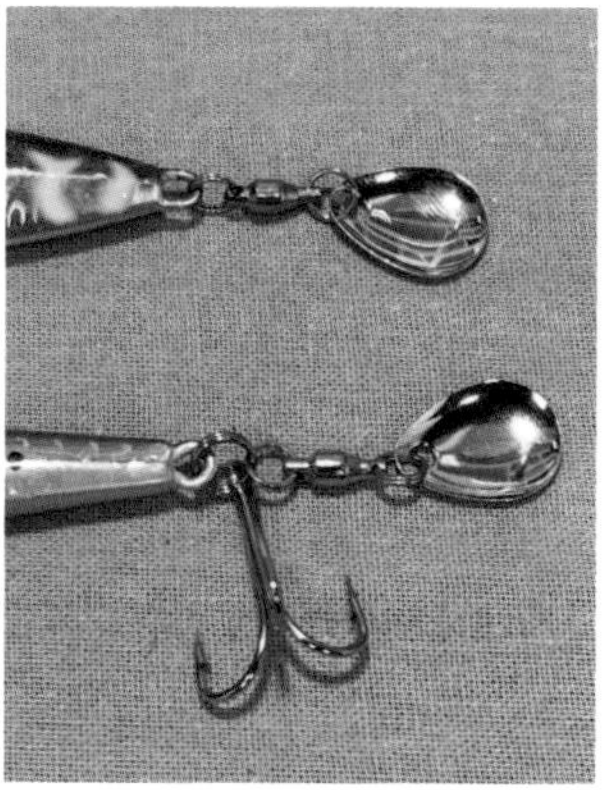

ロッドベルト

ロッドケースを使わない場合は、ロッドベルトで束ねて持ち運びます。購入時に付属品として付いている場合もありますので、利用するとよいでしょう。

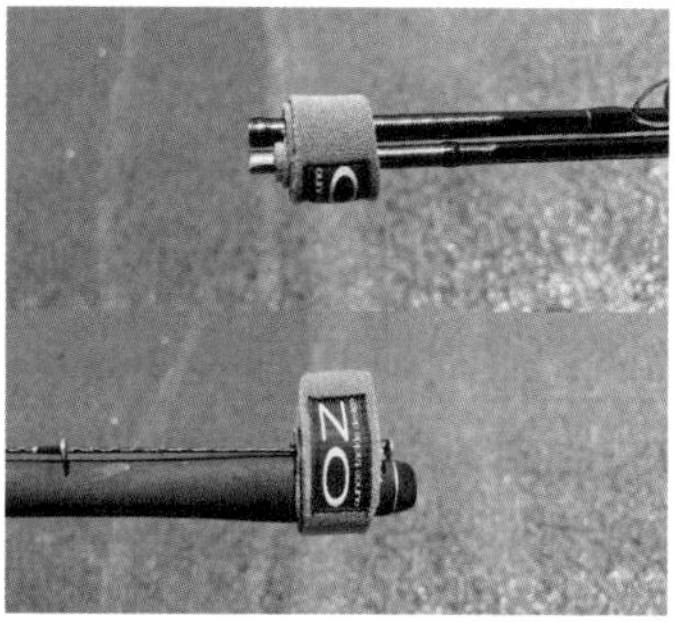

束ね方は、まずロッド同士の間にベルトを入れてから巻きつけると、ロッド同士がぶつかり合わなくなり、傷つくことを軽減できます。

竿キャップ

磯竿などには竿キャップ（トップカバー）が付属しています。その中でも、ガイド通しが付いているものが、仕掛け作りをスムーズにしてくれて便利です。

収納時はガイド通しごとベルトで固定しますが、そうするとガイド通しが折れたり変形することがあります。気になる場合は、ガイド通しをフリーにしておくとよいでしょう。

9

輪ゴムでフックをまとめる

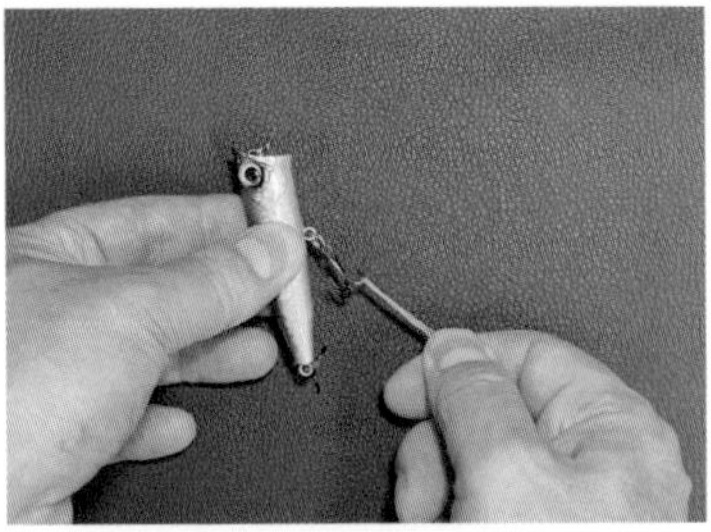

輪ゴムを使ってフックをまとめると、絡み防止にもなります。片方のフックに輪ゴムを掛けます。

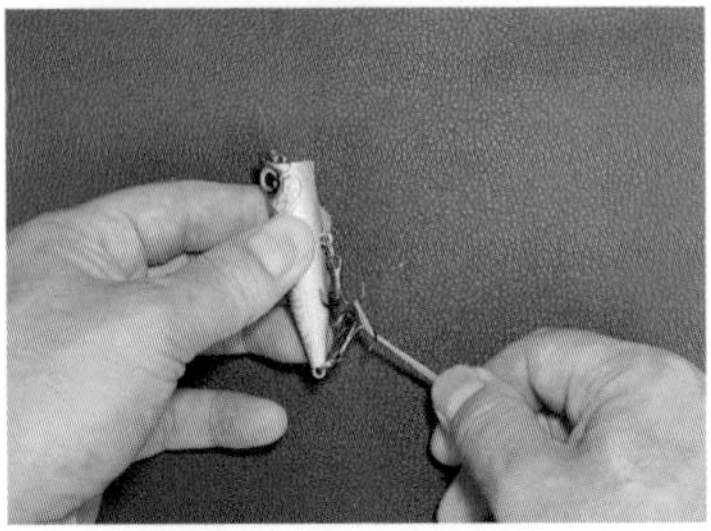

もう一方のフックに掛けます。

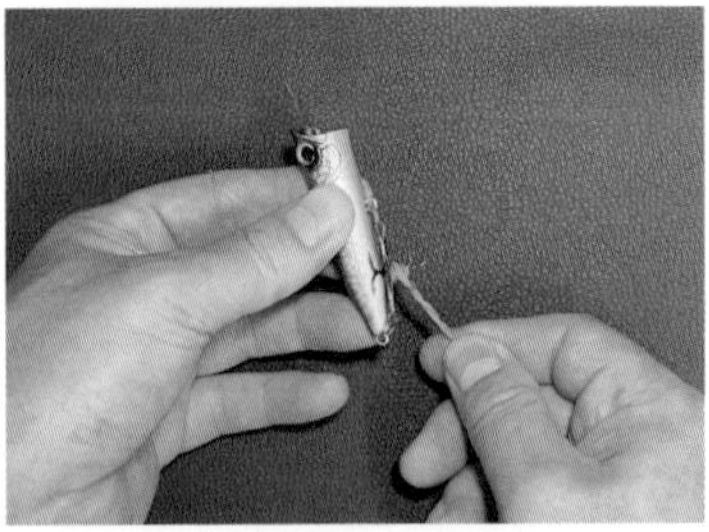

両方のフックに輪ゴムを巻き付けます。

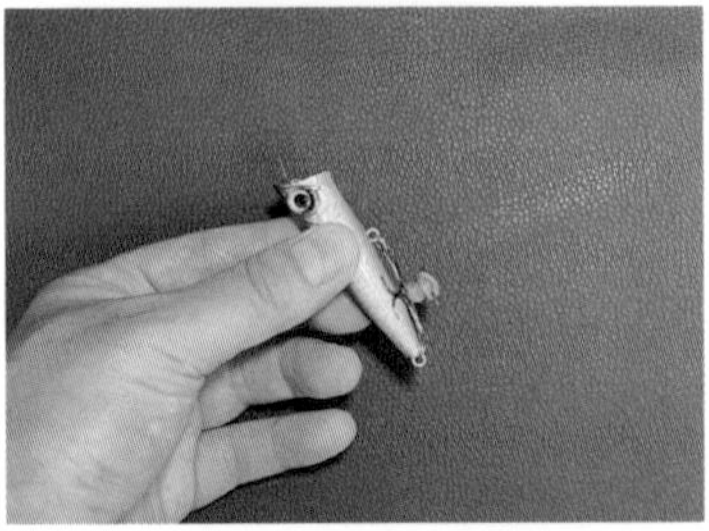

解けないくらい巻き付けたら最後に引っ掛けて完成。

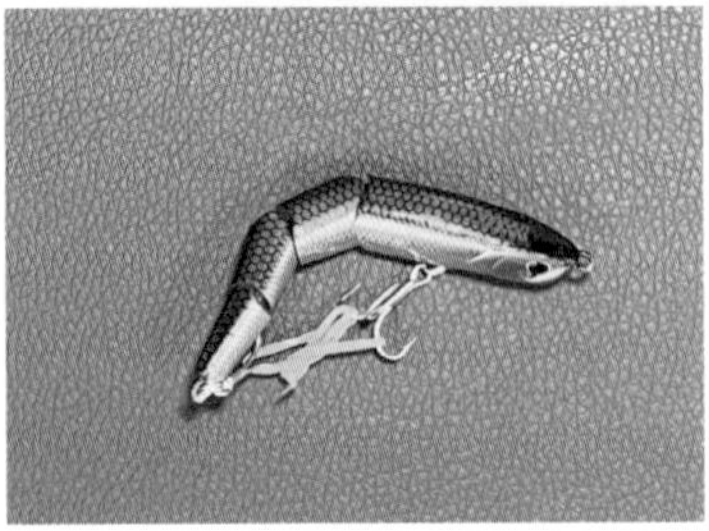

ジョイントルーアには向きません。シングルフック（アシストフック）でもできます。

ルアーフックカバー

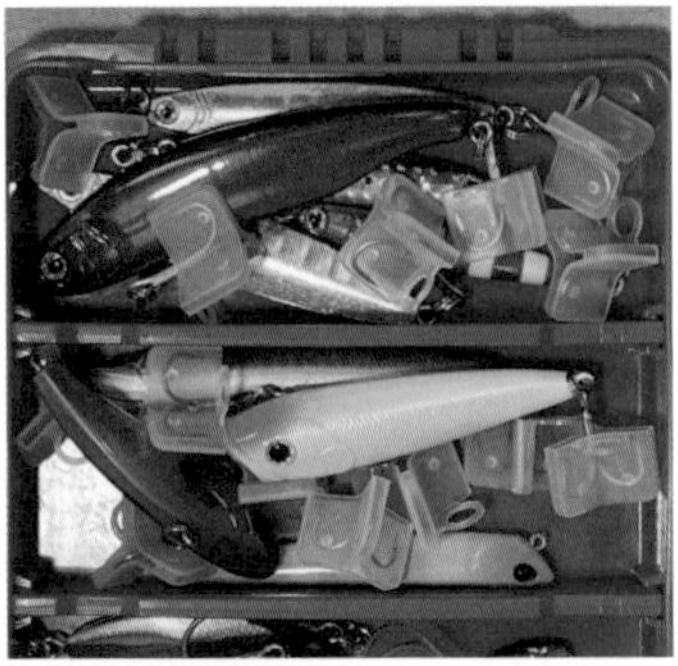

ルアーケースの中でフックが絡み合うことを防止できるアイテムです。ただし、よく使うルアーボックスでは逆に使いにくいので、予備のルアーボックスで活躍します。

フックへの装着方法は、同じ向きに差し入れるだけです。カバーにはサイズがありますので、適合したものを選ぶ必要があります。無理に入れないようにしてください。

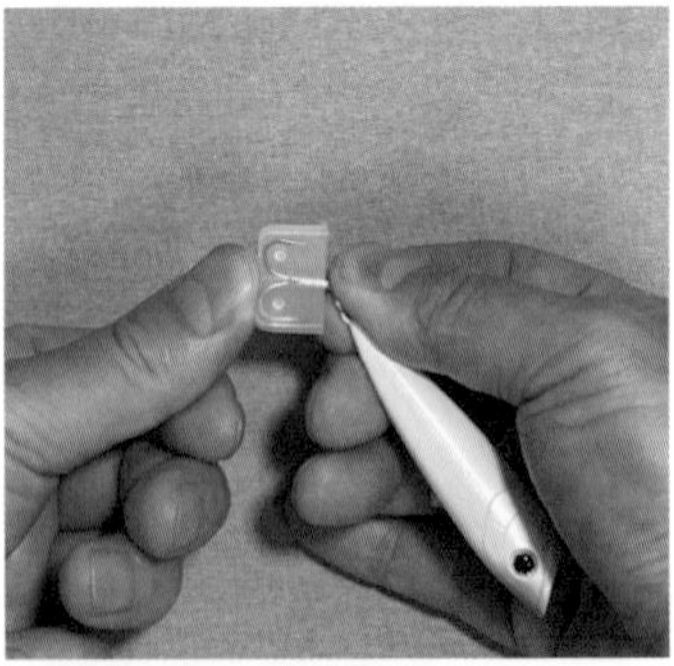

押し入れる際は誤って滑らせて指にフックが刺さらないように注意しましょう。フックを押すよりも、カバーをフック側へ押し付けるとよいでしょう。

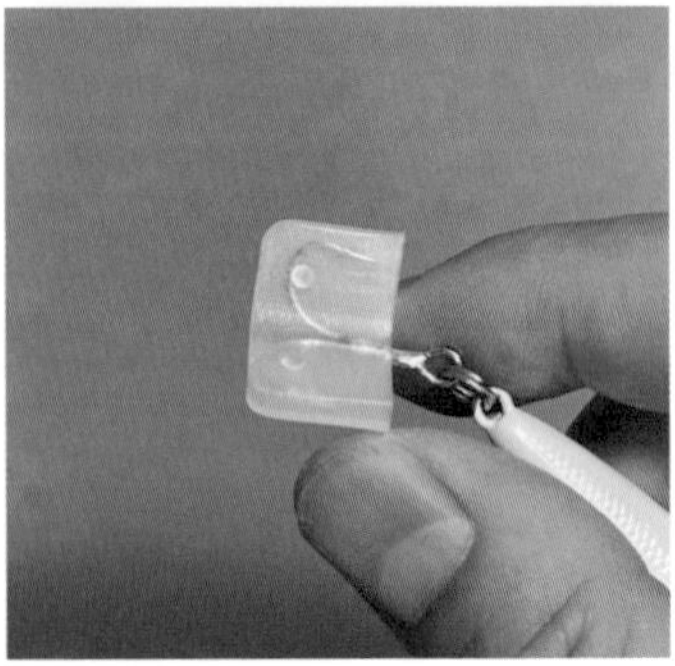

カチッと装着された音を確認しましょう（鳴らないものもあります）。中途半端だと、運搬中に抜けてしまいます。取り外し時もケガに注意してください。

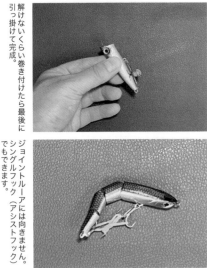

エギ用スナップ

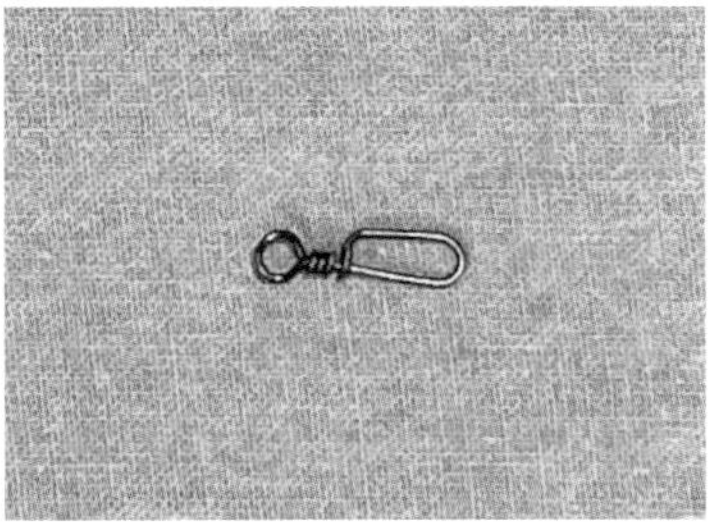

エギングに適したスナップで、開閉することなく使用できます。エギング以外でも利用できます。

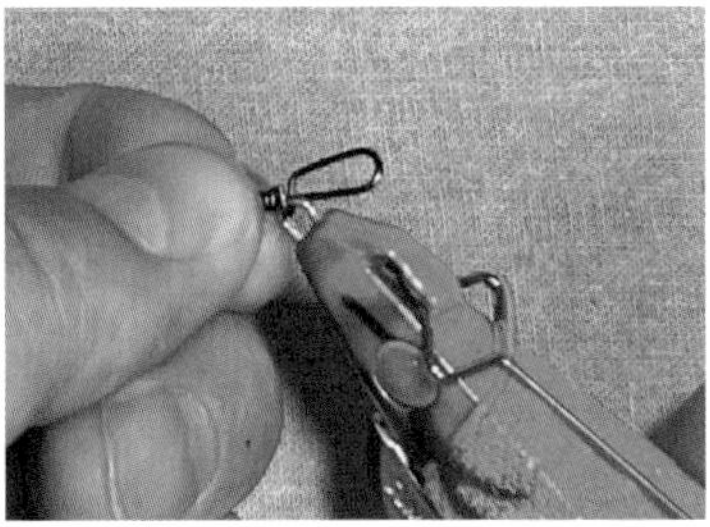

エギのアイを先端に掛け、曲線に沿うようにクルッとエギを回せば装着できます。

スイベル・サルカン・ヨリモドシ

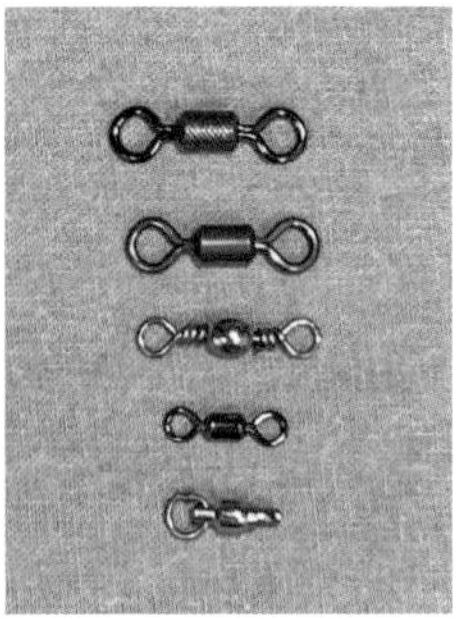

スイベルやサルカン、ヨリモドシなどと呼ばれ、本来はラインのヨレを軽減させるもので、ライン同士を接続する金具です。写真上から二つはタル型タイプで最近の主流となっています。真ん中のタイプは古くからあるもので、一番下はベアリングスイベルと呼び、内部にベアリングが入っています。強度さえ保たれていればどのタイプを使用しても大丈夫ですが、大きいほど重量も増すのでできるだけ小型を使います。

シングルフック

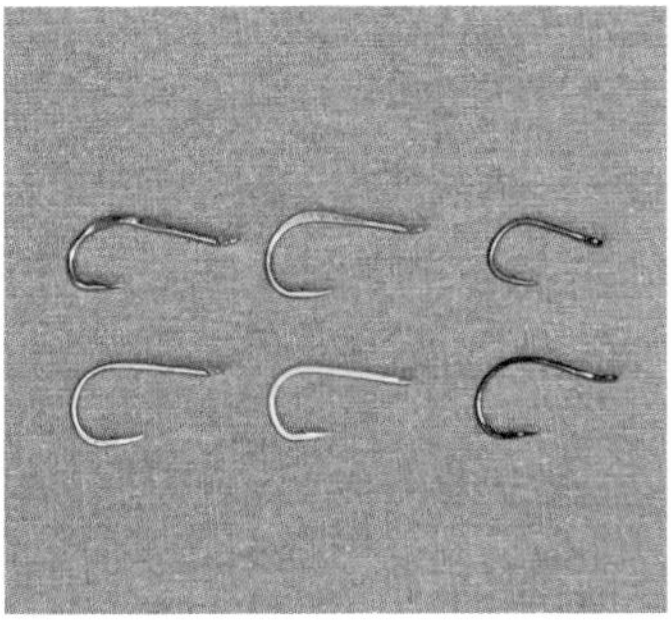

エサ釣りやジギングで主に使われるシングルフック。魚種に合わせて使い分けますが、重量も重要です。軽いものは海中でよく動き、重いものは安定します。

スナップ

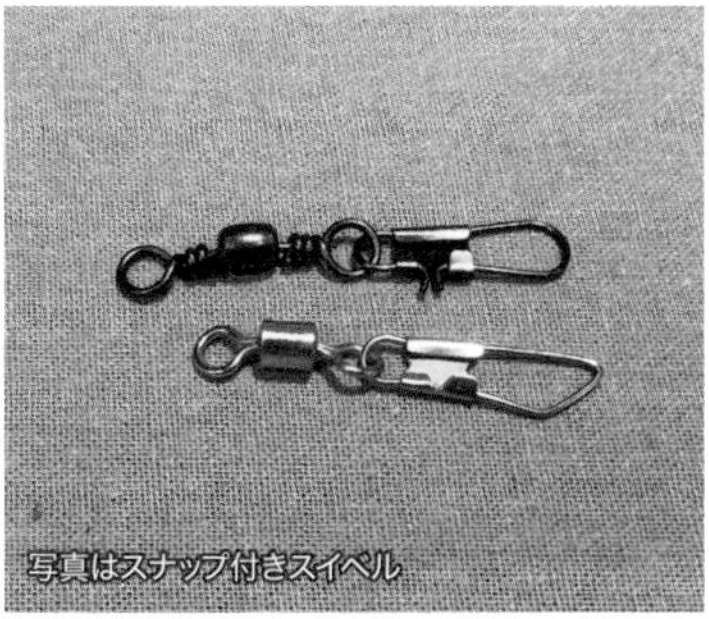

写真はスナップ付きスイベル

スナップの開閉部は2種類あり、ストッパー付き（写真上）となし（写真下）。アリの方が強度は高くなります。

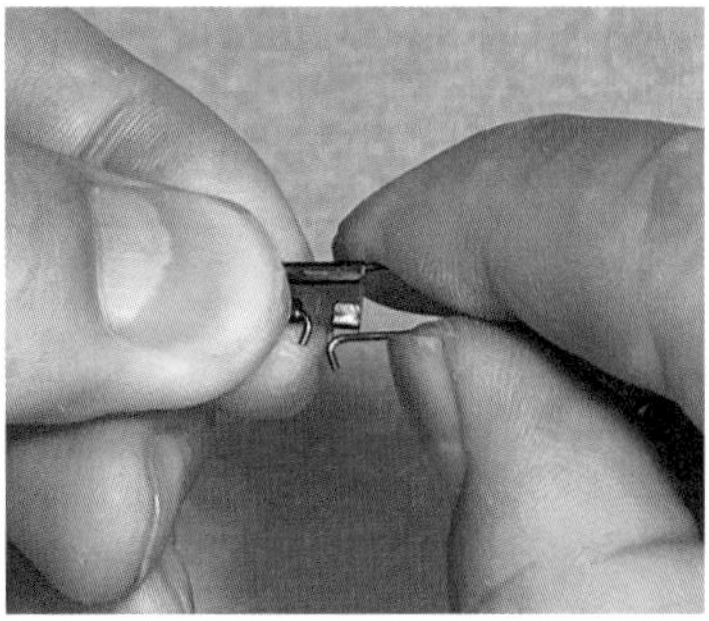

開け方は、爪で内側に押さえて外します。開きが狭いときは手でこじ開けます。締め忘れに注意。

クロススナップ

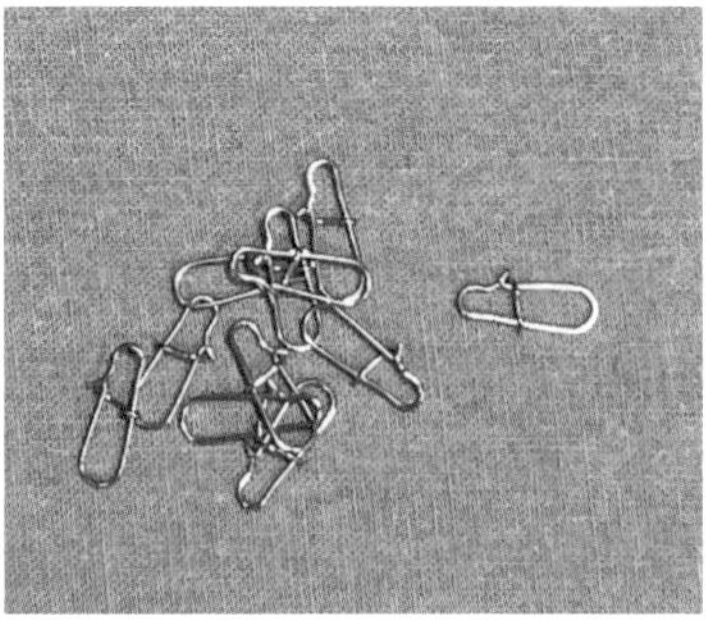

ルアー釣りでよく使われるスナップ。クイックスナップとも呼ばれ、開閉が楽なのにしっかりとホールドできます。

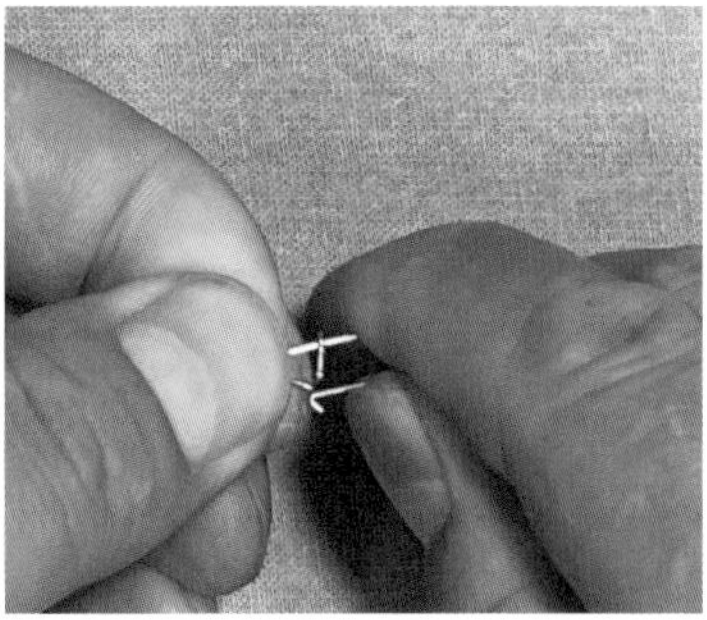

開け方は爪で押さえて引っ掛けている部分を内側に押し、少し上げながら緩めると開きます。

セット仕掛けの引き出し方

仕掛けがセットされた商品は、サッと使えるように工夫されたものが多くあります。その中で代表的なのがサビキ仕掛けや投げ釣り仕掛け。「ここから引き抜く」や「こちらがオモリ」など書かれており、セットを間違えないように心配りされています。その表示がある商品は、ただ引くだけで仕掛けが台紙から外れるのでとても便利です。

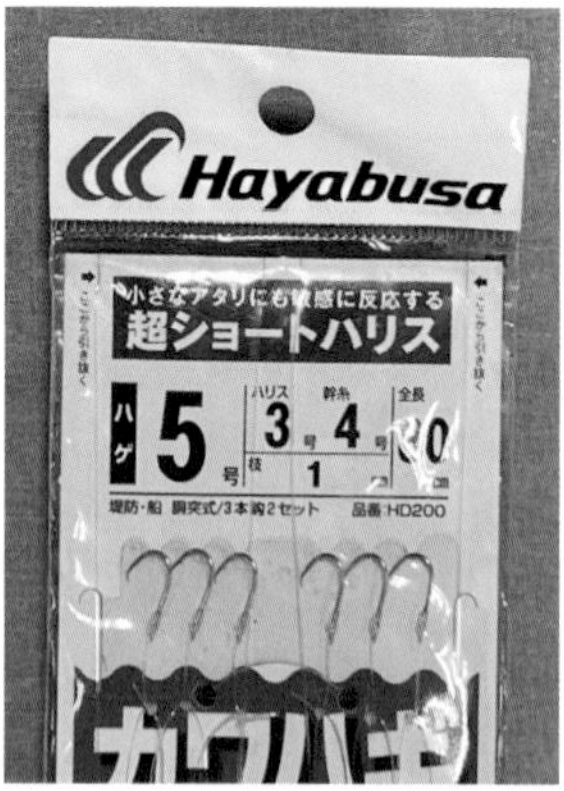

ライター

仕掛けを作る際、ライターを使う場合があります。ラインの端を炙って丸くしたり、スイベルなどに固く結ばれたラインを取るときなどです。連続して使用すると先端が熱くなりますので、立てておけるタイプがおすすめです。チャイルドロック機構も点火ボタンと別になっているものが使いやすいでしょう。

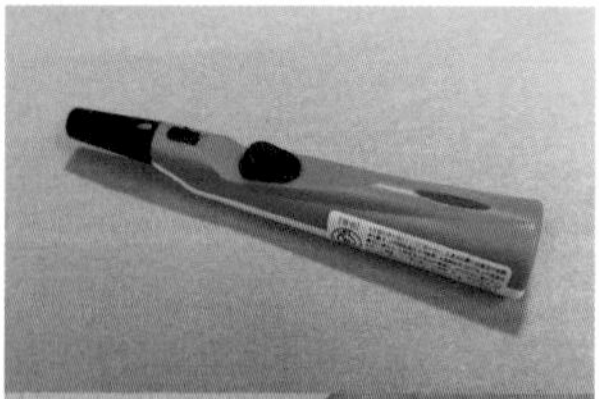

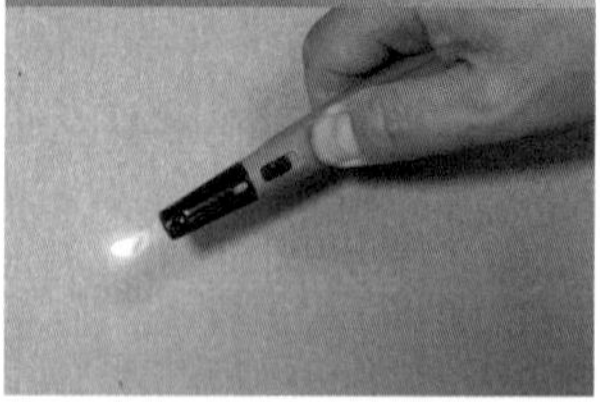

釣り用ニードル

仕掛け作りに便利なアイテムです。細い穴やパイプなどにラインを通すときに使います。ルアーのアシストライン作りにも欠かせません。先端を開けて穴に通し、ラインを先端に掛けて閉じ、ラインを引き抜いて使用します。

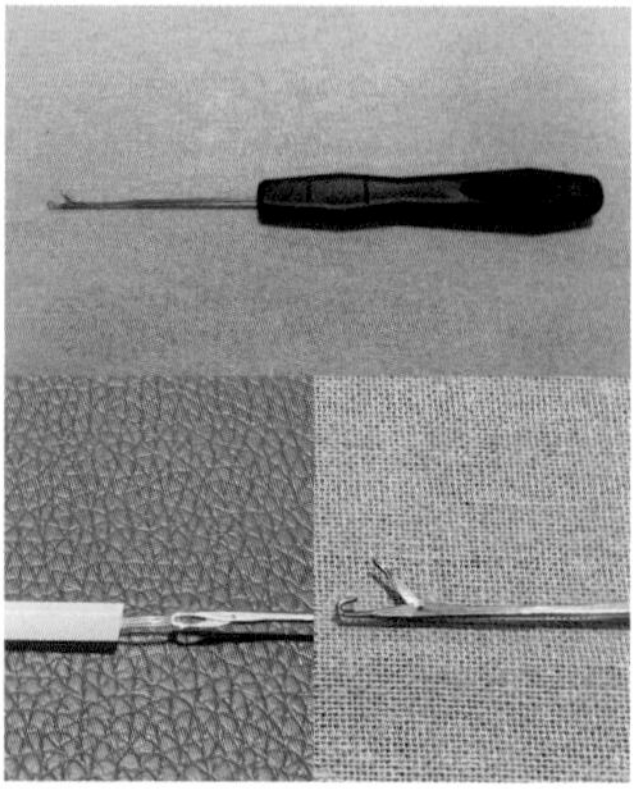

ジェット天秤

チョイ投げで大活躍するジェット天秤。浮力体（赤いもの）が付いているから、根掛かりが軽減されます。

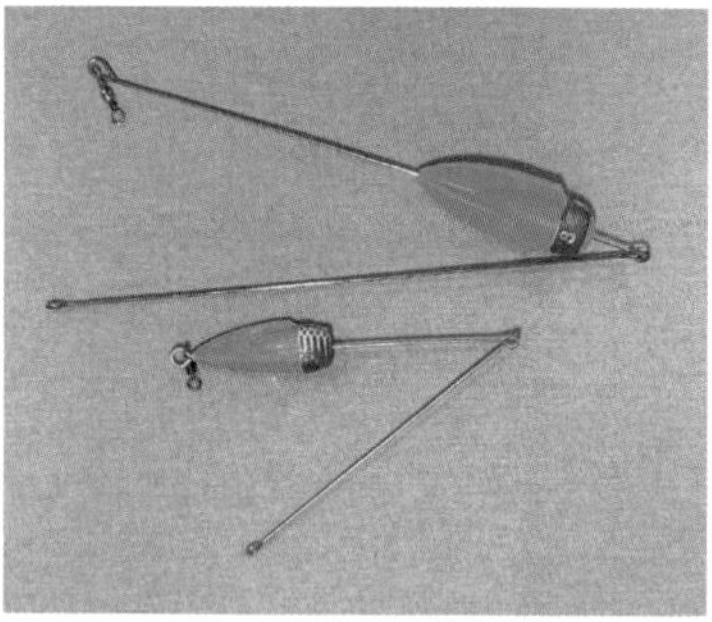

浮力体側が竿側なので道糸を結び、反対側のアームには市販の投げ釣り仕掛けのスナップをセットします。

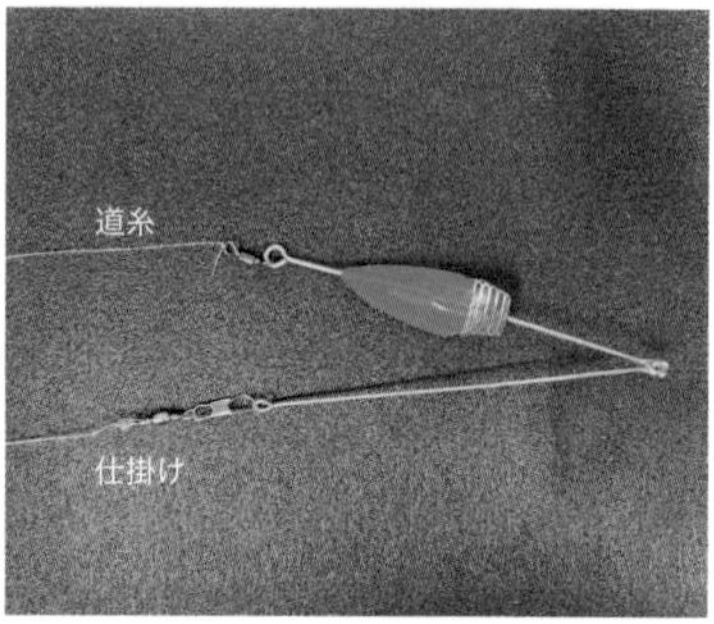

石粉

虫エサに振りかけると暴れなくなり、手で摘んでも滑らないという粉です。ヌメリがなくなる程度に少量振りかけます。

原料は石の粉ですが、卵の殻など代用品も含めて石粉と呼ばれています。他にも細かなおがくずなどが使われます。

ガン玉（カミツブシ）

スリットにラインを挟んで使用する小型のオモリです。丸いものをガン玉、楕円形をカミツブシと呼びます。素材は鉛がメインです。

オモリのカラー

購入時は銀色っぽい輝きがある鉛ですが、海で使うと酸化被膜ができてねずみ色に変色します。この色が釣果に影響を与えているか不明ですが、わざわざ酸化被膜を形成させてから使用する人もいるようです。逆に夜光塗料や蛍光塗料を塗ってアピール力を上げて釣る場合や、レッドやブラックなど海中では見えにくいカラーでカモフラージュして狙う場合もあります。

ゴム管

通常は20㎝ほどの長さでバラ売りされていますので、任意の長さにカットして使用します。ラインに通してストッパーとして使う場合は、穴に爪楊枝などを挿してズレないように固定して使用します。

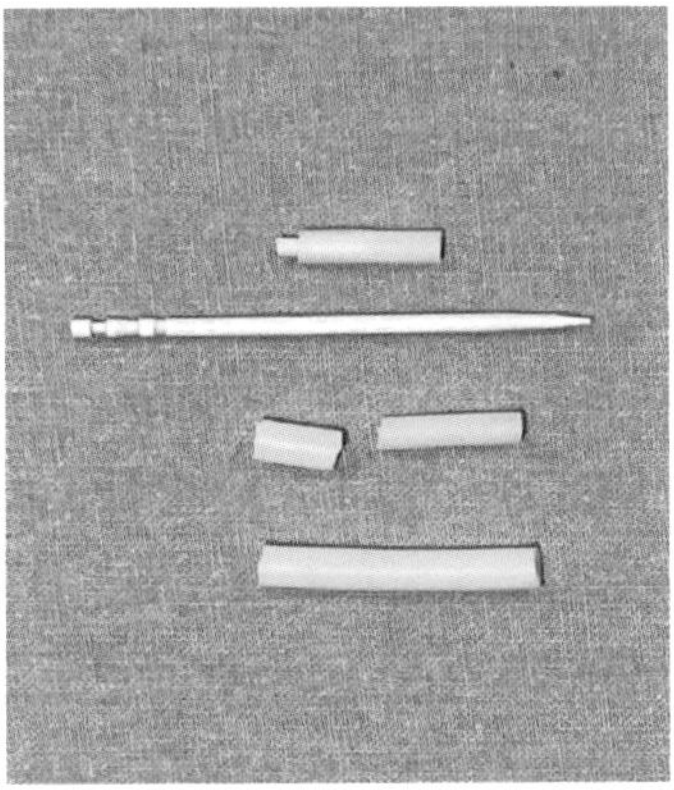

ウキ止め（糸・ゴム）

ウキ釣り仕掛けで使われるウキ止めには、糸タイプとゴムタイプがあります。最近の主流は糸タイプで、できるだけ竿のガイドに引っ掛からないものが好まれています。視認性の高いカラーを選ぶとよいでしょう。

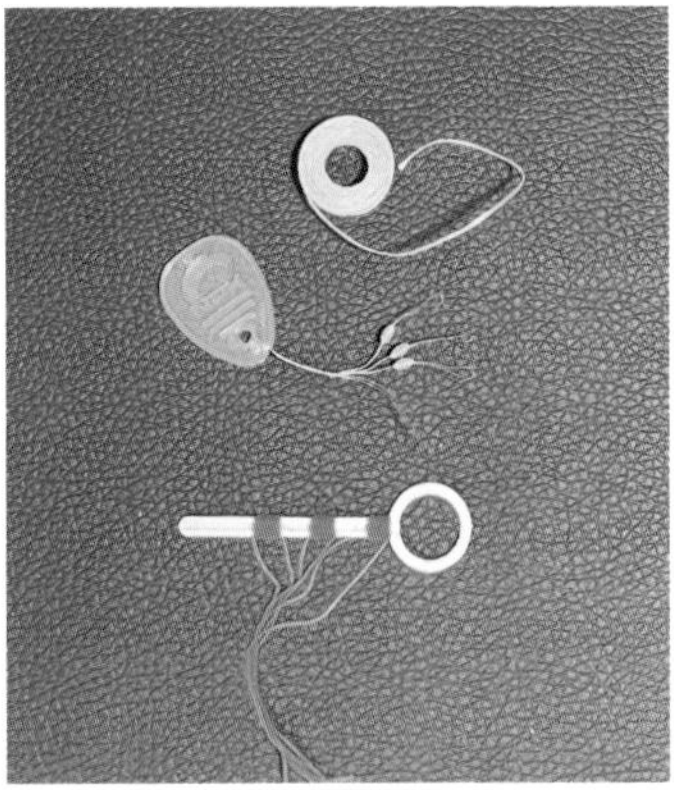

9

ウキストッパー

ウキ釣り専用のストッパー。大きなものは潮の流れの影響を大きく受けるように考えられたもので、潮の流れに仕掛けを乗せたいときに使用します。他にも、仕掛けの浮上を抑制する効果もあります。カラーの種類も多く、視認性の高いカラーが好まれます。

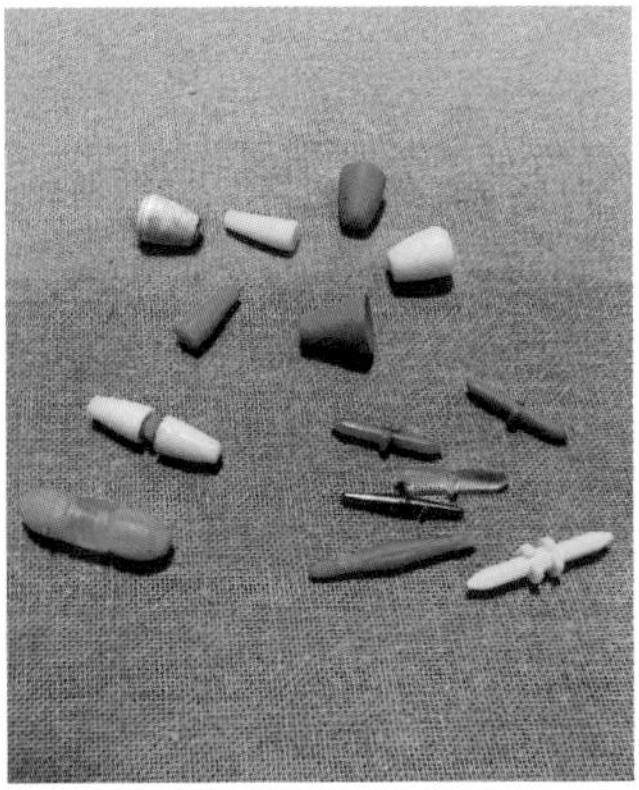

小物の整理と予備

小物類は袋詰めで売られているため、複数個入っています。必要量を現場に持って行く小物ケースに入れ、予備は別のケースに保管しておきましょう。バッグなどに入れて一緒に持って行けば、不意に小物ケースを落とした際でも予備でカバーできます。

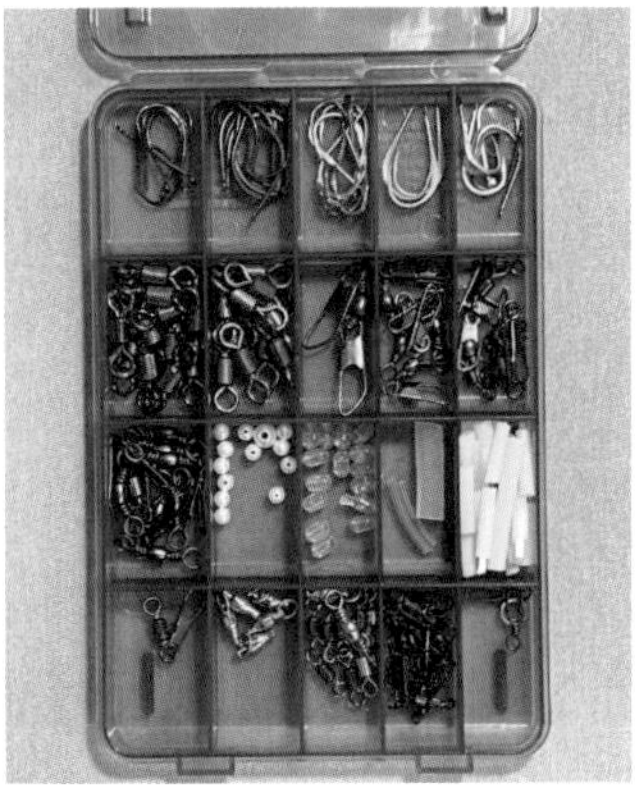

ハリの外し方（衣類）

衣類にハリが刺さってしまった場合、意外と簡単に抜くことが可能です。

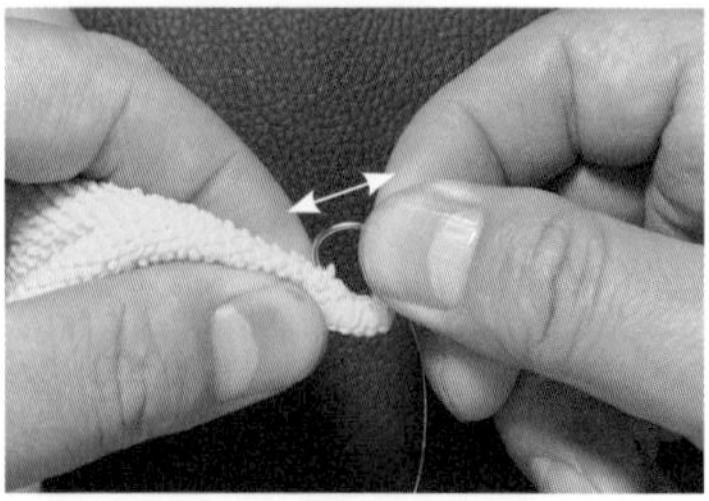

刺さったハリの軸部分を摘み、上下に揺らして衣類の穴を少し広げます。

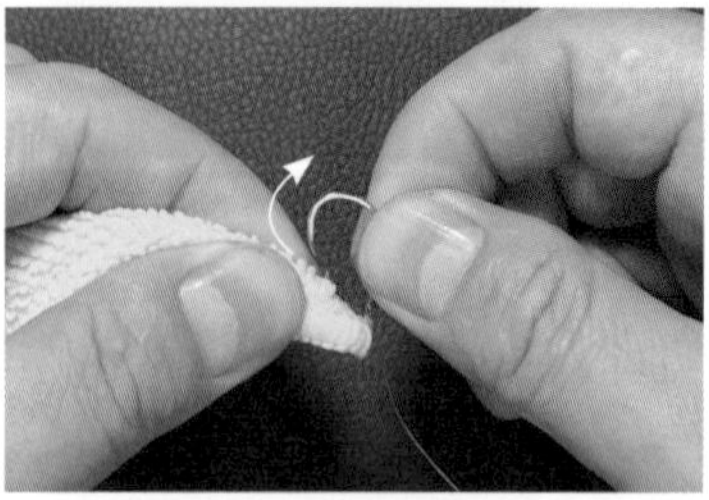

ハリの曲線に沿うように、ハリを押し下げながら回し抜きます。数度繰り返すと楽に抜けます。

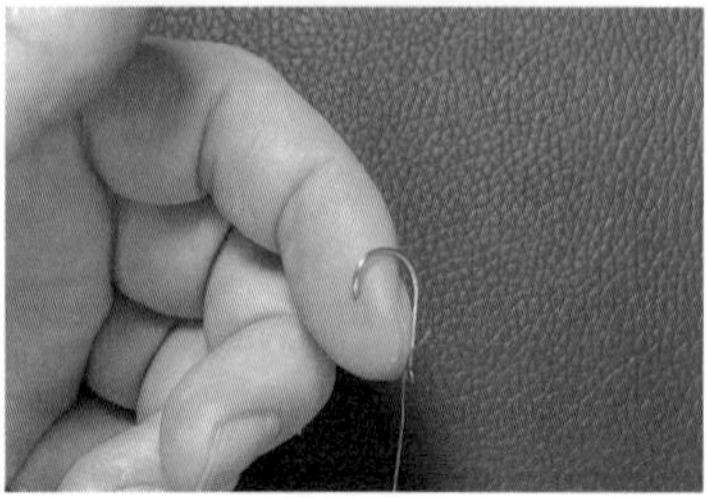

指に刺さった場合はラインをカットして、できるだけ早く病院へ行ってください。

ハリの外し方（魚）

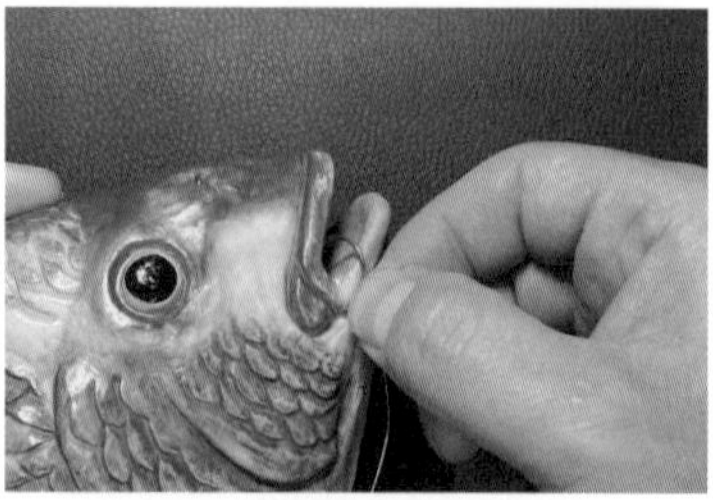

魚の口に刺さったハリを抜くときは、ハリの軸を持って押し上げるように抜きます。

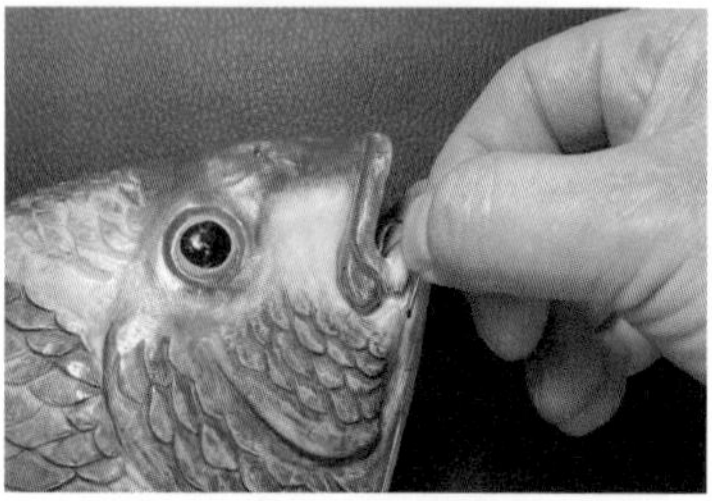

抜けにくい場合は、さらにフトコロ付近を持って行うとよいでしょう。ハリ先端と平行に引きます。

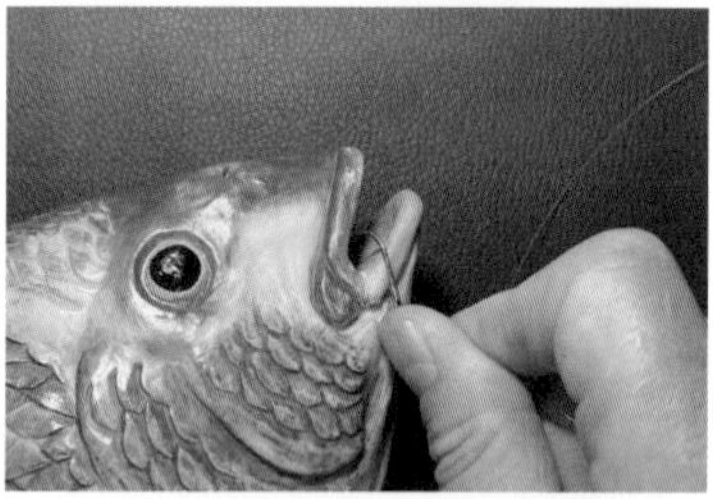

ハリが小さくて持てない場合は、ミミを押し上げて動かした後、フトコロを持って抜きます。

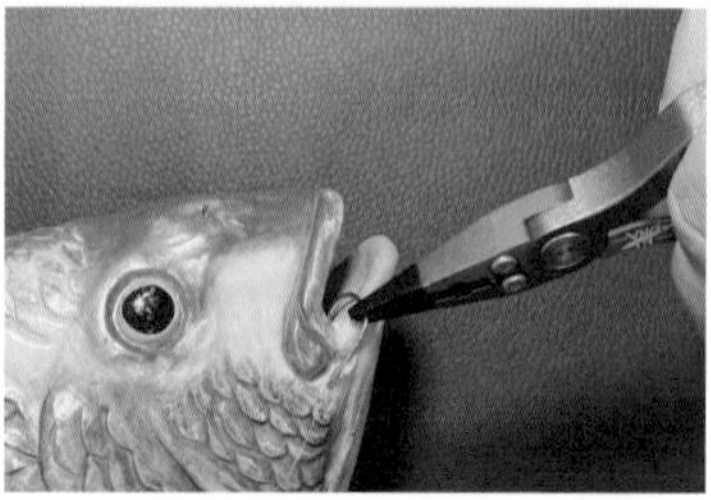

ハリを外す際、魚をしっかりと固定できない場合は危険なので、プライヤーを使って外しましょう。

ウロコ取り

写真はよく目にするタイプの鱗取り。鱗を剥がそうと思って①方向へこするようにしますが、②方向へ動かすと鱗が飛び散りにくくなります。

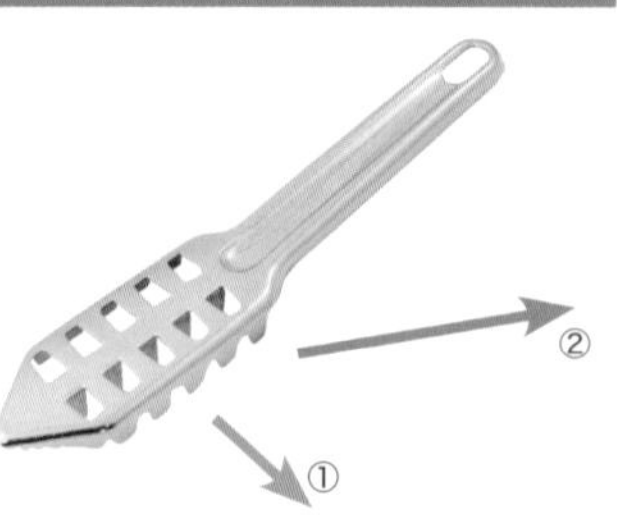

ゴミ入れ

釣り場でよく出るゴミがラインくず。カットした小さなものでもサッと収納できるポーチタイプを持っておきましょう。

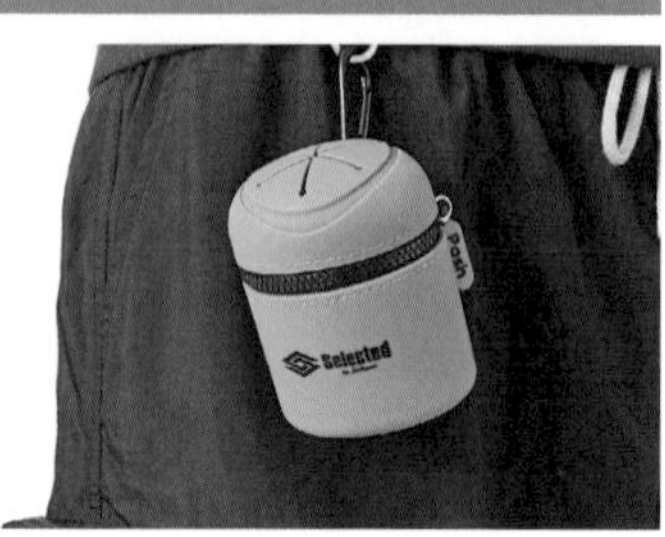

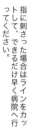

10

海釣り公園で釣りをしてみよう

釣りをするために海に作られた海釣り公園という施設があります。一般の企業が運営しているものから、市や県が運営しているものなど、規模やスタイルもさまざまです。

海釣り公園とは

　護岸を整備して、釣りをしやすくしたような小規模のものから、海上に桟橋を建設して大人数が釣りを楽しめるようにしたもの、島を丸ごと釣り用の公園にした大規模なものまで、各地にさまざまな海釣り公園があります。

　ただ単に足場を作っただけでなく、魚が居着きやすい海底の地形の上に施設を建設したり、海中に漁礁を沈めて多くの魚が集まる工夫をしているところもあります。

　つまり海釣り公園は魚が釣れやすい仕組みが施されているところが多いのです。

　もちろん安全面も考慮されています。ほとんどの施設は柵や手すりが設けられて、海に転落するリスクを最小限に抑えるよ

うな安全性の高い設計がなされています。

万が一落水した場合も、安全性を確保できるようにライフジャケットの貸し出しを行い着用義務を設けていたり、救命具を完備しているところが大半です。

また、施設も充実しています。駐車場やトイレの完備はもちろんですが、管理棟があり、売店などを併設しているところもあります。そのような場所では、飲み物や食べ物をはじめ、釣りに必要な仕掛けやエサ、氷などの販売もしており、レンタルタックルも用意されています。

また、飲食ができる施設が設置されているところもあります。

つまり手ぶらで行っても釣りを楽しむことができるのです。

高い安全性が確保され、魚が釣れる確率が高い、さらに設備も充実。海釣り公園は子供から大人まで安心して快適に海釣りが楽しめる施設なのです。

海釣り公園を利用する際に必用な手順やルールを理解しておきましょう。

駐車場

多くの海釣り公園には駐車場が完備されています。都市部から少し離れた海辺に作られていることが多く、中には公共交通機関を使ってのアクセスに難があるところもあります。

駐車料金は無料のところもありますが、有料のところも多いです。有料でも料金は1日駐めて数百円程度という設定になっているようです。

駐車場で必要な荷物を下ろしたら、釣り公園入り口のゲートまで歩きます。多少距離がある場合もあるので、荷物が多い場合はキャリーカートなどを使うことをおすすめします。

広い駐車場が完備されているところが多いです。

受け付け

無料の海釣り公園では、特に入り口で何かをすることはありません。そのまま入っていきます。24時間いつでも出入りできるところもありますが、無料でもゲートが設けられ、開園・閉園時間が決められているところもあります。また、時間は季節によって変動することもあり、天候によっては、閉園になることもあります。

有料の海釣り公園ではここで、料金を支払います。

料金は1日でいくら、となっているところや利用時間によって変動するところがあります。料金を支払うと目印となるものを渡されるところもあるので監視員に見えるように身に付けておきましょう。

有料の海釣り公園ではほとんどのところでライフジャケットの着用が義務付けられています。自分が持っているものを着用しても構いませんし、持っていない場合はここで貸し出してくれます。

受け付けで料金を払って入場します。

管理棟

入り口が管理棟になっているところもありますが、別の場所に設置されていることもあります。レンタルタックルなどが必要な場合は、受け付けか管理棟で貸し出しています。レンタルタックルは竿・リールに仕掛け、さらにはエサまでセットになっているケースもあります。

また管理棟に売店が併設されており、仕掛けやエサ、飲み物や食べ物などが必要な場合は購入できるようになっています。

何か分からないことがあれば、監視員に聞くと答えてくれます。

場内では監視員の指示に従うようにしましょう。

管理棟に売店やトイレなどが併設されているところが多くあります。

10

釣りデッキ

必要なものが揃ったら、早速釣りデッキに向かいましょう。

護岸に建設されている釣り公園では足場はコンクリートやアスファルトのところもありますが、海の上に桟橋が設置されているケースでは足場は鉄製の網格子のようになっているところがほとんど。小さなものは落とすとそのまま海に落ちてしまいます。海に落とすと回収不能になってしまうので注意が必要です。

スマホなどは網目を通りませんが、デッキの端の方ではそのまま海に落としてしまう可能性があります。ついうっかりで後悔しないように、蓋やチャックの付いたポケットに入れておくか、専用のリーシュコードなどで衣類と繋いでおくことをおすすめします。

釣りデッキは足場が網目となっているところが多いので、小物類の落下には注意しましょう。

こんな魚が釣れる

釣れる魚は場所によってまちまちですが、アジやサバといった小型の魚から、マダイ、ヒラメ、チヌ、メジロ、アオリイカ、さらにブリやサワラ、カンパチといった青物まで実に多彩な魚種が狙えます。

釣り公園だからといって油断してはいけません。

ときにはとんでもない大物が釣れることもあり、管理棟に写真や魚拓が飾っている場合もあります。

釣れた魚を随時ホームページにアップしているところもあるので、今どんな魚が釣れているのか一度確認してみるとよいでしょう。

良型の青物も狙えます。

カワハギも定番のターゲット。

時期によってはイサキが爆釣！

こんな大きなメジナもいます。

ルアーコーナーで釣れたアオリイカ。

シーバスも立派なサイズ。

レンタルタックルはサビキ釣りを楽しむのにピッタリな仕様になっています。

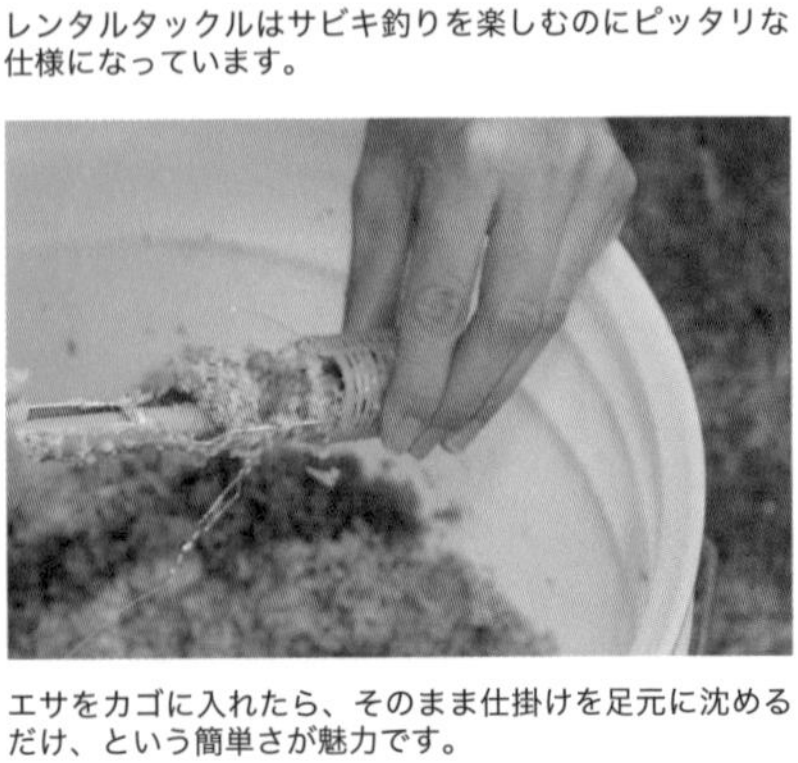

エサをカゴに入れたら、そのまま仕掛けを足元に沈めるだけ、という簡単さが魅力です。

早速釣ってみる

どこの海釣り公園でも楽しむことができて、また海釣り公園にもっともマッチするのはサビキ釣りでしょう。

レンタルタックルの多くはサビキ釣りをするのにぴったりな仕様になっています。仕掛けやエサ付きのところでは、基本的にサビキ釣り用の仕掛けがセットになっています。

桟橋タイプの施設でサビキ釣りをする場合はウキを付ける必要はありません。

カゴにエサを入れたら、仕掛けはその足元にゆっくりと落としていきます。

仕掛けが着水しても、そのままラインを放出して仕掛けを一旦海底まで沈めます。

仕掛けが海底に着いたら、リ

ールのベイルを戻しハンドルを回してゆっくりとラインを巻き取っていきます。

仕掛けを海面近くまで上げても反応がない場合は、もう一度ゆっくり海底まで沈めて巻き上げます。

途中で竿を軽く煽ってエサを放出すると効果的です。2~3回巻き上げても反応が得られない場合は、エサがなくなっている可能性があるので、一度仕掛けを回収しましょう。

魚が掛かると途中でプルプルとした感触が手元に伝わってきますが、すぐに上げるのではなく、しばらくそのまま止めておきましょう。そうすることで複数のハリに魚が掛かる可能性があります。

しかし、たくさんの魚を掛けようと、あまり長時間海中に入れておくと掛かった魚が暴れて仕掛けが絡むことがあります。止めておくのはせいぜい1分程度にしておきましょう。

魚を上げるときは慎重に。焦るとせっかく掛かった魚がハリから外れることもあります。

ゆっくりとリールのハンドルを回して、仕掛けを回収したら、ハリに気を付けて魚を取り込みましょう。

鈴なりになって上がってきたアジ。誰にも簡単に釣果を得ることができます。

注意事項

海釣り公園では投げ釣りが禁止となっているところが多くあります。

重量のある仕掛けを投げる釣りは危険を伴うからです。同様にルアー釣りも禁止となっている場合もあります。

中には投げ釣りコーナーを設けており、決まったエリアでのみ投げ釣りやルアー釣りができる公園もあります。期間限定でそういったコーナーを設けることもあるようです。

また、マキエが禁止になっているところがあるほか、マキエはOKでも集魚材や赤土を混ぜるのは禁止などと細かな制約がある場合もあります。

事前にホームページを見たり、監視員に聞くなどして確認するとよいでしょう。

全国の海釣り公園リスト

施設名	住所	電話番号
青森市浅虫海釣り公園	青森県青森市大字浅虫蛍谷 352	017-752-2810
出雲崎町フィッシングブリッジ	新潟県三島郡出雲崎町羽黒町	0258-78-2291
上越市海洋フィッシングセンター	新潟県上越市虫生岩戸 719 番地先	025-544-2475
スリーエム仙台港パーク海の広場	宮城県仙台市宮城野区港２丁目５	022-253-7727
由良フィッシングセンター	山形県鶴岡市由良２丁目14-55	0235-73-3767
石田フィッシャリーナ	富山県黒部市浜石田	0765-52-5777
フィッシングブリッジ赤崎	石川県鳳珠郡能登町布浦	0768-72-2505
のとじま臨海公園	石川県七尾市能登島曲町 15-40	0767-84-1271
新港魚つり桟橋	石川県鳳珠郡能登町宇出津新港３丁目	0768-26-2350
海釣り公園みかた	福井県三方上中郡若狭町小川	0770-47-1140
鹿島港魚釣園	茨城県鹿嶋市新浜	0299-82-1125
オリジナルメーカー海づり公園	千葉県市原市五井南海岸１-12	0436-21-0419
太海フラワー磯釣りセンター	千葉県鴨川市太海浜 67	04-7092-1311
千葉県袖ケ浦海浜公園	千葉県袖ヶ浦市南袖 36	043-246-6206
大井ふ頭中央海浜公園	東京都品川区八潮４丁目 1-19	03-3790-3023
磯子海つり施設	神奈川県横浜市磯子区新磯子町 39	045-761-1931
横須賀市立海辺つり公園	神奈川県横須賀市平成町３丁目１	046-822-4022
横浜市本牧海づり施設	神奈川県横浜市中区本牧ふ頭１	045-623-6030
大黒海釣り公園	神奈川県横浜市鶴見区大黒ふ頭 20	045-506-3539
浮島つり園	神奈川県川崎市川崎区浮島町 500	044-288-0600
フィッシングパークTOI	静岡県伊豆市八木沢47	0558-98-2265
新居弁天海釣公園	静岡県湖西市新居町新居	053-594-6624
佐久島海釣りセンター	愛知県西尾市一色町佐久島大島	0563-72-9607
名古屋港海づり公園（工事のため休園中）	愛知県知多市南浜町７	0562-56-3013
フィッシングパーク錦	三重県度会郡大紀町錦	0598-59-1677
由良海づり公園	和歌山県日高郡由良町神谷 465-1	0738-65-3263
和歌山北港魚つり公園	和歌山県和歌山市湊 1850	073-451-4148
つり公園シモツピアーランド	和歌山県海南市下津町丸田 1204-20	073-494-0940
マリーナシティ海釣り公園	和歌山県和歌山市毛見 1535-3	073-448-0075
宮津市海洋つり場	京都府宮津市小田宿野 816-1	0772-22-8150
大阪南港魚釣り園	大阪府大阪市住之江区南港南６丁目９-３	06-6612-2020
尼崎市立魚つり公園	兵庫県尼崎市平左衛門町 66	06-6417-3000
神戸市立須磨海づり公園（工事のため休園中）	兵庫県神戸市須磨区一ノ谷町５丁目	078-735-2907
神戸市立平磯海づり公園	兵庫県神戸市垂水区平磯１丁目１-66	078-753-3973
南あわじ市丸山海釣り公園	兵庫県南あわじ市阿那賀	0799-39-0399
南あわじ市浮体式多目的公園	兵庫県南あわじ市阿万吹上町 1432-2	0799-55-0400
姫路市立遊魚センター	兵庫県姫路市的形町福泊	079-254-5358
直島つり公園	香川県香川郡直島町 340	087-892-2891
小豆島ふるさと村釣り桟橋	香川県小豆郡小豆島町室生 2084	0879-75-2266
フィッシングパーク光	山口県光市室積６丁目 17-1	0833-79-0377
下関フィッシングパーク	山口県下関市吉見古宿町 10-1	083-286-5210
日明海峡釣り公園	福岡県北九州市小倉北区西港町 67-3	093-591-2557
脇田海釣り桟橋	福岡県北九州市若松区安屋	093-741-3610
福間漁港海浜公園	福岡県福津市西福間３丁目 5587	0940-52-4951
福岡市海づり公園	福岡県福岡市西区小田字池ノ浦地先	092-809-2666
高島飛島磯釣り公園	長崎県長崎市高島町 1726	095-896-4900
海洋牧場湯の児フィッシングパーク	熊本県水俣市浜外平 4083-4	0966-63-3870
田浦町立御立岬公園釣り場	熊本県葦北郡芦北町大字田浦町 145	0966-87-0083
上甑県民自然レクレーション村	鹿児島県薩摩川内市上甑町中甑	09969-2-0971
鹿児島市鴨池海づり公園	鹿児島県鹿児島市与次郎２丁目 9-12	099-252-1021

※2023年７月現在2023年7月現在。必ず電話かホームページで確認してから行ってください。

11

サビキ釣りをグレードアップしよう

サビキ釣りは、すでに魚が多く集まっている場所や、回遊してくる魚を待って狙う釣りですが、積極的に狙うことで効率を上げることが可能です。運任せの釣りから脱却しましょう。

サビキ釣りとは

すでにご存知の方もいると思いますが、基本をおさらいしましょう。

サビキ釣りとは、擬餌バリが複数セットされた仕掛けを使って釣る方法です。堤防から狙う場合は、アミカゴやコマセカゴと呼ばれるエサを入れる道具を使い、中にアミ（三陸アミなどエビに似たプランクトン）を入れて撒き、集魚しながら魚を狙います。ハリには基本的にエサは付けません。

こんな道具が必要

サビキ釣りは、それなりに重い仕掛けとなります。重量にすると50g程度ですが、竿でその重さを振るのはかなりの力を必要とします。

そのため重さをしっかりと支えられる竿と、重量に耐えられる太さの糸、重くても仕掛けを巻き取ることができるリールが必要となります。

◯竿とリール

一般的にはサビキ用の竿として売られているものを使いますが、ルアーロッドを代用することで、他の釣りも楽しめるようになるためおすすめです。

竿の長さは9.6ft以上、ルアーロッドならショアジギングロッドかシーバスロッドで、MかMHが理想です。ロッドのスペックでいうと、60gくらいまでに対応したものとなります。

ロッドの長さが短いと仕掛け投入時に地面にサビキ仕掛けが接触したり、釣り上げるときに宙に浮かせないなど釣りにくい状況になるので注意。さらにロ

■サビキのハリサイズの目安

アジのサイズ	ハリのサイズ
～10㎝	5号
～15㎝	5～7号
～20㎝	7号
20㎝以上	7号以上

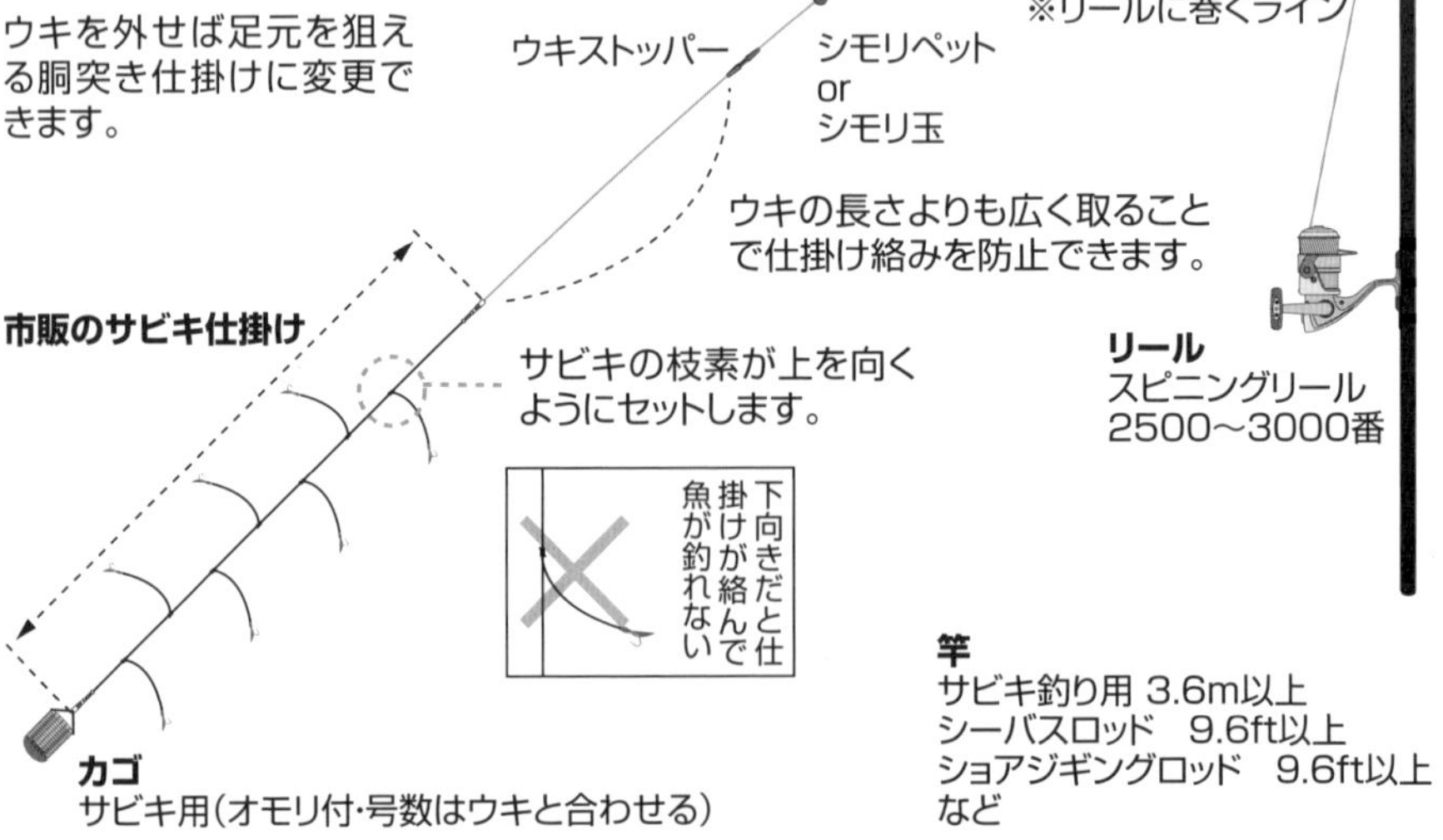
ウキを外せば足元を狙える胴突き仕掛けに変更できます。
ウキ止め
ウキ
サビキウキ
5～7号
道糸
ナイロンライン
3～4号
※リールに巻くライン
ウキストッパー
シモリペット
or
シモリ玉
ウキの長さよりも広く取ることで仕掛け絡みを防止できます。
市販のサビキ仕掛け
サビキの枝素が上を向くようにセットします。
下向きだと仕掛けが絡んで魚が釣れない
リール
スピニングリール
2500～3000番
竿
サビキ釣り用 3.6m以上
シーバスロッド　9.6ft以上
ショアジギングロッド　9.6ft以上
など
カゴ
サビキ用（オモリ付・号数はウキと合わせる）

ッドが柔らかすぎると仕掛け回収時に重かったり、魚を抜き上げることができなくなります。

リールはスピニングリールを使いますが、小さなものだと巻き取り力が弱く重い仕掛けがスムーズに回収できないため、2500番以上のリールを使用してください。

○ライン

リールに巻く道糸（メインライン）の素材は特に問いませんが、通常はナイロンラインが使われます。号数は3～4号が一般的で、カラーは好みで選んで大丈夫です。

ルアー釣りのリールとラインを代用する場合は、メインラインはPEラインの0・8号以上でないとキャスト切れを起こす可能性があります。またウキ止めをセットするため、リーダーとの結び目に注意。リーダーよりも深い場所を狙うときはPEライン側に、リーダーの長さ分の深さを狙う場合はリーダー側にウキ止めをセットします。

ルアー釣りとサビキ釣りを兼用する場合は、リーダーラインの長さを最初から長く取っておくと便利です。

○サビキ仕掛け

サビキ仕掛けにはたくさんの種類があります。選ぶ基準は、

①ハリの号数
②ラインの太さ
③サビキのカラー
④装飾素材の種類

などとなります。

ハリの号数は当日釣れている魚のサイズに合わせます。このため、事前に釣れている魚種とサイズを知っておく必要があります。

知るには、現場近くの釣具店へ行き、一番売れているものを参考にするのが手っ取り早いでしょう。店員に聞けば親切に教えてくれます。

○ウキ

サビキウキというジャンルがありますので、選択は簡単ですが形状はいくつかあります。

各社の設定で浮き方の違いはありますが、サビキ釣りという目的は同じなので、好みで選んでも大丈夫です。ウキの形状が合わなかったから魚が釣れないということはありません。

一番のネックはエサの確保。しかし、近年では手や現場を汚しにくいチューブタイプが多く発売されているからとても便利になりました。キャップ付きで次の釣りまで保存できる商品もあり、行きたいときにサッと行けるようになりました。

サビキ用品は多くのメーカーから販売されていますが、使い方にコツが必要な道具はなく、初見でも簡単に使いこなせるのが魅力です。商品自体も低価格帯に設定されていますので手に入れるのも簡単。どの釣具店でも入手可能です。

釣るコツは「かもしれない」

より多く釣りたい場合は自分なりの作戦が必要となります。釣り慣れた人が他人よりも多く釣ったり、大型が釣れたりするのは「作戦」がうまくいったからです。作戦の内容は、「かもしれない」です。

・店員にすすめられた仕掛けでは釣れないかもしれない。
・本日釣れる魚はもっと大きい（小さい）かもしれない。
・釣れるタナ（水深）は前日よりもっと深い（浅い）かもしれない。
・今日はピンクサビキよりもグリーンがよいかもしれない。

などです。

対策として道具や仕掛けを買い足すこともよいのですが、釣れないときに思い出すことが大切です。

周りが釣れないときに「誰も釣れない」と思うのではなく、「みんなと同じことをしていては釣れないと」思って対策をとることが1尾でも多く釣るコツです。

タックルとサビキ仕掛けのセット方法（ルアーロッドの場合）

①竿にリールをセットします。しっかりと固定して、ガタツキがないかチェックしてください。緩いと、釣り中にリールが外れることがあります。

②リールのベイルを開いて、ラインを引き出します。ベイルを開いてから行わないとラインが巻き取れなくなるので注意。

③竿のガイドにラインを通します。必ず真ん中のリングに通してください。誤って別の場所に通したり、通し忘れなどのミスが多いので慎重に。

④写真のようにラインを手元まで引き出したらリールのベイルを閉じてラインが出ないようにします。

⑤ウキ止め糸を結びます。説明は写真のように棒にセットされたウキ止め糸タイプの結び方です。棒の溝にラインを通します。

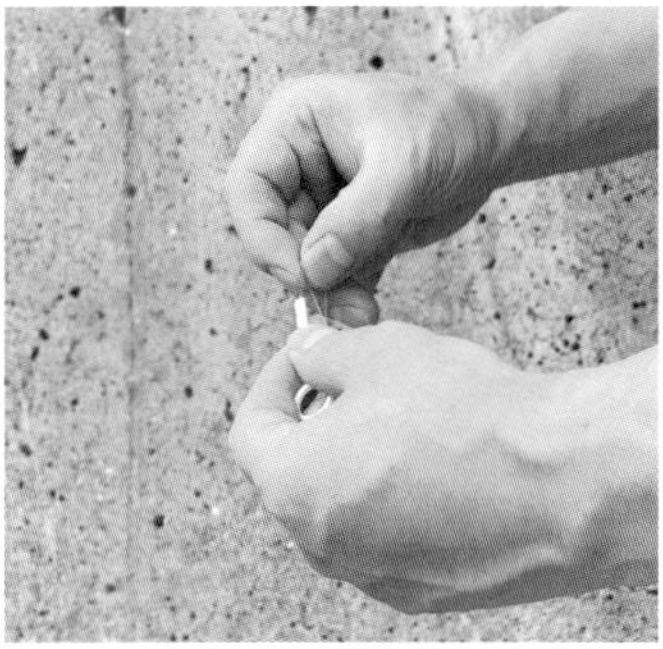

⑥ウキ止め糸をライン側に移動させます。

⑦ウキ止め糸の両端を持って結び目を締めます。目いっぱいではなく、8～9割くらいにして、動かすことができるように締めます。

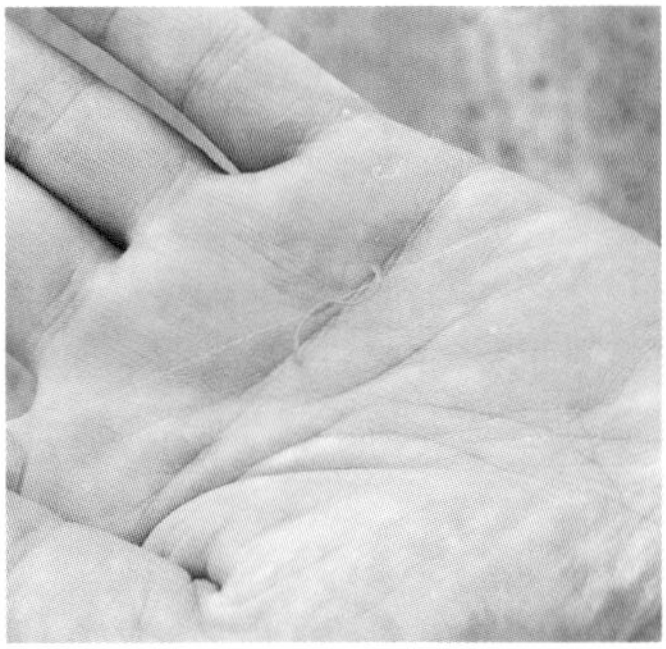

⑧端糸を5㎜ほど残して、両方ともカットします。

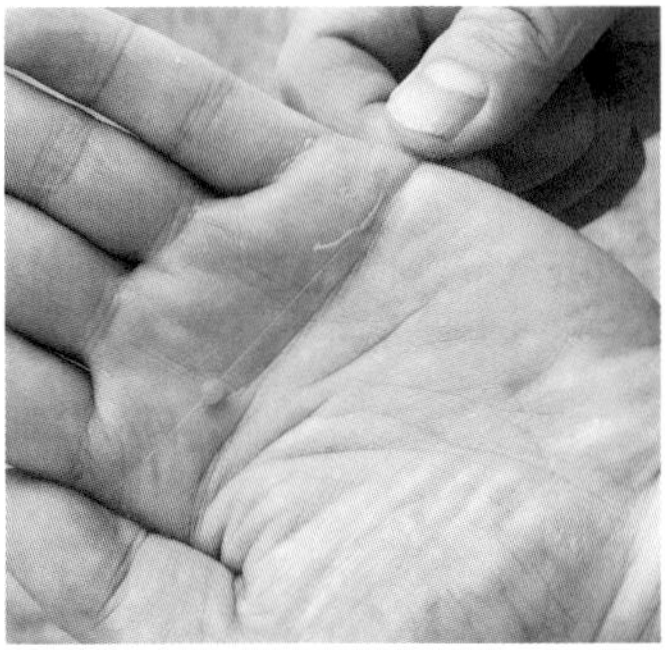

⑨シモリ玉を通します。シモリ玉の穴がテーパー状になっている場合は、小さい穴から通します。

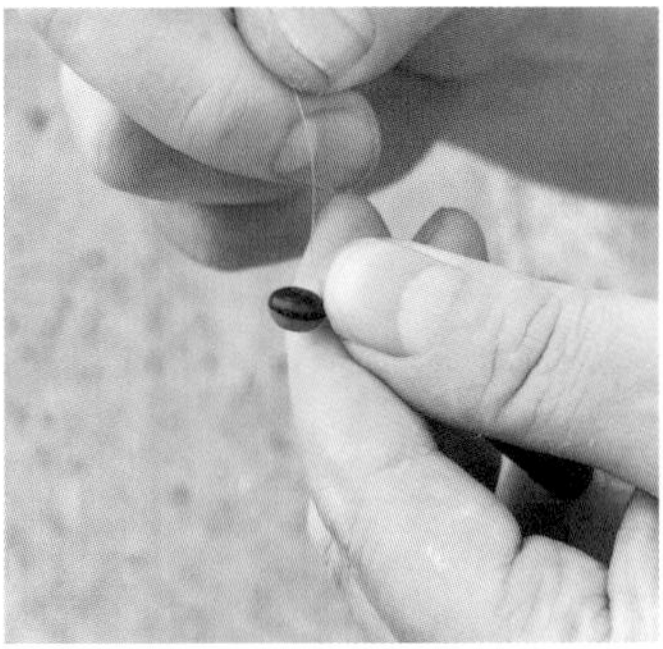

⑩シモリペットを使う場合は、シモリ玉は不要です。シモリペットもシモリ玉同様に、細い穴の方からラインを通します。

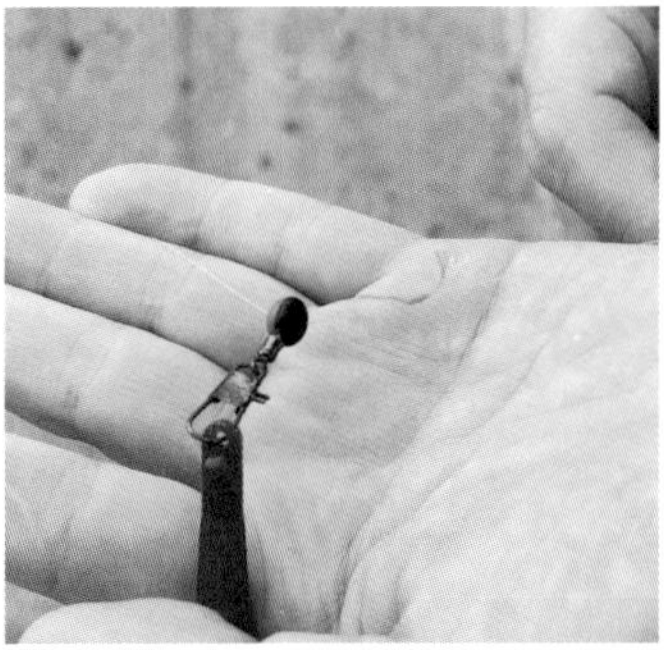

⑪シモリペットのスナップにウキをセットします。

※次ページに続く

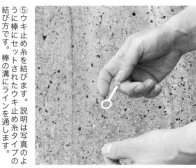

⑫ウキストッパーをセットします。ゴムを両方通してから棒を差し込みます。

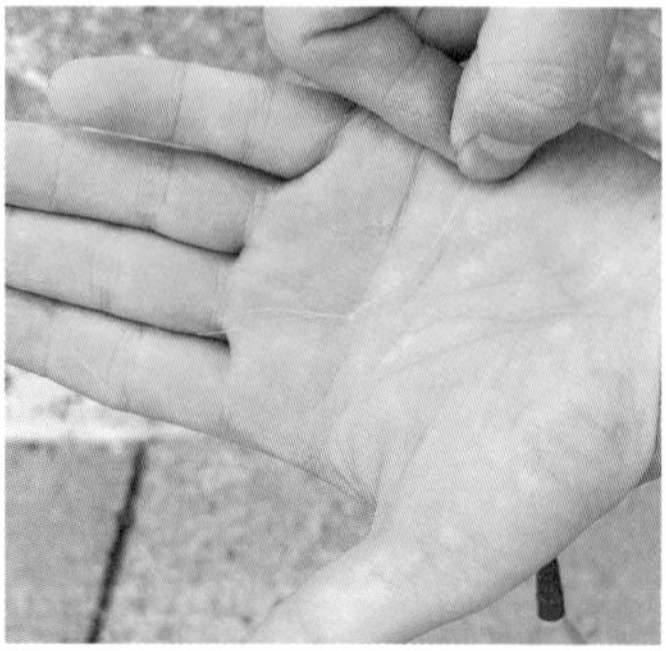

⑬ラインの先端を二重にして結び、輪を作ります。

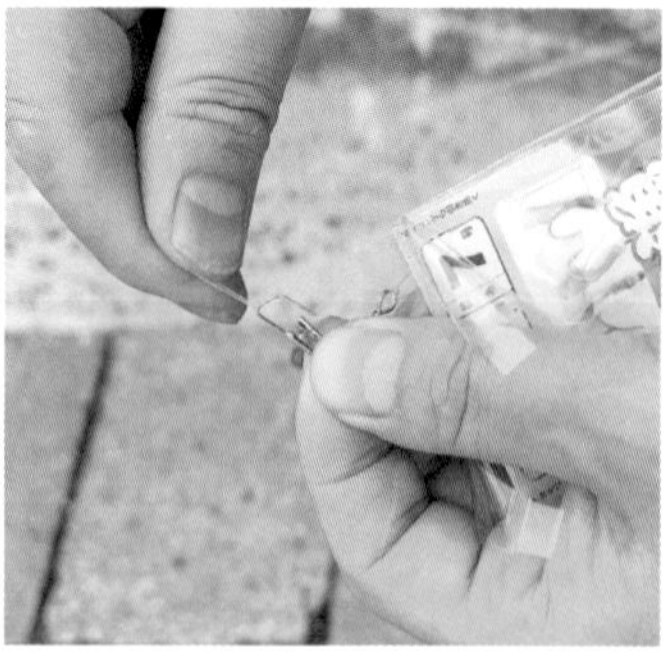

⑭サビキ仕掛けのスナップを開いて輪を掛けます。オモリ側のスナップと間違わないようにしてください。「ここから引き抜く」などと書かれています。

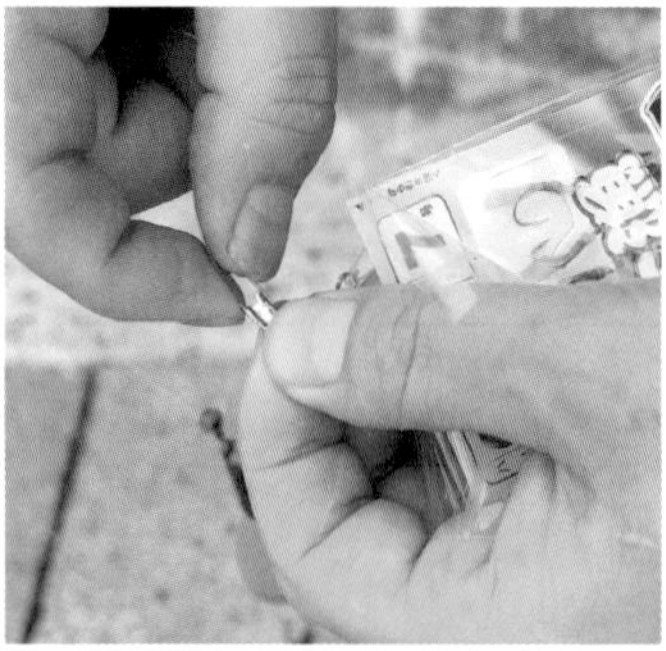

⑮スナップを閉じて抜けないようにします。閉じ忘れが多く、釣っている途中で紛失することが多いようです。

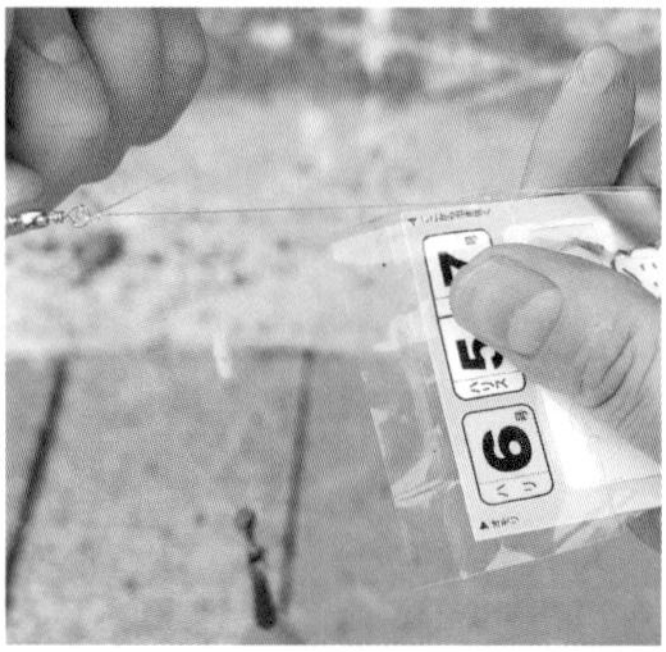

⑯サビキ仕掛けを台紙から引き出します。

⑰アミカゴにスナップをセットして完成です。ここも閉じ忘れに注意。

釣り方の基本

すでに何度もサビキ釣りを行って実績を重ねている方もいることでしょう。そういう方は、読み飛ばして「釣り方の応用」へ進んでください。まずは基本から解説します。

仕掛けを組んでカゴにアミを入れたら、早速キャストして仕掛けを海に浮かべたいところですが、最初に重要なのはウキ止めの位置です。魚を狙うタナ（水深）となりますので、当日狙う魚の遊泳層に合わせる必要があります。

タナは意外とシビアで1m違えば釣れないこともあります。サビキ釣りの仕掛けに複数本のハリがセットされている理由には数を狙うこともありますが、幅広いタナを狙うという意味もあります。

本来なら釣具店や現場にいる釣り人に聞いて釣れるタナを教えてもらうのがベストです。聞かなくても、仕掛けを投入してウキが立つまでの時間を計れば、どれくらいの水深を狙っているかおおまかに分かるでしょう。もし分からない場合は、まずは浅いタナから狙ってみます。

まずはウキ止めからサビキ仕掛けの上部スナップまでを2mくらいにしてから釣ってみます。3、4度仕掛けを打ち返しても釣れない場合は、ウキ止めをリール側にズラして狙うタナを深くしていきます。1mくらいずつ深くしていきますが、水深よりも深くなってしまった場合は、ウキが寝たままになります。そのままにしておくと根掛かりする可能性があるので、すぐに仕掛けを回収して、ウキ止めを下げてタナを浅くしてください。釣れるタナを探っている最中に他の人が釣れた場合は、同じタナに合わせるとよいでしょう。

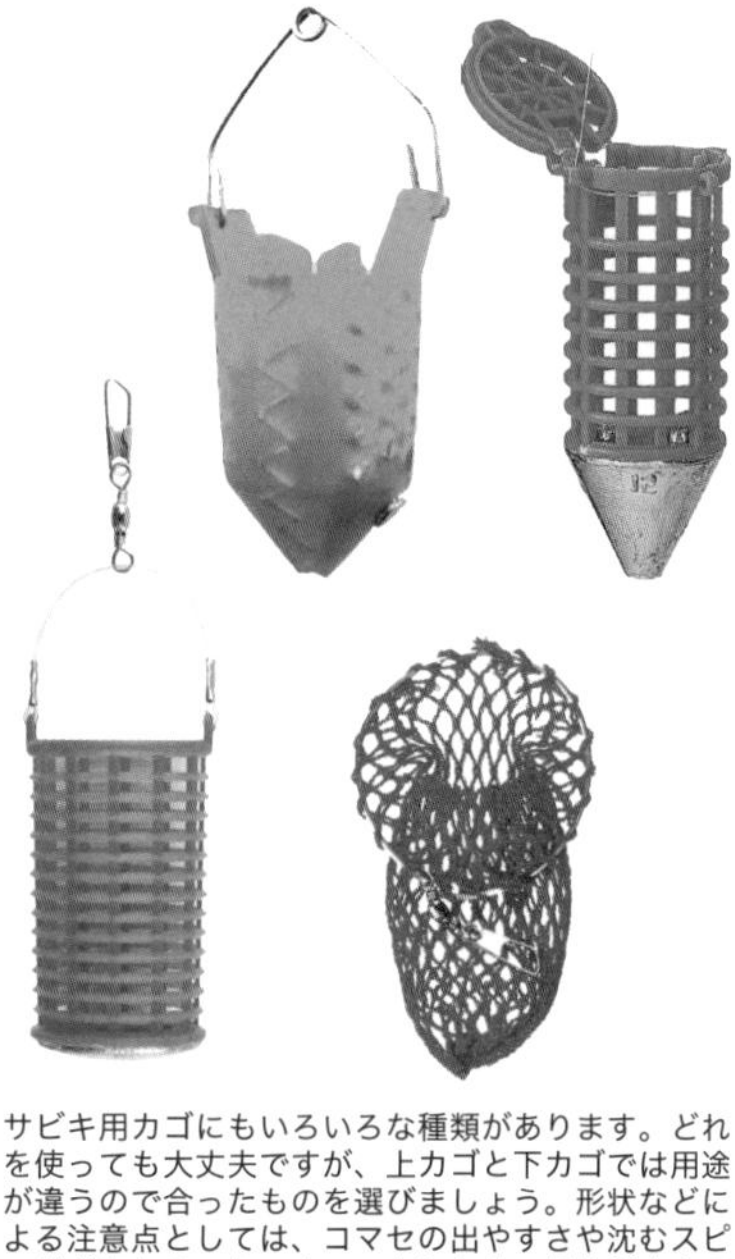

サビキ用カゴにもいろいろな種類があります。どれを使っても大丈夫ですが、上カゴと下カゴでは用途が違うので合ったものを選びましょう。形状などによる注意点としては、コマセの出やすさや沈むスピードが変わることです。いかにも水の抵抗が大きそうなものは、深場や潮流が速い場所ではあまり向きません。

11

テンポ良く釣りをする

仕掛け投入から仕掛け回収、次の投入という一連の動作のテンポも重要です。釣りでは「手返し」と呼ばれてどんな釣りでも重要視されています。

簡単に言うと、海中に仕掛けが入っている時間が長いほど魚が釣れる確率は高くなりますが、単純に長ければ良いというわけではありません。

サビキ釣りの場合は、カゴにコマセを入れて魚を誘いながら狙う釣り方です。だからカゴのエサがなくなると極端に釣れなくなります。エサを切らさないように手返し良く狙うという意味になります。

仕掛け回収のタイミング

手返し良くと言っても、実際はどれくらいかあやふやで分かりにくいでしょう。釣り慣れた人がどうやっているかは次の通りです。

○仕掛けを流す距離

自分の正面に仕掛けを投入した場合、潮の流れの下流側にいる釣り人付近までが仕掛けを流せる範囲です。

最低限、隣の人の正面よりも2～3m手前では仕掛けを回収しましょう。これは条件に関係なく、マナーとして実行しましょう。

○潮の流れ

潮の流れが速いと、流せる距離は同じでも時間が短くなります。その分手返しも多くなり釣れる確率は高くなるものです。しかし、初心者ほど忙しい釣りに慣れていないため、休憩時間

サビキバリは上向きにセットする

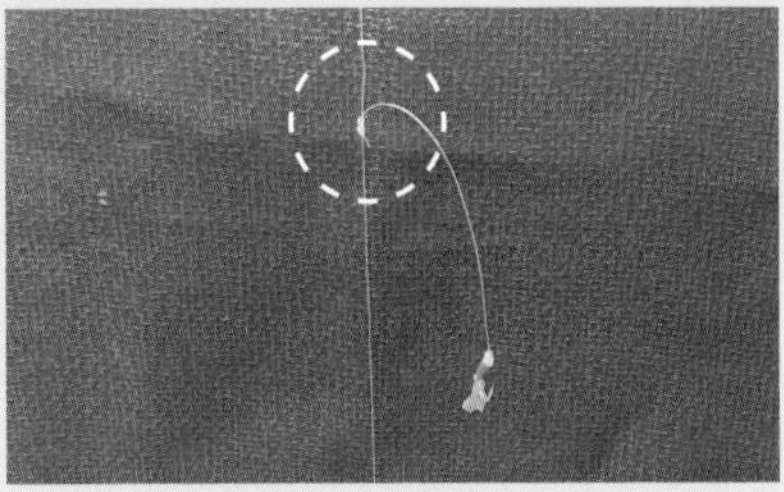

サビキ仕掛けの台紙に、どちらがウキ側か、オモリ側かを書いていないものもあります。上下を間違えると、ハリスが下向きになって本線に絡みつくようになり魚が食べにくい状態となります。これは重要なことなので、必ず確認しながらセットしましょう。正しくは、写真のように本線から出ているハリスが、ピンと上向きになるようにセットします。

コマセは8分までにする

カゴにコマセを詰めすぎると網目から出にくくなります。仕掛けを回収した際にコマセが残っている場合はその証拠です。ただし、仕掛け投入後のシャクリが甘い場合は詰めすぎばかりではありません。コマセが残っている場合は、次の２投で少し強めのシャクリを行い、コマセを出すようにしてみましょう。それでも残る場合は、カゴに入れる際にできるだけ押し付けないようにしてみてください。

が多くなりがちです。そのためテンポ良く釣るということが大切で、手返し良く釣ることは疲れも軽減でき、より楽しく釣りを行えます。

また潮の流れが速いときは、仕掛けに対して軽いコマセだけ先に流されていくことから、手返しの良さは必然となります。

○流れがないとき

潮の流れがなく、投入したウキが同じ位置のまま動かなかったり、右に左にフラフラと流れることがあります。

こんなときは魚の食い気も落ちる傾向にありますので、少し肩の力を抜いて、海にウキを浮かべたまま眺めていても大丈夫です。四六時中手返し良く釣っていると、エサの消費量も多くなり、疲労も重なりますので、ベテランはこういった「釣れない時間帯」に一息ついて、釣れる時間帯(時合)に備えているのです。

○他人が釣れた場合

アジは回遊するため、釣れるときはバタバタとウキを引き込み、何事もなかったかのようにパッと釣れなくなります。だから誰かが釣れた場合は、集中して釣りをしましょう。

周囲で釣れたときは自分も釣れる確率が高いときなので、すぐに仕掛けを回収してエサを詰めて再投入しましょう。

このとき、狙うタナと距離も合わせることが大切です。

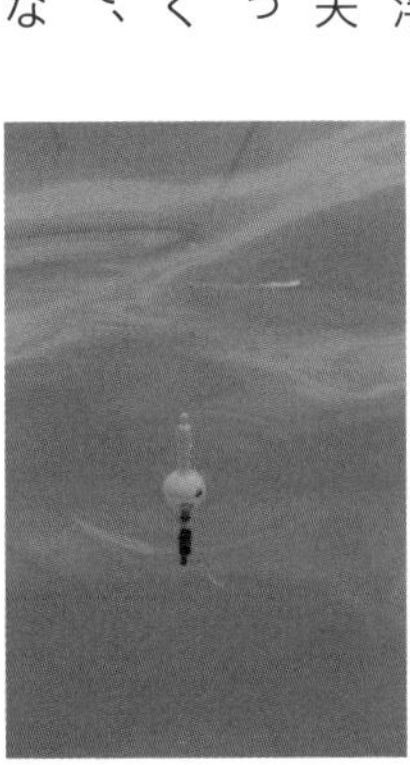

釣り方の応用

サビキ釣りは基本を丁寧に守れば、釣果を裏切らない釣りといってよいでしょう。もちろん魚がいない場合は別です。

しかし、釣り場へ足を運ぶ回数が増えると、釣りがすごく上手な人を見かけるようになります。「自分も釣ってみたい」という興味から、再度釣りにハマる人も多くいます。

そんな中でもサビキ釣りは多くの場所で楽しめ、短時間でも満足できる釣果が得られやすい釣りです。初心者のまま終わらず、次のステップへと進みましょう。

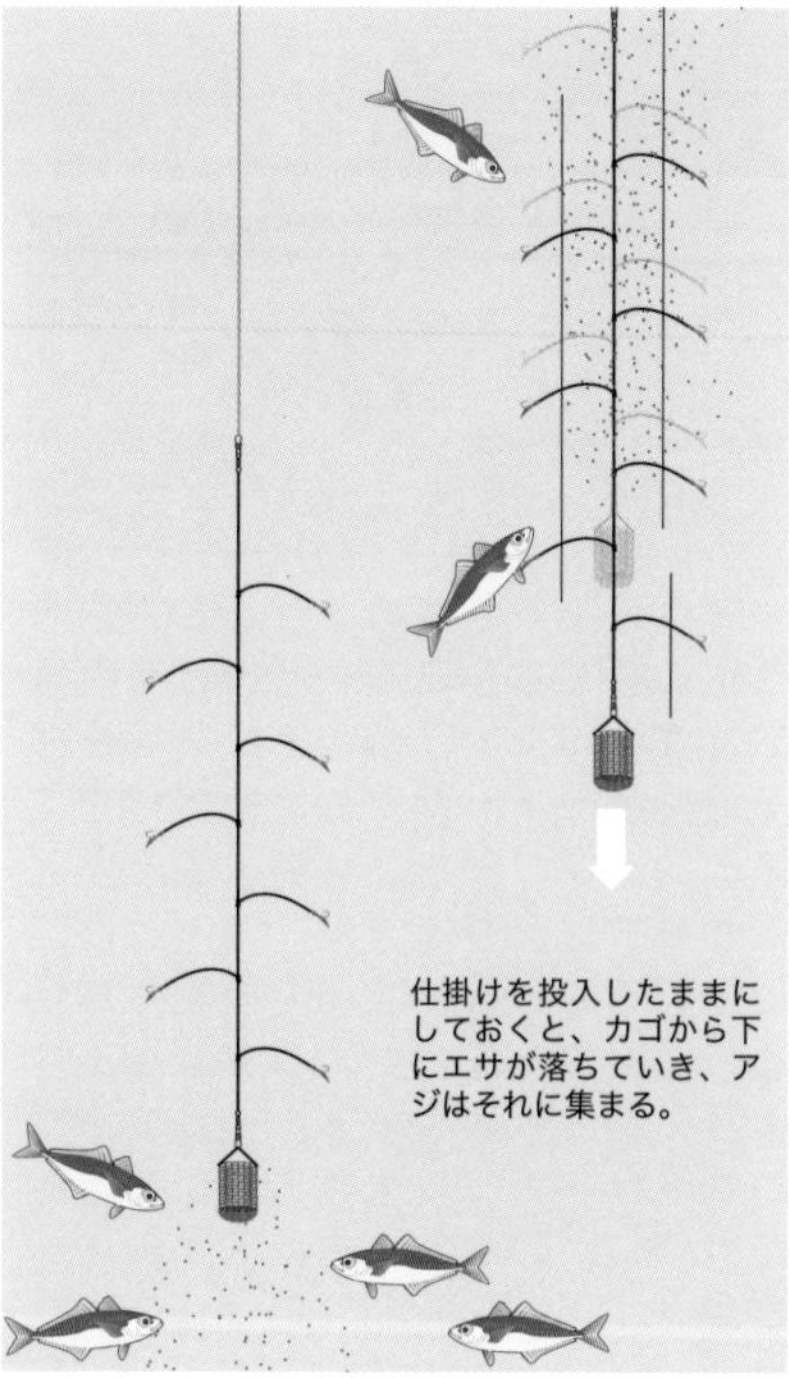
仕掛けを投入したままにしておくと、カゴから下にエサが落ちていき、アジはそれに集まる。

○海中をイメージする

釣りの中級者以上になると、海中で自分の仕掛けがどのようになっているか、イメージできるようになります。経験だったり、本などから得た知識により想像できるようになるのでしょう。そうなると、魚が釣れる・釣れないというイメージも同様にできるようになってきます。

つまり、魚が釣れない状況を作りにくいといえます。ちょっと抽象的ですが、釣っている最中、自分の仕掛けがどのようになっているか、魚はどのようにハリに掛かったかを想像しながら釣ってみてください。きっと釣りが上達するはずです。

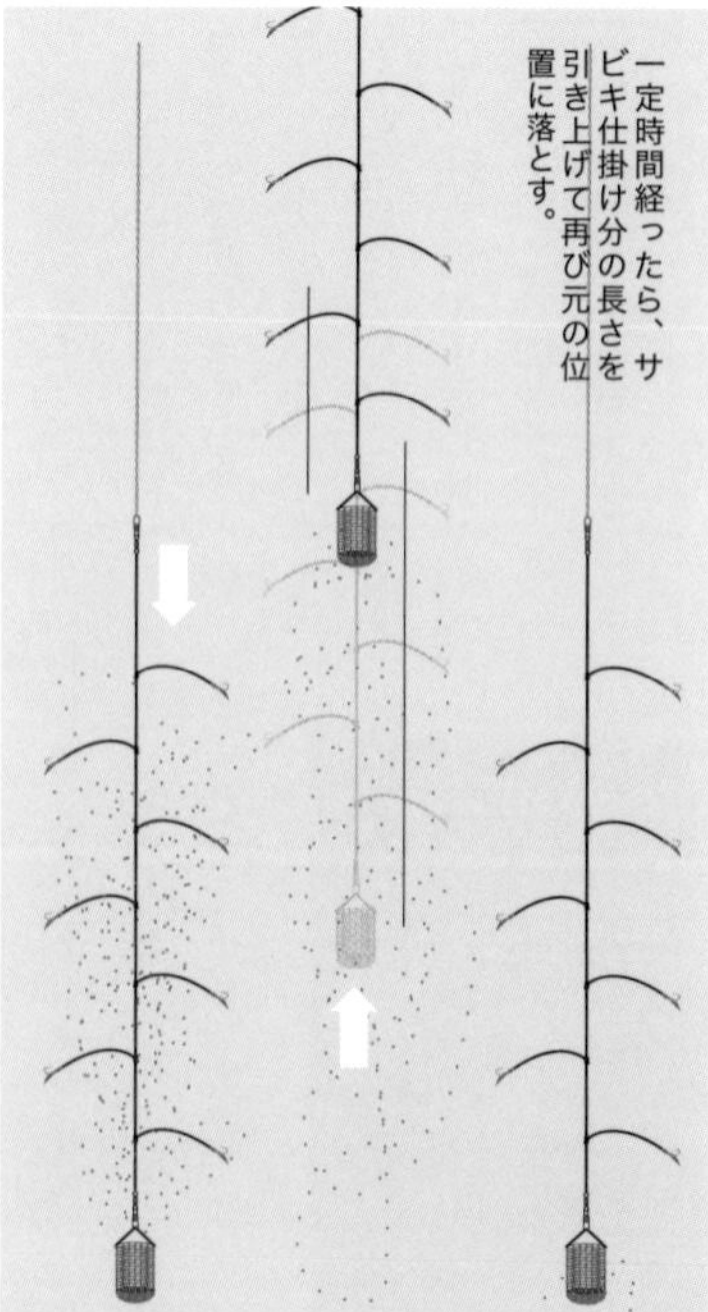
一定時間経ったら、サビキ仕掛け分の長さを引き上げて再び元の位置に落とす。

○コマセと仕掛けの同調

仕掛けを投入して一定時間経ったら、竿を煽ってカゴに入っている残りのコマセを放出していることでしょう。

これは誘いとも言い、食うか迷っている魚に対して、反射的に食わせる行為にも繋がります。だから、釣る人ほど定期的に誘いを入れています。

すでに行っている人の中で、誘いの本当の意味を知らないのであれば、その意味を深く考えてみましょう。
第一はカゴからエサを出すことです。しかし、ただ出すのではなく、サビキ仕掛けをカモフラージュするためです。だから、出したコマセの煙幕にサビキ仕掛けが同調しないと意味がありません。ウキサビキ釣りの底カゴ仕掛けの場合だと、サビキ仕掛けの長さ分竿を煽ってから元の位置に戻します。こうすることでサビキ仕掛け全体がコマセと同調します。

網の目の大きさにも注意。コマセの出が悪い場合は、購入したアミとカゴの目をチェックしましょう。応急処置として、カゴの一部を切り取り、目を広げることもできます。

第二はタイミングです。仕掛けを流しているだけで、カゴからはポロポロとコマセが放出されています。下カゴ仕掛けなら、ハリのない部分にコマセを効かせて魚を寄せていることになります。このため、仕掛けを長距離流す場合は、上カゴ仕掛けが有利になります。

しかし、堤防釣りの場合は仕掛けを流せる距離が短いので、下カゴ仕掛けの方が効率良くコマセをサビキ仕掛けと同調させることができます。そのためには、コマセを放出するタイミングが大切です。

やり方は、まず最初に仕掛けを投入した時点で、沈む際にカゴからコマセが放出されます。なので、投入後すぐはなにもせずにコマセと仕掛けは同調します。

次第にコマセは沈んでいき、同調が切れた時点で竿を煽ってカゴからコマセを出し、再度サビキと同調させる必要があります。これがタイミングです。

タイミングが分からない場合は、足元にコマセを撒き、どのくらいのスピードで沈んでいるか確認するとよいでしょう。

少々難しいですが、釣りが上手い人はこのように計算して釣りを行っています。

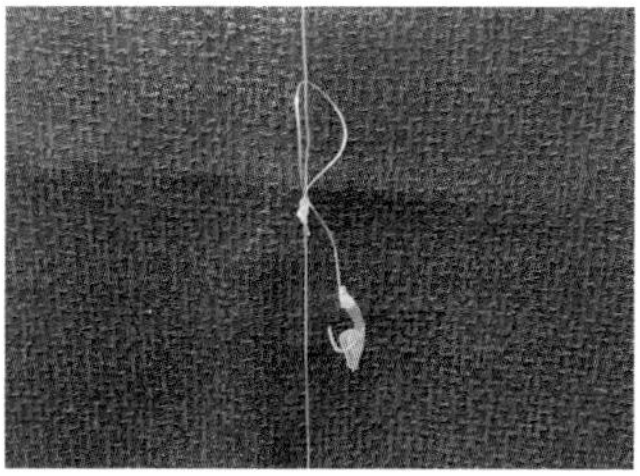

ヨレてしまったサビキのハリス。こうなると幹糸に絡みやすくなり、魚がハリに食いつくことができなくなります。指で摘んで伸ばすか、仕掛けを交換しましょう。

○ラインのヨレ

サビキ釣りの対象はさほど大きくない魚となるため、仕掛けに使われているのは、細いラインが主流となります。

このため、何尾も釣れたあとや、気温が低いときは、ラインが縮れてしまうことがよくあります。また、ナイロンラインが使われていることも多いため、伸びてしまってヨレヨレになることもあります。

そのまま釣り続けることもできますが、ハリがメインラインに絡みつきやすくなるため、釣果も下がる傾向にあります。気づいたらすぐに交換しましょう。

◯アジ狙いの誘いとスピード

アジは縦横無尽に泳ぎ回って貪《むさぼ》るようにエサを食べているように見えますが、実際はミニサイズのアジだけで、良型ほど選んでエサを食べています。

サビキ釣りでは楽に釣れるアジですが、ルアー釣りのアジングでは逆に釣るのが難しいターゲットになります。ルアーの動かし方が少し違うだけで、アジは釣れなくなってしまうのです。

サビキ釣りでアジが楽に釣れるのは、エサで多くのアジを集め、食い気を上げて競争心を煽って食わせるためです。しかし、サビキもルアーと同様本物のエサではないため、コマセばかり食べてハリには食いつかないことも少なくありません。

こんなときに役立つのが誘いですが、闇雲に誘ってもアジは食ってくれません。

誘いのやり方は、ゆっくりというのが基本です。サビキ釣りの場合はオモリの重さで仕掛けが沈むため、そのまま竿を下ろすとストンと落ちてしまいます。竿を上げるときは通常通りのスピードで、下ろすときにストンではなく、徐々に竿を下げて元の位置に戻します。この下ろすスピードが重要で、速度を変えて行ってください。

しかし、ウキサビキ釣りでは仕掛けを落とすスピードを竿で調整することはなかなかできません。そんなときは、カゴにセットされたオモリの号数を小さくして対応してください。

ゆっくりと仕掛けを落とすことでアジがサビキを見逃さずに食ってくれることでしょう。

注意点として、これを繰り返し何度も行うと逆効果となることがあるのと、仕掛けを下ろした後、10秒以上経ってから食ってくることも多いので、待つことも大切です。

◯ラインの太さ

サビキ仕掛けには細いラインを使っていると説明しましたが、最初から太いラインを使えばヨレに対する耐久性はグンと高くなります。しかし、そうしない仕掛けが多い理由の中には、細くて軟らかいラインの方が食いが良いことが挙げられます。フワフワとコマセのアミと同じように海中で漂うエサを演出しているわけです。

このような理由も含めて、サビキ仕掛けを購入する際は、ハリスや幹糸の太さにもこだわってみましょう。

スペックの見方

■ハリの号数／6号
釣れている魚のサイズに合わせるのが基本です。堤防で釣れるサイズは、初夏（10㎝）～晩秋（20㎝）が通常なので、ハリは5～7号くらいとなります。

■ハリス／0.8号
真ん中のラインから出てハリを結んでいるラインです。細いほどきれいな誘いが演出できますが、ヨレやすいので注意。

■幹糸／1.5号
仕掛けの真ん中に使用しているラインです。太いほど絡みにくくなります。

■間隔／20㎝
ハリスを幹糸に結んだ間隔です。

■全長／1.4m
使用する竿の長さよりも短いものを選びましょう。

12

チョイ投げしてみよう

本格的な「投げ釣り」は思いきり仕掛けを遠投する爽快さが魅力ですが、「チョイ投げ釣り」は飛距離にこだわらず手軽さを楽しむもの。ほんの10mも投げれば次々とアタリが出るので、初心者に絶対おすすめの釣りです。

ショア投げ
天秤セット

竿とエサ、チョイ投げ釣り用の仕掛けがあれば準備完了。

チョイ投げ釣りとは

チョイ投げ釣りの対象魚は、地域差はありますが、キス、ハゼ、ベラ、メゴチ、カサゴ、カレイ、チヌ、キビレ、マダイ、アイナメ、イシモチ、ヒイラギ、アナゴ、ウナギ、スズキ、マゴチ、カワハギなど多彩です。

「チョイ投げ」とは「ちょいと投げる」という意味で使われている釣り用語で、あえて岸近くを狙って仕掛けを投入する釣り方のことを指します。

どこまで飛距離を伸ばしたら「チョイ投げ」でなくなるかは

基本のチョイ投げ仕掛け

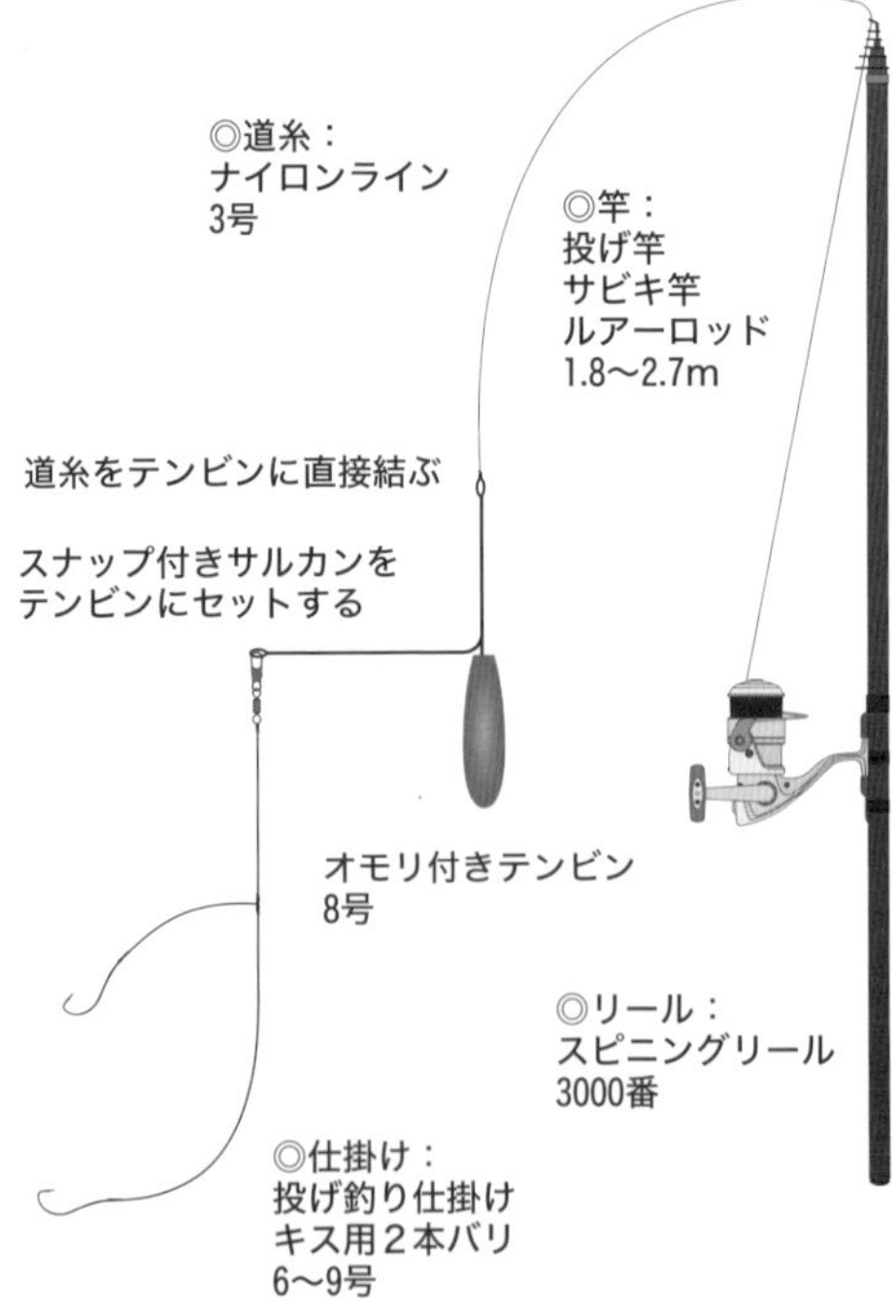
◎道糸：
ナイロンライン
3号
◎竿：
投げ竿
サビキ竿
ルアーロッド
1.8～2.7m
道糸をテンビンに直接結ぶ
スナップ付きサルカンを
テンビンにセットする
オモリ付きテンビン
8号
◎リール：
スピニングリール
3000番
◎仕掛け：
投げ釣り仕掛け
キス用２本バリ
6～9号

意見の分かれるところでしょうが、たとえ波打ち際を狙っていても、本格的な投げ竿と競技用投げ釣り仕掛けを組み合せて使っていれば、それが「チョイ投げ釣り」かと言われれば違和感を覚えるはずです。

つまりチョイ投げ釣りは、単に狙うポイントの遠近の問題ではなく「ライトなタックルで楽しむお手軽な投げ釣り」という独自のジャンルを築いているということです。

同様のスタイルの釣り方がブッ込み釣りと呼ばれることがありますが、タックルや釣り方に関して決定的な差はありません。あえて両者の間に線引きをするなら、砂地でサビきやすいテンビンを使った仕掛けにムシエサを組み合わせるのがチョイ投げ釣り、身エサで狙う大型魚も視野に入れた、テンビンなしのシンプルな仕掛けがブッ込み釣りといえそうです。

仕掛けを10mでも投げることができれば成立するチョイ投げ釣りは、釣り初心者が最初に挑戦するジャンルとして最適。釣りの基本は仕掛けを投げることですが、チョイ投げ釣りでキャストに慣れることができれば、ルアーフィッシングへのステップアップもスムーズに行えるはずです。

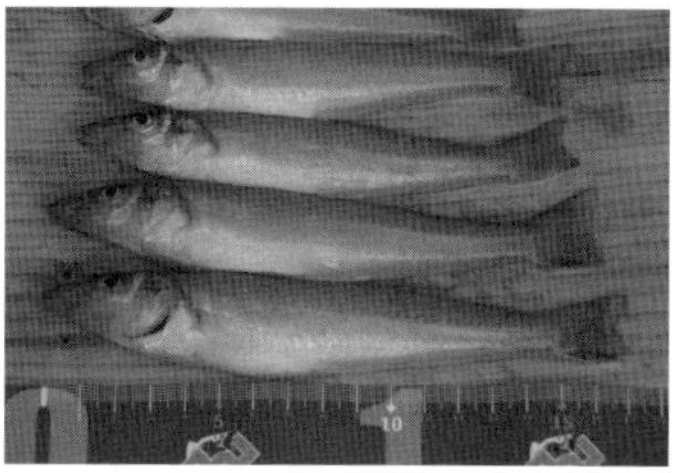
チョイ投げ釣りの主役はキス。

秋の河口部ではハゼの数釣りが楽しめます。

ハゼの唐揚げは肉厚で上品な味を楽しめます。

砂浜で思いきり仕掛けを遠投する本格的な投げ釣り。

チョイ投げ釣りのキャスト。かならず投げ始める前に周囲の安全を確認しましょう。

チョイ投げ釣りは仕掛けも軽量で、力を抜いて投げることができます。

仕掛けは20mも飛ばせば十分。飛距離にこだわるよりも、良いポイントを探して回るのが好釣果につながります。

狙う場所

キスは初夏から、ハゼは秋口になると釣果情報が活発になってくるので、釣れているというホットな情報がある場所に向かうのが得策です。また、毎年同じ時期に同じ場所で釣れることを期待できるので、過去の実績を頼って、早めに行動を起こしてもよいでしょう。

広い砂浜をチョイ投げで攻めるなら、波打ち際付近から狙ってみましょう。

一見すると堤防の先端部が好ポイントに思えますが、港内が砂地ならキスが出る可能性があります。

桟橋までの距離は約10m。遠投する必要がない漁港の内側でチョイ投げ釣りが威力を発揮します。

対象魚がキスの場合は砂地になっている場所が有望。ハゼをメインで狙うなら河口域の泥底が狙い目となります。このように釣りたい魚種を明確にすることで、狙いどころをピックアップするのが基本です。

ただし、一見すると何の変哲もない港の中にキスが入っていることもあるので、あまり先入観を持たないことも大切。広大な砂浜を見ると思いきり遠投したくなりますが、キス狙いでは波打ち際が好ポイントとなっているケースもあります。フグが多い場所では仕掛けのロストも多くなりますが、チョイ投げのメリットは身軽なことで、本命が釣れなければ移動するというフットワークを活かした釣りを楽しみましょう。

ターゲットを特定せずにチョイ投げ釣りをする場合は、潮がよく流れているポイントか、藻場や船道といった変化のある場所を狙うとよいでしょう。

釣れる時間

同じ場所で粘らないことも一つの手段ですが、潮位に合わせて釣り場を選ぶことは大切です。例えばハゼは上げ潮に乗って河口上流部に入ってきますが、下げ潮になると川の流れが速くなって釣りづらくなります。チャンスを逃さないためには、潮汐表をチェックして最善のタイミングで釣り場に入りましょう。

どんな魚も食いが立つのは朝まづめと夕まづめで、そのタイミングを狙えば短時間勝負を楽しめます。マダイやスズキ、アナゴ、ウナギなどに関しては夜のチョイ投げ釣りも有望です。

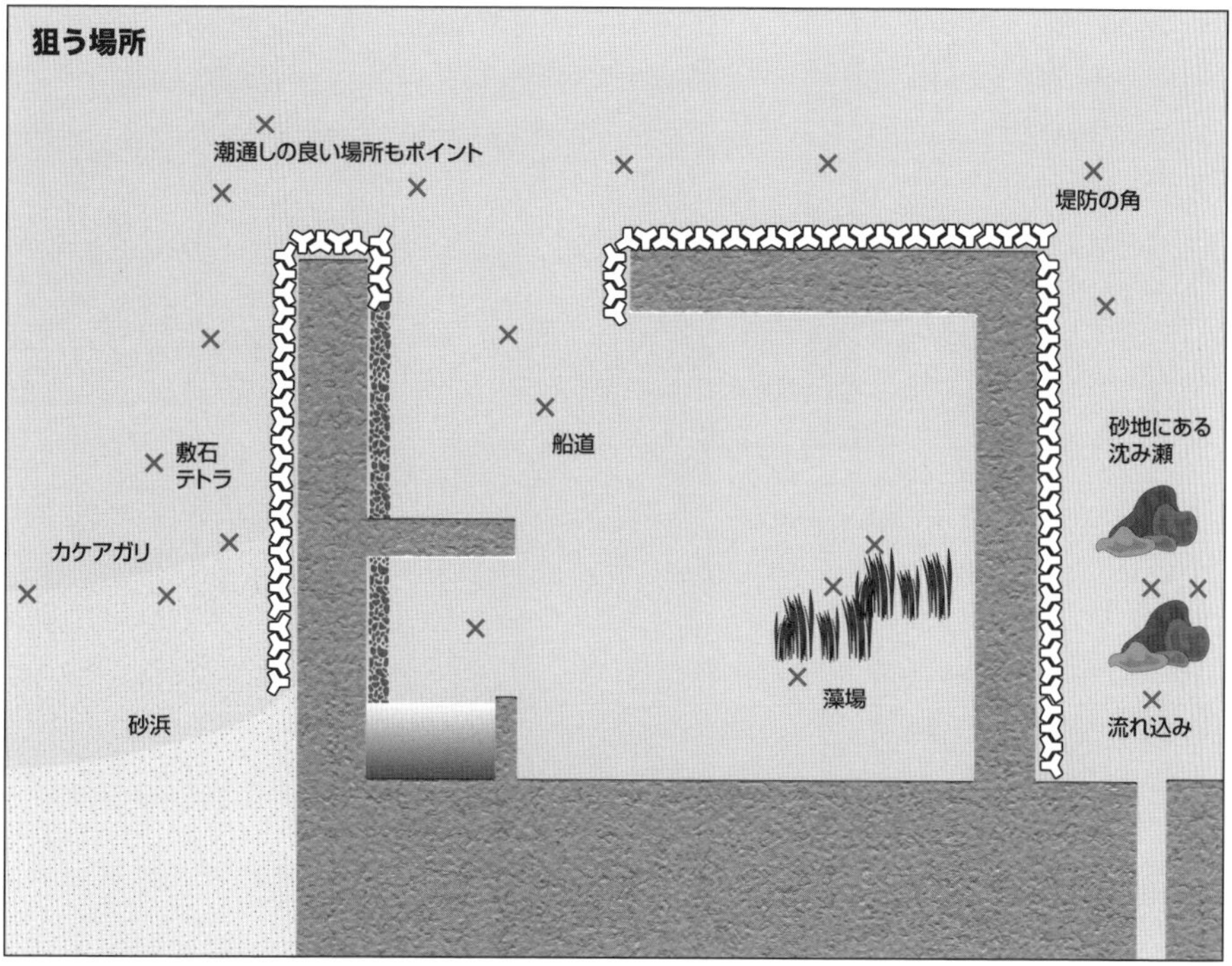
狙う場所
潮通しの良い場所もポイント
堤防の角
砂地にある
沈み瀬
船道
敷石
テトラ
カケアガリ
藻場
流れ込み
砂浜

砂浜から突き出した石積み堤防はキスの好ポイントです。

ハゼ狙いのチョイ投げでは河口付近の釣り場が有望。

水深50cmほどの港内側で20cm級のキスがヒット。

竿と仕掛け

　お財布にも優しいのがこの釣りのうれしいところで、釣具量販店ではチョイ投げセット（オモリ負荷10号程度の竿＋糸付きスピニングリール2500番クラス）が比較的安価で売られています。初心者はこうした竿を使って釣りの経験を積むというのも合理的な選択。お気に入りの竿を手に入れたら肩の力を抜いて楽しみましょう。

　手軽さというメリットを活かすためには、軽量な竿とリール、シンプルな仕掛けの組み合わせが理想ですが、実際の使い勝手を考えると最低でもオモリ負荷5号（約18g）程度の竿が欲しいところです。長さに関しては1・8m以上であれば、ストレスなく使用できます。

　前述したチョイ投げセットの他では、ルアー用のロッドとPEラインの組み合わせもおすすめで、チョイ投げ釣りに流用すれば優れた感度を発揮してくれます。将来的にエギでイカを釣ってみたいならエギングロッドのMクラスを、ルアーでシーバス（スズキ）を釣りたいならシーバスロッドのLクラスを購入し

いわゆるコンパクトロッドは、これから釣りを始めようという初心者におすすめ。

気分を盛り上げてくれるキャラクター入りのコンパクトロッド。

テンビン付きオモリがセットになった市販仕掛け。

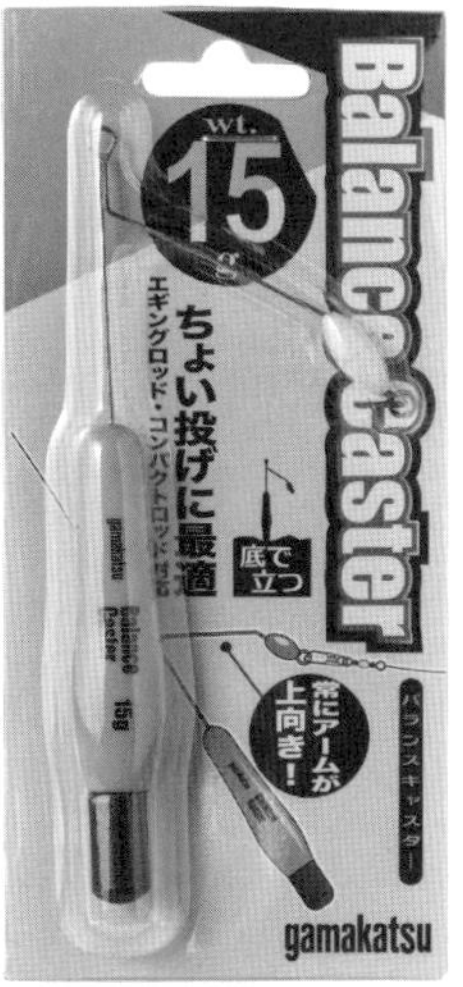

フロートとオモリを一体化さることで海底で立つテンビン付きオモリ。

投げ釣りで一般的なハリは、流線というタイプです。

根掛かりを軽減し、仕掛けの動きを損なわないのがメリット。オモリの部分を下にして海底で立つタイプのテンビン付きオモリ。

エギングロッドとPEラインの組み合わせはアタリを明確に伝えてくれます。

12

ておけば、ステップアップ時の出費を抑えることができます。これらのロッドに組み合わせるリールは、汎用性が高い2500番クラスがよいでしょう。

市販品の「チョイ投げ仕掛け」といわれるものはキス狙いの投げ釣り仕掛けの全長を短くしたもので、2本バリ仕様の製品が多いのですが、ハリの本数が多いほどエサを装着するのに時間がかかります。慣れないうちはテンビン付きオモリに1本バリの組み合わせで、手返し良く釣ってもよいでしょう。

テンビン付きオモリは、根掛かりの発生リスクを軽減させることができる、海底で立つタイプがおすすめです。

場所によってはハリスを食いちぎってしまうフグがいるので、予備のハリは多めに用意しておくこと。ハリは種類が多いのが悩みの種ですが、流線バリの6号か7号があればキスとハゼの両方に対応できます。

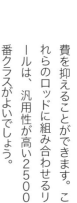

活きたムシエサが苦手なら、人工のイソメを利用しましょう。

常温保存が可能な人工エサをタックルボックスに忍ばせておけば、いつでも思い立ったときに釣りを楽しめます。

チョイ投げ釣りのエサ

チョイ投げ釣りで使用されるポピュラーなエサはムシエサです。地域ごとの呼び方があるので混乱しがちですが、イシゴカイ(ゴカイ、ジャリメ)と、アオイソメ(イソメ)の2種類が価格的にも入手しやすく、代表的なムシエサとなっています。

イシゴカイはアオイソメよりも小ぶりで、身が細くて軟らかいという特徴があり、エサを吸い込むようにして食べるキスを狙うならアオイソメより食いが良いとされています。日光を浴びるような条件では弱りやすいので管理には注意が必要ですが、どんな魚でも食ってくる万能エサといえるでしょう。

アオイソメは比較的エサ持ちが良く、エサを付け替える回数を少なくして効率良く数を稼ぎたいハゼ釣りに有効。動きが良くて大ぶりなため、カレイ、根魚、チヌ、スズキ、アイナメなどを狙う場合にアピール効果を期待できます。このようにイシゴカイとアオイソメにはそれぞれ長所があるので、対象魚を特定しない場合は、イシゴカイとアオイソメの両方を用意できればベターです。

ムシエサをハリに刺す場合は、ハリからどれぐらいはみ出した部分を設けるかが肝心で、この部分のことをタラシと呼びます。アピール度を高めたい場合はタラシを長く、フッキング

左が食い込みの良いイシゴカイで右がエサ持ちの良いアオイソメ。

ヌルヌルして持ちにくいムシエサ。確実にピックアップするためには専用のピンセットを利用してもよいでしょう。

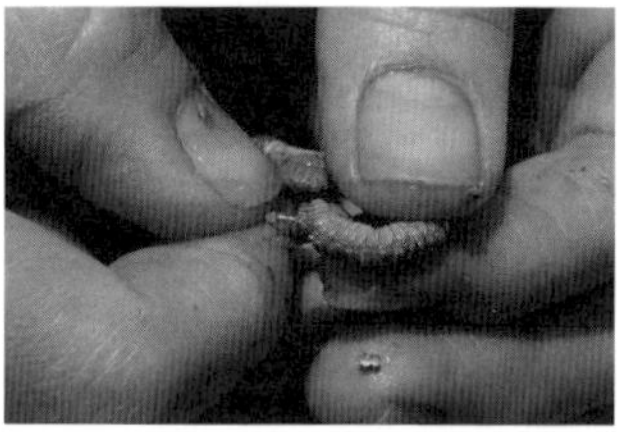

ムシエサはハリの形に沿うように刺すのが基本です。

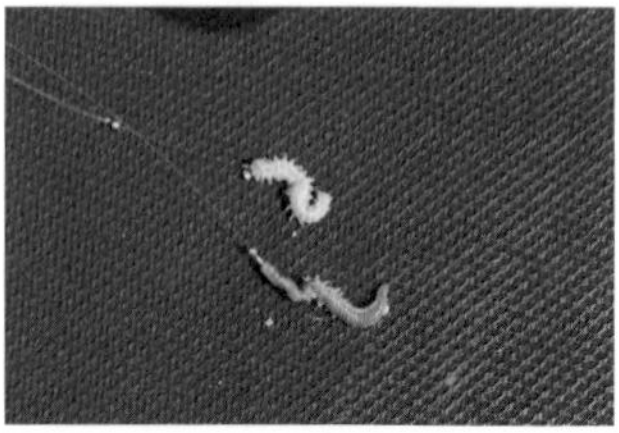

アタリが少ない場合はタラシを長くしてアピール度をアップ、活性が高い場合はタラシを短くして食い込みを良くします。

左からムシエサ、魚の切り身、キビナゴ、イカの短冊。

率を向上させたい場合はタラシを短くします。

アピール度を高める方法としては、頭部のみにハリを刺すチヨン掛けや、複数のムシをハリに刺す房掛けという手段もありますが、フグがいる場所ではあっという間に取られてしまう可能性があります。

どうしてもムシエサを触るのが苦手という場合は、ムシエサの代用となる人工のエサもあります。ただしワームの使用を禁止している釣り公園では人工ムシエサも使うこともできないので注意してください。

ムシエサ以外のエサとしては、ユムシ、コウジ、イカの短冊、キビナゴ、魚の切り身を使ってみるのも面白いでしょう。これらのエサには根魚全般のほか、マダイ、スズキ、ヒラメやマゴチといった大型の肉食魚がアタってくる可能性があります。

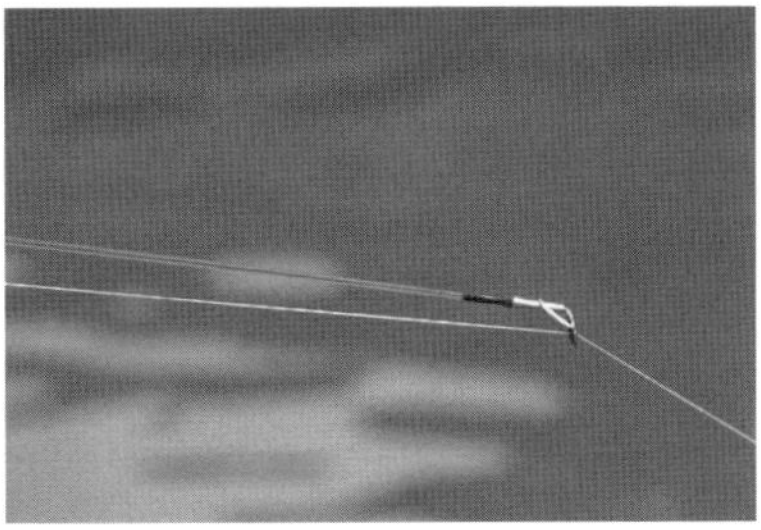

竿先に現れるアタリを見逃さないようにしましょう。

竿を横方向にサビくことで、仕掛けをゆっくりと引いてきます。仕掛けを引くスピードの目安は人が歩く速度の半分くらいです。

基本的な釣り方

キスやハゼを狙う場合は、投入した仕掛けが底まで沈んだら、ズル引きで誘うか、置き竿で糸フケを取りアタリが出るのを待ちます。

フグがいる場合の置き竿はNGで、ズル引きを速くすることで対応しましょう。

根魚を期待できる起伏に富んだ海底では、ズル引きをすると根掛かりしやすいので、仕掛けを軽く持ち上げて落とすリフト&フォールで誘います。

アタリは竿先の動きとなって現れます。コツコツというアタリやグーっと竿先を曲げ込むアタリが出るので、竿を大きく煽るようにしてアワセます。

本命より先にフグが食ってくるようなら、違う場所へ移動するのも一手です。

小さな口で吸い込むようにエサを食べるキス。

12

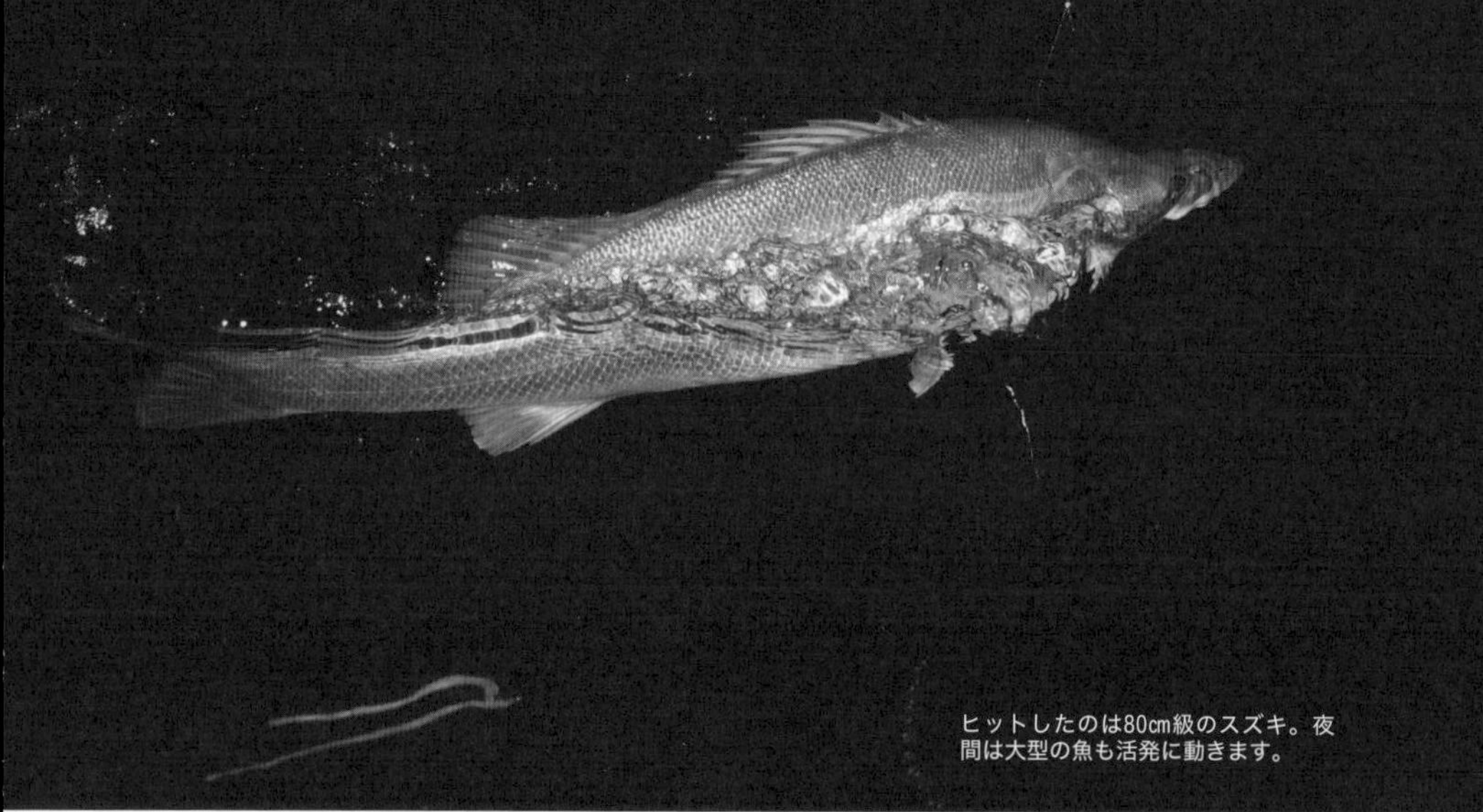

ヒットしたのは80㎝級のスズキ。夜間は大型の魚も活発に動きます。

竿ごと魚に持って行かれないようドラグを調整しておきましょう。

置き竿にして回遊してくる魚を待つスタイルでは、複数の竿を出した方が有利です。

夜のチョイ投げ釣り

日中の釣りが体力的に厳しくなる夏場は、日没後にチョイ投げ釣りを楽しむのがおすすめです。その理由は、日中に猛威を振るっていたフグがおとなしくなり、警戒心が強い大型魚の動きが活発になるからです。

アタってくるキスのサイズが日中より大きくなる傾向が見られるように、大物狙いが成立するのが夜釣りの魅力。河口付近の釣り場ではチヌやスズキ、ウナギの釣果も期待できるでしょう。堤防からマダイ、マゴチ、ヒラメ、ハタ類を狙うなら藻場や沈み瀬が点在する砂地での竿出しが有望です。

夜釣りのエサはアピール度が高いアオイソメが定番。夜間は魚の警戒心が薄れるので、日中より太いハリスと大きいハリを

夜釣りのエサとして実績が高いアオイソメ。

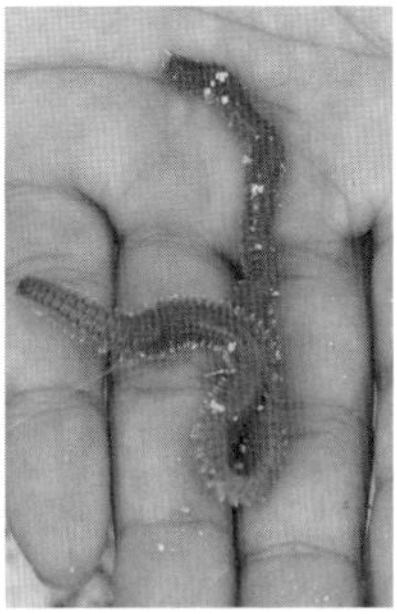

小型のエサ盗りがおとなしくなる夜は、エサを大きく付けて目立たせましょう。

河口エリアの夜釣りではチヌ、スズキ、ウナギなどがアタってきます。

竿先にセットする鈴と化学発光体（ケミホタル）。

使用しても食ってきますが、エギングロッドやコンパクトロッドを使う場合、ハリスは3号を目安とします。ハリは想定するターゲットの魚種とサイズに合わせましょう。

日中のチョイ投げ釣りでは仕掛けをズル引きするのが基本となっていますが、夜間は回遊待ちをするパターンが有効となり、置き竿でアタリを待ちます。複数の竿を同時に出して確率を高めてもよいでしょう。

置き竿にするときはラインを張った状態としますが、ドラグを緩めておくことで、竿をなぎ倒すほどの大物に備えます。竿先に鈴や化学発光体をセットすることで、暗闇の中でも小さいアタリも把握することができるので、10分間ほどアタリがなければ、そっと仕掛けにテンションを掛けて誘いを入れます。

大型の魚がアタると、ドラグ音が非常事態を知らせてくれますが、しっかりと竿を握った体勢を確保した上で、徐々にドラグを締めながら魚を寄せてきましょう。バラシの原因となるのは、やり取り中のテンション抜けなので、ポンピングはせずに一定の速さで巻いていきます。

大型魚の取り込みに備えて、海面まで届く長さのタモを用意し、事前に取り込みに適した場所を確認しておきましょう。

夏の夜釣りでは防虫対策も忘れずに。

12

チョイ投げ釣りの注意点

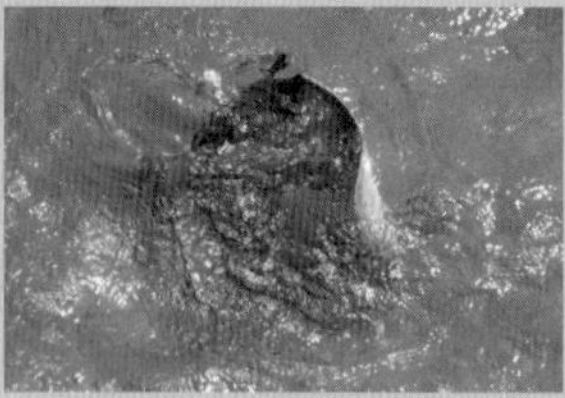

チョイ投げ釣りにもよくヒットするエイ。驚くほど力強い大型のエイは特に危険です。

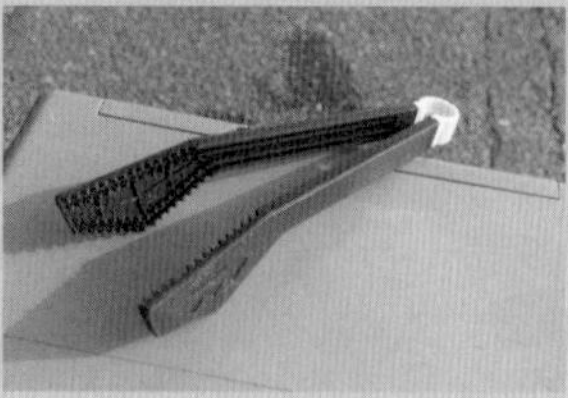

メゴチバサミ、もしくはフィッシュグリップと呼ばれる魚を掴むための道具を常備しておきましょう。

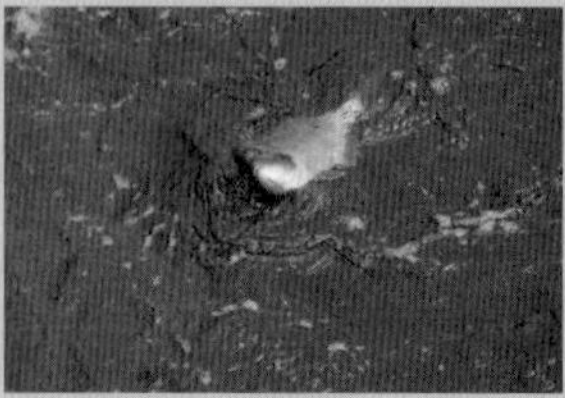

釣れた瞬間の興奮が冷静さを失わせることもあります。うれしいときこそ要注意。

決して鋭くは見えないチヌの歯ですが、注意すべきはアゴのパワー。もし噛まれてしまえば指のツメすら破壊します。

チョイ投げ釣りは本格的な投げ釣りよりも体力的な負担が少なく、サビキ釣りやウキ釣りよりも仕掛けがシンプルなところが魅力です。エサを使うことで得られる「釣れそう」という安心感があり、難しいテクニックを使わなくてもバラエティ豊かな魚に出会える可能性を秘めています。

しかし、何が釣れるか分からないということは、危険な魚が釣れる可能性が高いということでもあります。

カサゴと見間違えやすいハオコゼ、縞模様がかわいいゴンズイ、身近な釣り場でも遭遇率が高いアイゴやエイは毒針を持つ魚です。体毛が毒針となっているウミケムシのような、ちょっと触っただけで激痛に襲われる生物にも注意しましょう。

毒を持たない魚種であっても、ハリが付いたままの大型魚が暴れるととても危険です。一般的に危険な魚と呼ばれることがないチヌやマダイも、甲殻類の殻を砕くアゴの力は強力で、間違って口の中に指を入れると大ケガを負ってしまうでしょう。

リスクを回避するために必要な心がけは、見慣れない魚が釣れた場合はうかつに触らないこと。転ばぬ先の杖として用意しておきたいのは、メゴチバサミやフィッシュグリップと呼ばれる魚を保持するための専用アイテムです。

初心者でも好釣果を期待できるチョイ投げ釣りですが、釣りの経験が乏しいうちはどこに危険が潜んでいるかが分かりにくいもの。

安全面には十分すぎるほど留意しましょう。

穴釣りをやってみよう

13

装備を万全にして安全に注意さえしていれば、テクニック不要でとても楽しく行えるのが穴釣りです。自分の足で稼いだ釣果は満足感の高いものであり、簡単なタックルで楽しめるのも魅力です。

穴釣りってなに？

テトラや石積みの隙間に仕掛けを入れ、穴の中に潜む根魚を狙う釣りです。

マイナーな釣りであり、子どもや年老いた釣り人が密かに楽しむものでしたが、You Tubeなどで脚光を浴び、ちょっとしたブームになってからはタックル販売が増え、初心者も楽しめる釣りへと変わってきました。

しかし、一歩間違えばかなり危険な釣りとなるので、安全装備を万全にして、慎重に釣りを行ってください。

こんな人は向かない

初めてテトラに乗るには、少し勇気がいります。不規則に並んでいる場合は歩幅では歩けない間隔もあり、飛び跳ねて移動することも必要になります。そんなときに足がすくんでしまうとより危険な状態になるため、最初の一歩が踏み出せない人は、テトラの上には乗らない方が無難です。

テトラと堤防の隙間でも釣ることはできますので、無理は避けましょう。また高所恐怖症の人はこの釣りには向かないので別の釣りで楽しんでください。

ただし、テトラや岩に乗って釣るだけが穴釣りではありません。安全な釣り方もあるので、合わせて紹介しましょう。

こんな道具が必要

通常はテトラの上を歩き回る釣りなので、道具はできるだけコンパクトが基本です。タックルとエサのみというのが理想で、キープサイズが釣れたとき

はテトラから堤防へ上がり、クーラーボックスや水汲みバケツへ魚を入れます。

◯竿

現在では穴釣り専用竿が売られています。長さは60～120cmくらいのラインアップがあり、どれも穂先は細めで感度が良く設計されています。

竿はスピニングリールがセットできるスピニングタイプと、ベイトリールがセットできるベイトタイプがあります。

スピニングタイプはキャストも得意なので、テトラだけではなく周囲も狙いたい人におすすめです。

ベイトリールタイプは海中を上下に探るのに長けているため、本来はこちらの方が穴釣りには適していますが、キャストが苦手なので初めて購入する場合は汎用性があるスピニングタイプがおすすめです。

長さは、リール部分を手で持って穂先(竿の先端)にもう一方の手が届くものがトラブルに強くなります。穂先へのライン絡みはよくあることなので、毎回竿をテトラ上に置いて解いていると、テトラからタックルを落下させる原因となるためです。

穴釣り専用竿を使っている場合はあまり心配はいりませんが、竿が柔らかすぎると魚が掛かった際に対応しにくくなるので、穂先は柔らかく、根元はパワーのあるものが理想です。満月のように曲がるのではなく、竿の半分くらいまでが曲がるような竿が使いやすいでしょう。

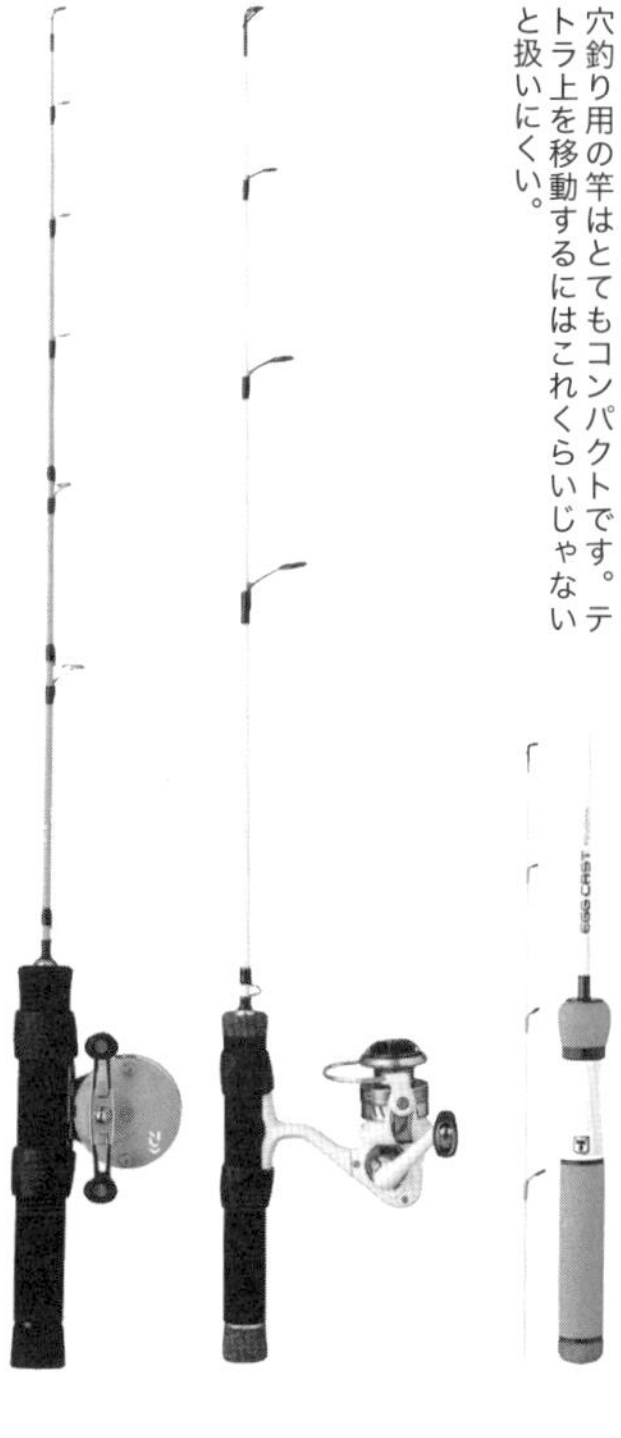

穴釣り用の竿はとてもコンパクトです。テトラ上を移動するにはこれくらいじゃないと扱いにくい。

13

○リール

軽量化を図るには、リールも小型のものが最適となりますが、実際にはロッドとのバランスで使いやすさは変わってきます。

例えば、竿は超軽量なのにリールが重い場合は、持ったときの重心が手元に集中するため竿への感覚が鈍り、小さなアタリを感じにくくなります。

リールよりも少し上に全体の重心がくるのが理想ですが、なかなか難しいので、持ったときに必要以上に重みを感じない程度のリールを使いましょう。

リールの番数でいうと、500～2000番までがよいでしょう。

両軸リール
両軸リールはベイトタックルに装着します。仕掛けを落とす、巻き取る動作が楽なのはこのタイプのリールです。

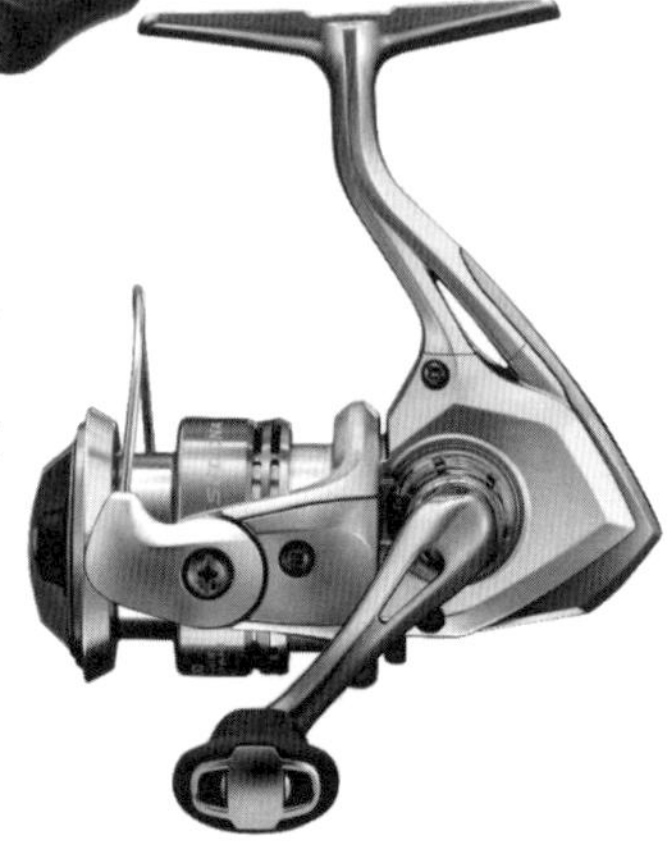

スピニングリール
幅広く使われているタイプのリールです。フリーにするとラインが多く出てしまうので、ベイルをオープンにしたら、指で道糸を抑えながら、出方を調整して仕掛けを落とします。

○道糸

道糸とはリールに巻くラインのことです。穴釣りではこの糸の先端に仕掛けを直接結びます。

道糸の素材はフロロカーボンかナイロンを使います。PEラインは擦れに弱いのであまり向いていません。号数を太くするとある程度の擦れにも対応できますが、今度は根掛かりした際になかなか切れなくて大変です。

道糸の号数は2～4号を選びます。あまり太いと巻きグセが強く釣りにくいでしょう。

先端は絶えず擦れる状態になるため、時折傷のチェックをしてください。大きな傷がある場合は傷部分をカットして、仕掛けを結び直してください。そのままにしておくと、いざというときに切れて悔しい思いをします。リールに巻く道糸は50mあれば大丈夫です。

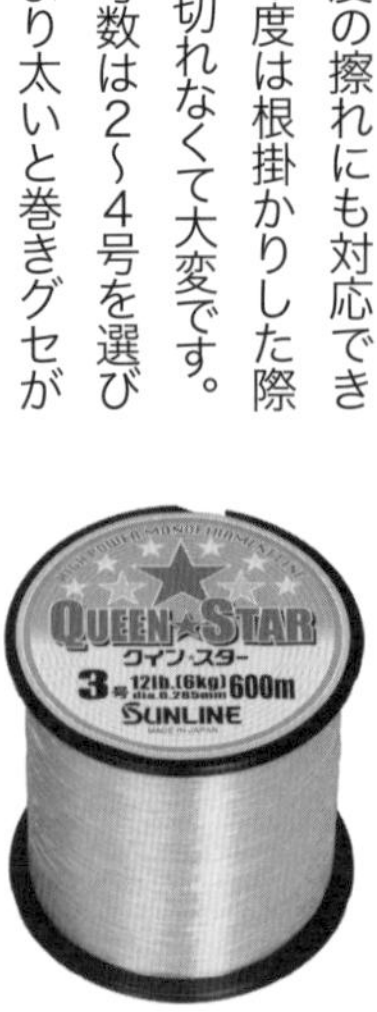

リールに巻く道糸は、強度を保つことができれば特に材質は選びません。

○ブラクリ仕掛け

穴釣り用の仕掛けはいくつかありますが、ほとんどはオモリとハリが一体化したもので、ブラクリ仕掛けと呼びます。

いかにも引っ掛かりそうな穴を狙うのですから、根掛かりを最大限避けるための工夫といえるでしょう。ハリにはエサを付けて使用します。

　ブラクリ仕掛けのオモリは赤色に塗られたものが目立ちます。

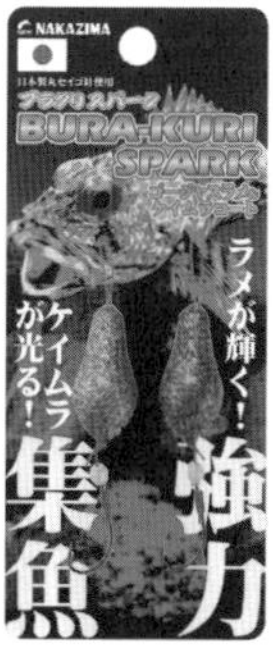

各社から特徴のあるブラクリ仕掛けが販売されています。目的は同じですが、食い込みを重視したものや、根掛りを軽減させたもの、他の仕掛けと機能を融合させたものなど、選ぶ楽しみも多くあります。

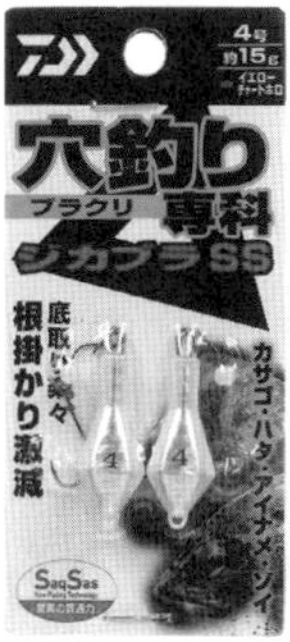

理由は、赤色は海中では黒に見えるためで、暗い穴ではカモフラージュできるからです。ブラクリ仕掛けを下から見上げると、黒いオモリがバックにあるため、エサがはっきりと目立つようになります。
　オモリとハリは少し離れた状態でラインで繋がっており、エサがブラブラと動くようにできています。この少ない遊びのおかげで、魚が食いついたときに大きく口内へと入るようになっています。

ハリの管理

　市販のブラクリ仕掛けは専用の糸で結ばれておりさらに短いため、ハリを結び直すことは困難です。このため使い回す人が多く、ハリ先が鈍ったまま使う人も多いようです。

　釣りではハリ掛かりが悪いのは致命的で、せっかくエサを食わせた魚を逃すことになります。だから、釣りの上手い人ほどハリの掛かりを気にするものです。

　ハリ先の鈍り具合の調べ方は、ハリを手の爪に立てて引いてみることです。新品のハリだとハリ先が鋭利なので引っ掛かって動きにくく引っ掻くように爪に跡が残りますが、鈍ってくると滑るようになります。こうなると交換の合図です。

　また、一度根掛かりしたものはハリ先が鈍っている場合があるのでチェックしましょう。

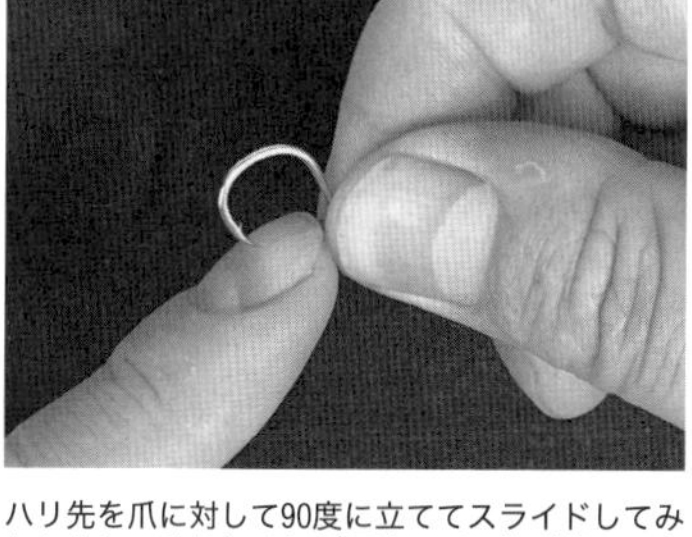

ハリ先を爪に対して90度に立ててスライドしてみたときに、動かなければ最適。爪に傷が残る程度ならまだ使えます。滑ると交換の合図です。

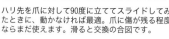

タックルのセット方法

①竿にリールをセットします。しっかりと締めておかないと、釣り中にリールがポロリと落下することがありますので注意。

②リールのベイルを開いて道糸を１mほど引き出します。

③竿のガイドにラインを通します。振り出し竿の場合は伸ばす前に通してください。ワンピースロッド（縮まない・継がない）の場合は、そのまま通してください。

④竿を伸ばします。振り出し竿の場合は、先端（細い方）から伸ばします。ガイドが真っすぐ並ぶように丁寧に行ってください。

⑤リール付近までラインを引き出したら、リールのベイルを閉じてください。ラインの先端にブラクリ仕掛けをユニノットやクリンチノットで結んだら完成です。

エサの種類と付け方

ムシエサ（食いつき度★★★★★）
古くから使われてきた元祖万能エサ。熱に弱いので夏場は特に日持ちしない。直射日光を避けて置きましょう。

キビナゴ（使いやすさ★★★☆☆）
釣具店やスーパーで手に入りやすく食いつきも良いですがハリから外れやすいので小さなハリには向きません。

オキアミ（使いやすさ★★★★☆）
釣りの万能エサで、エビの姿形をしたプランクトン。臭いが強くほとんどの魚が食ってきます。

サバの切り身（食いの良さ★★★★★）
短冊状に切ってハリにチョン掛けして使います。身が柔らかいときは身側から皮に刺し通すと崩れにくくなります。

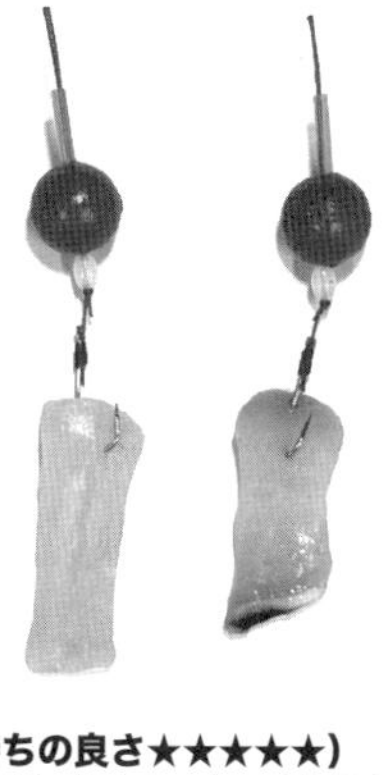

イカ（エサ持ちの良さ★★★★★）
イカを短冊状に切ったもの。生のイカはもちろん、加工されたお菓子のイカや塩辛でも使えます。

穴釣りのポイント攻略法

テトラ
本命のポイントはやはりテトラの隙間。見てのとおり足場は悪いので気を引き締めて歩きましょう。

テトラ
干潮時は潮が引いてしまい干上がるような場所は期待が薄い。常時海水に浸かっている場所を選ぼう。

テトラ
こんな穴が理想。入り口が広いからブラクリを入れやすいので、根掛かりの心配も少ない。

テトラ
テトラの形状が変わっている場所や、新しく置かれたところなども狙い目。明るい場所より暗いところを狙いましょう。

テトラ
波がテトラに打ち付けている場所では、潮の流れが速く仕掛けが安定しないので、根掛かりに注意。

テトラと堤防の隙間
海から離れていても、海水があれば魚は潜んでいます。安全第一で釣りをしたい場合は、ここを狙ってみましょう。

テトラ
沖からの潮がいつも当たっているようなところもチャンス大。思わぬ大物が居着くことがあります。

テトラの構造
陸から見られるテトラの積み上げ方を参考に、どうやったら奥まで狙えるかを想像して狙うとよいでしょう。

テトラの沖狙い
テトラは見える部分だけがポイントではありません。テトラの切れ目は魚の出入り口でもあります。

ケーソンのつなぎ目やコーナー
ケーソンのつなぎ目付近も狙い目。潮が当たる場所や淀む場所には植物や生物が多くいるので魚が集まりやすい。

テトラの終わり
テトラの上に乗るのが不安な場合は、端から攻めてみましょう。できるだけ穴の近くへとエサを入れて誘います。

ゴロタ石
ゴロタ石周りは狙うテンポが大切。固執せずに次々とポイントを探っていきましょう。

小磯
すぐそこの岩場だからといって気を抜かないようにしてください。磯靴とライフジャケットを忘れずに。

干潮時の水際が狙い目
地磯などでは、干潮時の水際狙いに定評があります。テトラよりも場荒れが少ないためよく釣れます。

堤防の敷石
堤防の基礎には敷石があります。根掛かりが多くなりがちですが、その周辺にも根魚は多くいます。

敷石
浅い場所や潮が引くと干上がるところでは期待は薄いですが、常時海水がある場所が狙い目となります。

常時濡れている場所は海苔などで滑りやすいため、上に乗って釣りをしないようにしましょう。

敷石
狭い隙間にブラクリがハマることがよくあるので注意。絶えず動かすようにしながら探ります。

便利な道具

テトラに慣れないうちは、エサを付けたタックルだけ手にして、魚が釣れたりエサがなくなったら、その都度テトラから上がって、足場が安定した場所で処理をすることをおすすめします。

しかし、慣れてくると効率が悪いこともあり面倒になってきますので、移動しながら処理していきましょう。そんなときに便利なアイテムを紹介します。

○エサ入れ

エサをパックのまま使っていると、海に落下させるリスクを伴います。エサ入れに収納して腰にセットしておくことで効率良くエサのセットができるようになります。

○ビク

魚が釣れたらビニール袋など簡易なものではなく、腰にぶら下げることができるビクが便利です。夏場は保冷剤を入れておくと傷みません。

○フィッシュグリップ

毎回手で魚を掴むと、釣るたびに手がベトついてタックルが汚れます。コードリールを付けたフィッシュグリップを腰に装着しておけば防げますし、毒魚が釣れた際も安心です。

○偏光グラス

テトラの穴は暗いから関係ないように思えますが、意外と外からの光が反射して見えにくいことがあります。できるだけ光量が多い偏光グラスをかけておけば、明暗に戸惑うことなく使えます。

○ゴミ入れ

いつも片手が塞がっている状態では、ゴミの処理も大変です、片手で処理できるダストボックスは、穴釣りの強い味方になってくれます。

ベルトにセットできるタイプのエサ入れ。保冷剤が入れられるものもあります。

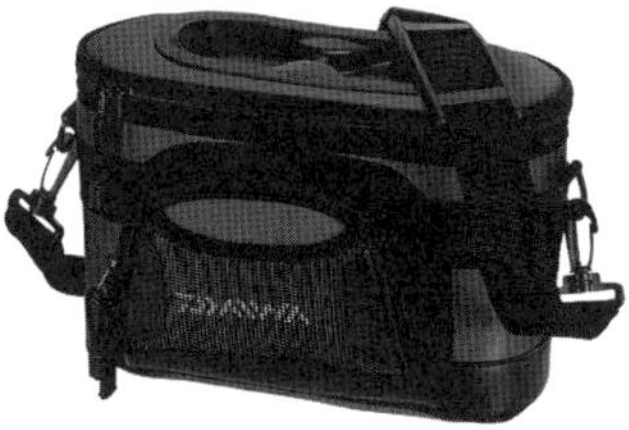

これは渓流用ですが、保冷剤も入れることができるハードビク。肩掛けできる簡易クーラーなども便利です。

フィッシュグリップの種類は多いですが、魚を挟むタイプが穴釣りでは便利です。

偏光グラスを着用する場合は、可視光線透過率が高いものを選びましょう。

ダストボックスはすべての釣りで使えるので、必ず持っておきたいアイテムです。

13

ブラクリの修理と自作

ハリが鈍ってしまったブラクリのラインをカットしてオモリだけにするか、新しく購入した中通しオモリを用意してください。重さは2～5号が通常ラインアップです。

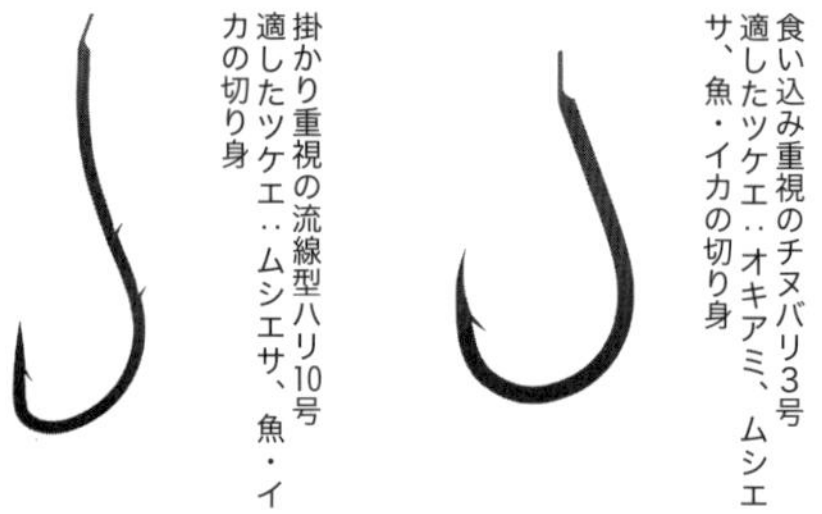

食い込み重視のチヌバリ3号
適したツケエ：オキアミ、ムシエサ、魚・イカの切り身
掛かり重視の流線型ハリ10号
適したツケエ：ムシエサ、魚・イカの切り身

①ブラクリの性能が一番早く落ちる原因がハリ。そのまま使い続けると大事な場面で魚を逃してしまいます。オモリはずっと使えるので、ハリを交換しましょう。

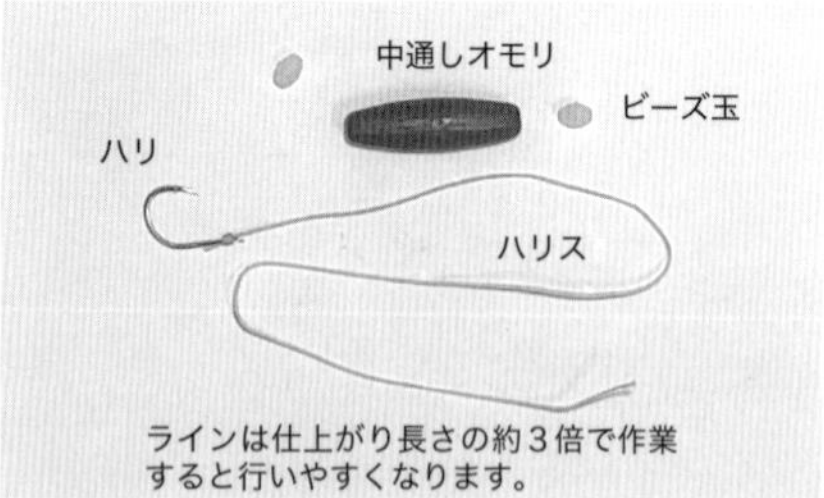

中通しオモリ
ビーズ玉
ハリ
ハリス
ラインは仕上がり長さの約３倍で作業すると行いやすくなります。

②使用するラインは、切れにくい、ヨレにくい、ハリに結びやすいものであればなんでも大丈夫です。よく使われるのは、ナイロンライン、PEライン、吸い込み糸などです。

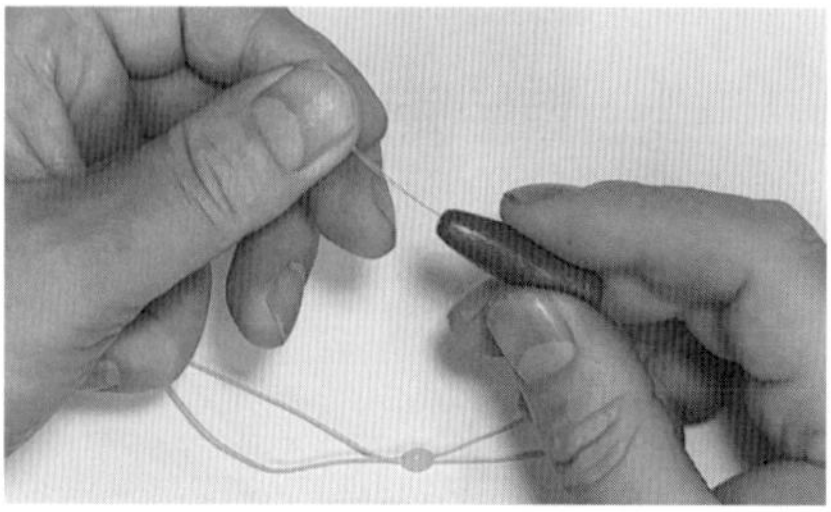

③ビーズ、オモリにラインを通します。通しにくい場合は、細い糸を通して引き出します。ビーズ玉はソフトビーズの３、４号がおすすめです。

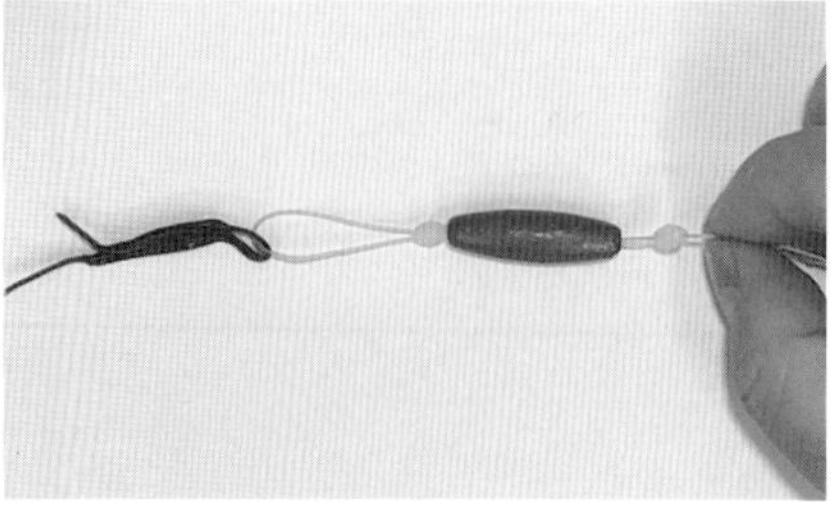

④ラインとビーズを通したところ。抜け防止のために針金をセットしています。

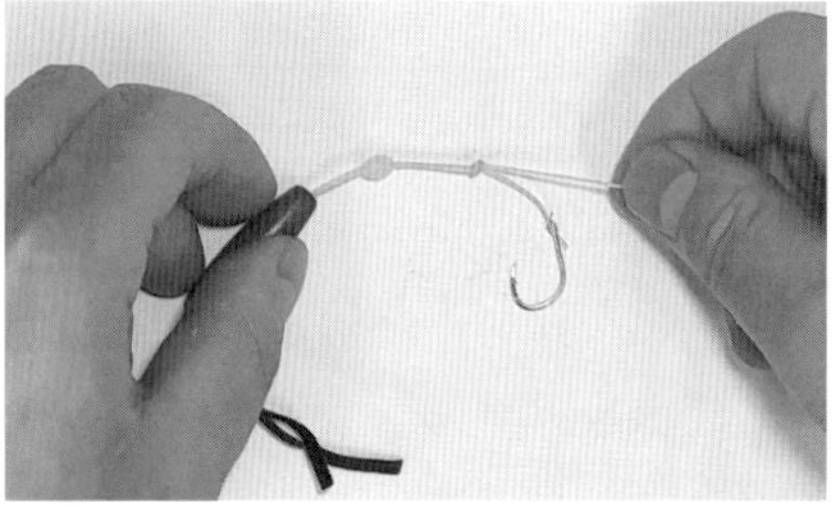

⑤ハリから1～2㎝のところで固結びをして、ビーズが抜けないようにコブを作ります。

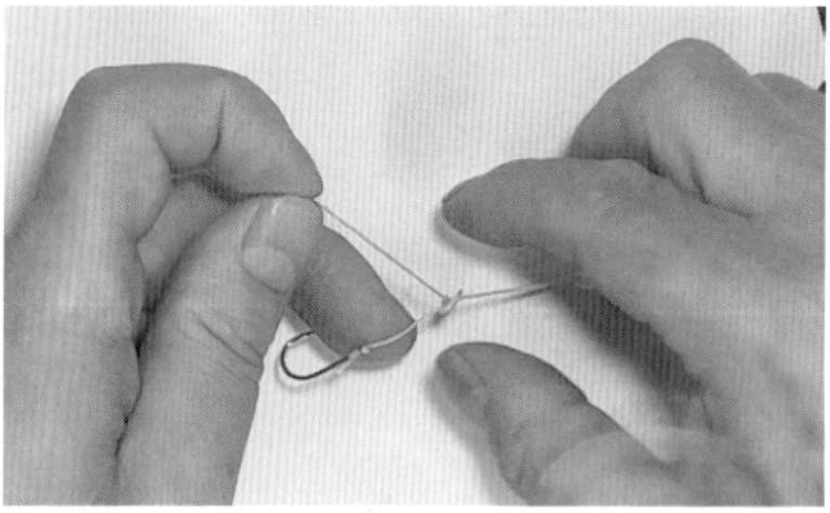

⑥ビーズの穴が大きく抜けるようなら端糸で固結びを増やしてコブを大きくします。

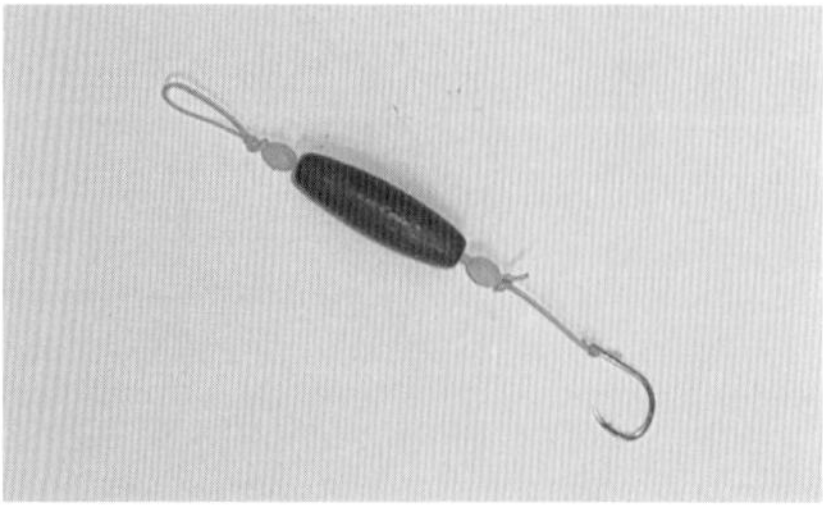

⑦ラインとオモリが三等分くらいになるように設定するとよいでしょう。長すぎると牡蠣殻やフジツボなどに引っ掛かりやすくなるので注意してください。

堤防でルアー釣りをやってみよう

14

ルアー釣りはエサの準備などが必要なく、手軽にできるとあって人気の高いカテゴリーです。堤防で誰でも簡単に楽しめるルアーの釣りに挑戦してみましょう。

手軽なルアー釣り

釣りの中でも手軽にできるため人気が高いルアー釣り。

事前にエサを準備する必要がないため、仕事帰りや時間が空いたときなど、思い立ったときにほんのちょっとだけでも竿を出すことができます。

エサ釣りに比べると道具が少ない傾向にあり、気軽に入門しやすいようです。

エサを使わないので、手や服、道具の汚れがあまり気にならないというのも手軽に楽しめる要素の一つです。

また、仕掛けがとてもシンプルだということも人気の要因でしょう。

ほとんどのルアー釣りはラインの先にルアーを接続するだけ。面倒な仕掛け作りをする必要がないのです。

ルアーが動くしくみ

ルアーは釣り人がロッドやリールを使ってアクションさせることによって、ターゲットを誘うことができます。

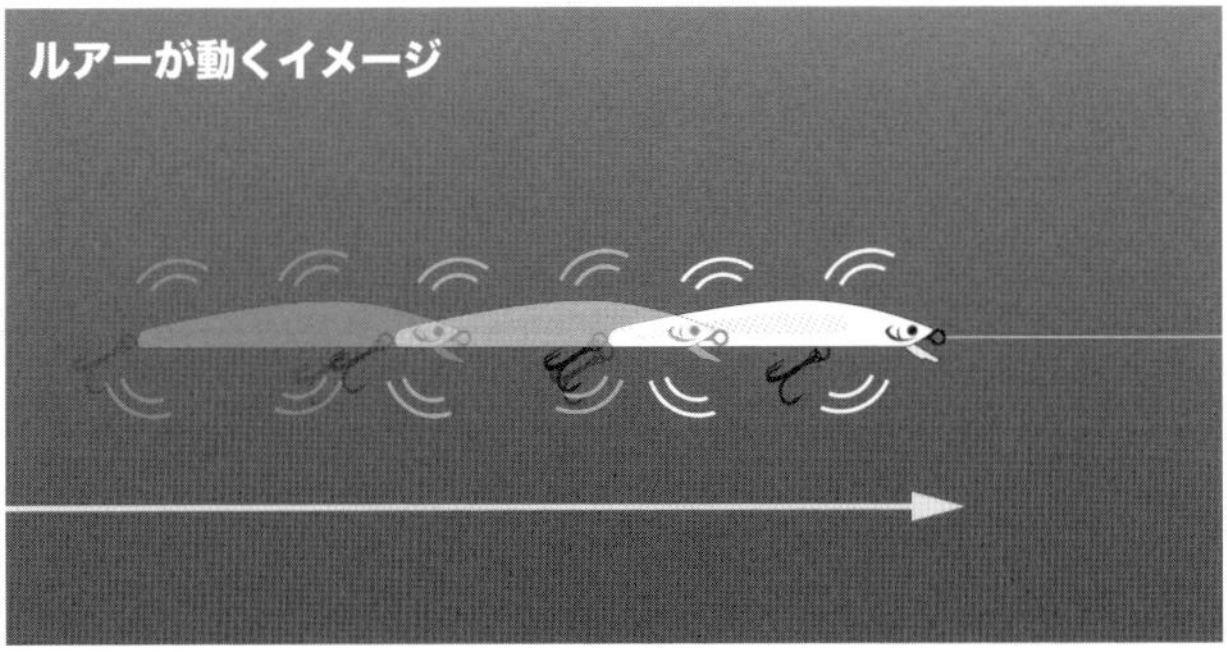

ルアーがアクションするための最も基本となるのは「引く」という動作です。ルアーは引かれることによって、いろいろな動きをするように作られているのです。

ルアーを引くのはもちろん人間の手によるものですが、その媒体となるのがラインです。

リールのハンドルを回して、ラインを巻き取る、またはロッドを動かしてラインを引くという行為によってルアーは引かれ、アクションするのです。

リトリーブ

リールのハンドルを回して、ラインを巻き取りルアーを引くことをリトリーブと言います。

リトリーブはルアー釣りの最も基本となる動作なので正しく行えるようになりましょう。

リトリーブはルアー操作の最も基本になります。

リトリーブの基本は一定の速度でハンドルを回すということです。釣りのカテゴリーや海の状況によっても変わってきますが、おおむねリールのハンドルを1秒間で1回転させるつもりで回すとよいでしょう。これを基準として、状況によってはもっと速く回したり、遅くしたりします。

速いリトリーブをファストリトリーブ、遅いのをスローリトリーブなどと呼びます。ルアーがアクションするギリギリのゆっくりとしたスピードでのリトリーブをデッドスローリトリーブなどと呼びます。

リトリーブのことを一般的には「巻く」「巻き」などと呼び、これはラインを巻き取る動作を指しています。そして、ロッドやリールの操作でアクションを加えずに、リトリーブだけでターゲットを誘うことを「タダ巻き」と呼びます。

タダ巻きは最もシンプルでありながら、状況によっては最も高い釣果を生み出すことも少なくありません。

ほとんどのルアーはタダ巻きだけで十分にアクションするように作られています。いろいろなことをやろうとせず、まずはタダ巻きで狙ってみることをおすすめします。

フォール

ルアーを海中で沈めることをフォールと呼び、リトリーブと同等に重要なルアー操作の基本になります。

フォールには二つの目的があります。一つはルアーを海中の下の方へ移動させるため。

魚は種類や時間帯などの状況によって、海中のどこにいるか変わってきます。水面近くにいることもあれば、海底に潜んでいることもあります。

海底にいるであろう魚を狙う場合はルアーを底まで沈める必用があるのです。

ルアーを沈めて海底に着けることを着底(ボトムタッチ)と言います。頻繁に出てくる言葉なので覚えておきましょう。

フォールのもう一つの目的はターゲットを誘うため。

魚は上から落ちてくるものに興味を示す習性があります。弱って沈んでくる小魚などの生物をエサにしている魚も多いからです。

そのため、ルアーの中にはフォールでのアクションを重要視しているものもあります。

フォールにはフリーフォールとテンションフォール(カーブフォール)の2種類があります。テンションフォールとカーブフォールは厳密には違うという人もいますが、ここでは同じものとして解説します。

◎フリーフォール

余分な力が加わらないようにラインを放出しながらルアーを沈めていくことをフリーフォールといいます。

リールのベイルを開いた状態で、そのままルアーを沈めていけば余分な力は掛かりませんが、それでは必用以上にラインが放出されがちです。

それを防ぐために、フォールの邪魔にならない程度にラインの放出を制御する必用があります。

やり方はリールのスプールに軽く指を添える、ラインを軽くつまむなどが一般的です。これをフェザリングやサミングなど

フェザリング・サミング例

人差し指をスプールのエッジに軽く当てる。

親指をスプールのエッジに軽く当てる。

ラインを軽くつまむ。

フリーフォールとテンションフォールの違い

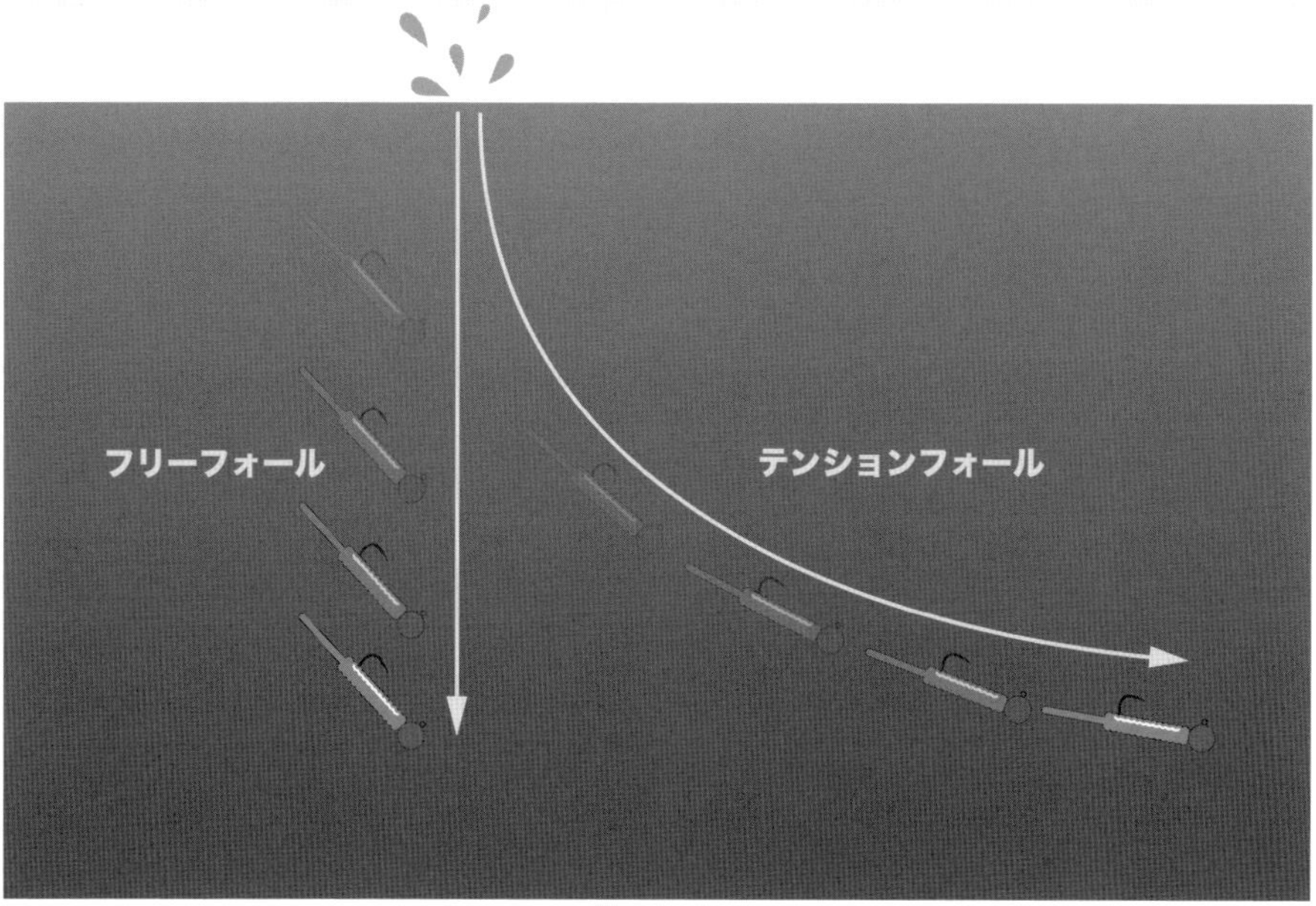

と呼びます。ラインの放出の変化を指先で感じ取るという意味合いもあり、ボトムタッチを感知しやすくなるというメリットもあります。

フリーフォールはフォールの基本となり、

○フォールスピードが速い
○ルアーが真下に沈んでいく

などの特徴があります。

ボトムタッチを目的とするフォールではほとんどフリーフォールが使われます。またフォールでアクションするように作られているルアーはフリーフォールを前提としているものが多いです。

◎テンションフォール

ラインにテンションを掛けた状態でルアーを沈めることをテンションフォールといいます。

テンションを掛けるためにはラインの放出を止めますが、そのためにはリールのスプールをしっかりと手で押さえる、またはリールのベイルを閉じます。

ラインの放出を止めるとルアーはラインに引かれた状態になり、ロッドの先端を支点に弧を描くようにフォールしていきます。

テンションフォールの特徴は

○フォールスピードが遅い
○手前に移動しながら沈む

などが挙げられます。

フォールスピードはフリーフォールと比べると想像以上にゆっくりです。ターゲットにじっくりとルアーをアピールしながら沈めたいときや、フォールで広範囲を探りたいときなどに使われます。

また、テンションフォールはフリーフォールよりもボトムタッチが分かりやすいという特徴もあります。

ルアーの種類

釣具店に行くと数多くのルアーが壁面を埋め尽くしています。ルアーの種類はとても多く、はじめはどれを選んでよいのか分からないものです。

ルアーの種類がこれだけ多い理由には

○潜行レンジの違い

○アクションの違い

などが挙げられます。

レンジとは海中の層を意味します。

魚は種類やそのときの状況によって海中のどの層にいるかが変わってきます。海面近くに群れていることもあれば、中層を泳いでいることもあります。また、海底に潜んでいる場合もあります。

海面に近い層をトップレンジ、中層をミドルレンジ、海底付近をボトムレンジと呼びます。

ルアーフィッシングでは魚がいるレンジにルアーを通していくことが重要です。魚のいないところでルアーをアピールしても釣果には結びつきにくいからです。

ターゲットや状況に合わせて狙うレンジをいろいろと変えていくので、特定のレンジを潜行可能なルアーがいくつも必用になるのです。

また魚は季節などによって捕食するエサが違います。夏にたくさん捕食していたエサが冬にも同じように豊富にあるとは限りません。季節や海の状況によって捕食しやすいエサというのは変わってくるのです。

海の中で何かが動くと、その振動は波動となって海中を伝わります。多くの魚はこの波動を感知する器官を有しており、周囲の状況認識に対して視覚より

も大きな役割を果たしていることも少なくはありません。
エサとなる生物が違えば、発している波動も異なります。魚がどのような波動に反応を示すかはそのときによって変化するために、いろいろなアクションをする＝いろいろな波動を発するルアーが必要になるのです。

ハードルアーとソフトルアー

ルアーは大きく分けて、ハードルアーとソフトルアーの2種類があります。

どちらか一方だけのルアーでも釣りは成立しますし、一方しか使わないターゲットもいます。しかし、両方を使い分けることができればより高い釣果を望めるようになるケースも少なくはないのです。

エギ

ハードルアーもソフトルアーもいろいろな魚種を狙うことができますが、エギはイカを狙う専用のルアーです。

厳密に言うとハードルアーに分類されますが、基本的にはそういったジャンル分けに含まないルアーです。

もともと漁師の漁具だった木製の餌木《えぎ》という道具をルアーにアレンジしたのが起源です。

14

カラフルに彩られたエギ。

ハードルアー

プラスチックや金属など、硬質な材質で整形されたルアーです。非常に多くの種類があり、現在販売されている大半のルアーはハードルアーに含まれます。またプラスチック製のハードルアーのことをプラグとも呼びます。

海のルアー釣りによく使われる代表的なハードルアーを紹介します。

ミノー

小魚を模倣したルアーで、口元に設けられたリップと呼ばれるフィンのような突起が特徴的です。多くの人がルアーと聞いたときにイメージする、代表的なルアーです。

引かれるとリップが水を受けることにより潜行し、一定のレンジをキープしながらキビキビとした小魚のように動きます。

いろいろなタイプのミノー。

ペンシルに分類されるルアー。下三つがシンキングペンシル。

リップの形状や大きさを変えることにより、海面下どれくらいのレンジをキープするか想定されて作られています。

同じ見た目でも浮く(フローティング)タイプと沈む(シンキング)タイプの設定があり、狙いたいレンジによって使い分けます。主に水面直下からミドルレンジを探るのに使われます。

ペンシル

ミノー同様、浮くタイプと沈むタイプがありますが、浮くタイプはアクションさせるためにはそれなりの操作が必要になります。ある程度ルアー釣りに慣れた中級者以上向けのものが多いので、ここでは沈むタイプを紹介します。

沈むタイプはシンキングペンシルと呼ばれ、ミノーからリップを取り去ったような形状で引くとヨレヨレと動きます。

ミノーと比べると一見「これで本当に釣れるの?」と思えますが、弱った小魚のような動きを再現しており、引くだけで実によく釣れるルアーです。

リップがないので潜行できず、速く引くと浮き上がってきます。シンキングと名前にありますが、海面直下のトップレンジを得意とするルアーです。

リップがない分、キャスト時に空気抵抗が少なくなり、ミノーと比べて飛距離が出しやすいというメリットがあります。

陸からの釣りで使われるメタルジグ。

メタルジグ

金属を鋳型に流し込んで成型されたシンプルなルアーです。重量が重く沈むのも速いため、海底付近を攻めるのに適しています。しかし速く引くと浮き上がるため、海底から水面直下まで全てのレンジを探ることができる万能ルアーです。

また、重量に対して体積が小さくキャストでの飛距離がルアーの中でもトップクラスというメリットもあります。

さまざまなターゲットに有効なルアーですが、メインとなるのは青物です。

メタルジグをメインに使ってターゲットを狙う釣りのことをジギングといい、陸(ショア)からするジギングをショアジギングと呼びます。

バイブレーション

引くとブルブルと小刻みに震えて振動を発するアピール力の高いルアーです。

プラスチック製のものと金属製のものがありますが、現在の主流は金属製のものになっています。鉄板を鉛で挟んだように成型されているため「鉄板系」とも呼ばれています。

比較的重量が重く、ミドルレンジ以下を探るのに適しています。また、キャストで飛距離を出しやすいため、広範囲を探るのにも適しています。

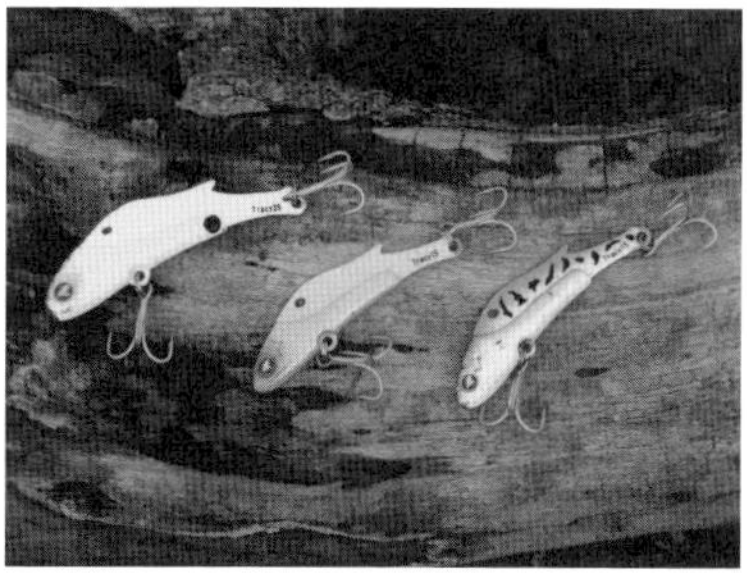
鉄板系のバイブレーション。

大きさや形状が違うさまざまなワーム。

ソフトルアー

ＰＶＣ（ポリ塩化ビニル、通称塩ビ）というゴムのような柔らかい素材で作られたルアーのことで一般的にワームと呼ばれています。

足がなくミミズのような生物のことを英語でwormといい、本来はミミズのようなかたちをしたソフトルアーをワームと呼んでいましたが、現在ではソフトルアー全般をワームと呼ぶようになっています。

ワームはいろいろな生物を模倣しており、さまざまな形状をしたものが販売されています。

ジグヘッドリグ

ハードルアーがパッケージから出してすぐに釣りができるのに対して、ワームはそれだけでは釣りをすることができません。ワームはフックやシンカー（オモリ）と組み合わせたリグ（仕掛け）を作ることで、はじめて釣りができるようになるのです。

ワームを使ったリグはとても種類が多く、バス釣りなどは多彩なリグを駆使してターゲットを攻略していきます。

海底を探りたい、ゆっくり沈

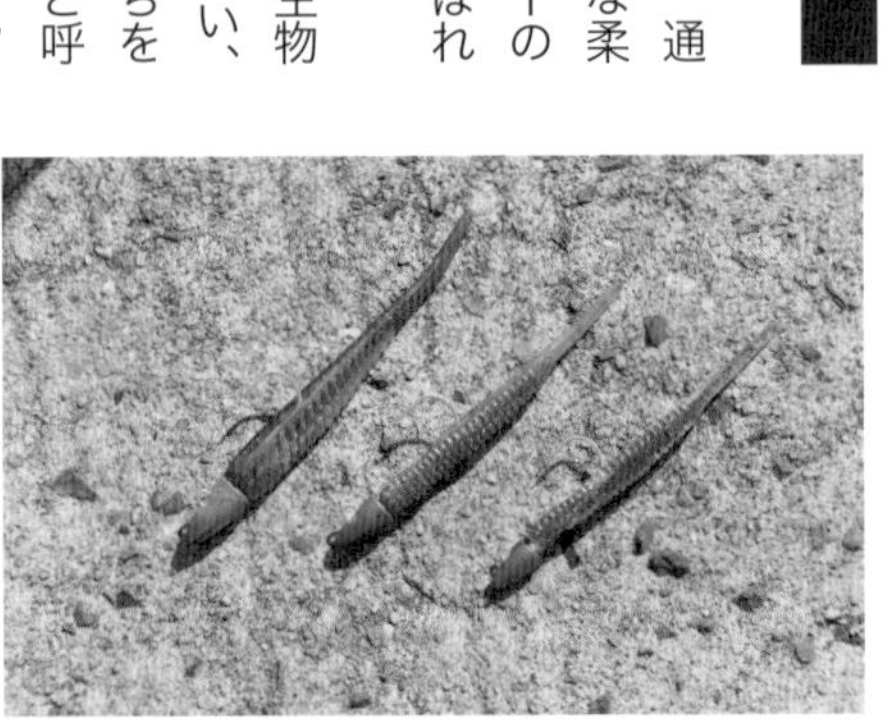

ジグヘッドリグの一例。

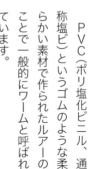

めたい、フワフワと漂わせたい、小魚のような動きをさせたい、などといういろいろな釣り方にマッチさせるために数多くのリグが考案されたのです。

海のルアー釣りでよく使われるリグはある程度限られますが、その中でもシンプルで幅広い釣り方に対応できるのがジグヘッドリグです。

ジグヘッドリグはさらにシンカーなどを追加することで派生していきますが、ジグヘッドリグを単体で使うシンプルな釣り方を好む人は多く、それだけでも十分な釣果を得られます。

ジグヘッドリグを単体で使うことを「ジグ単」と呼びます。

ジグヘッド

シンカーとフックが一体化したもので、大小いろいろなターゲットを狙うのに使われておりサイズが豊富に揃っています。

また、形状もメーカーによってさまざまですが、万能に使いやすくおすすめなのが、球型と砲弾型です。

どちらを選んでも問題ないですし、ビギナーが使ってみて違いを感じることは難しいと思いますが、それぞれの特徴を理解しておきましょう。

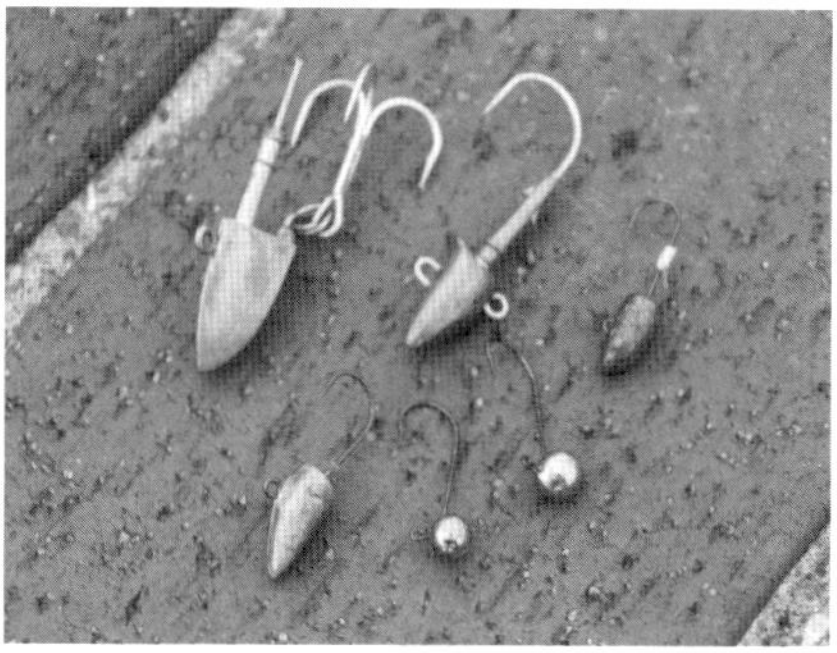

いろいろなタイプのジグヘッド。

◎球型

球はどの方向から水流を受けても同じように受け流します。引かれて前へ進むときも、沈むときもどの方向にも安定した動きが得られるのが特徴です。

フォールを多用するような釣り方で真価を発揮する形状だと言えるでしょう。

◎砲弾型

砲弾は前方にある空気や水などの抵抗を後方へスムーズに受け流し、直進安定性に優れた形状です。リトリーブメインで誘うような釣り方を得意とするタイプだと言えるでしょう。

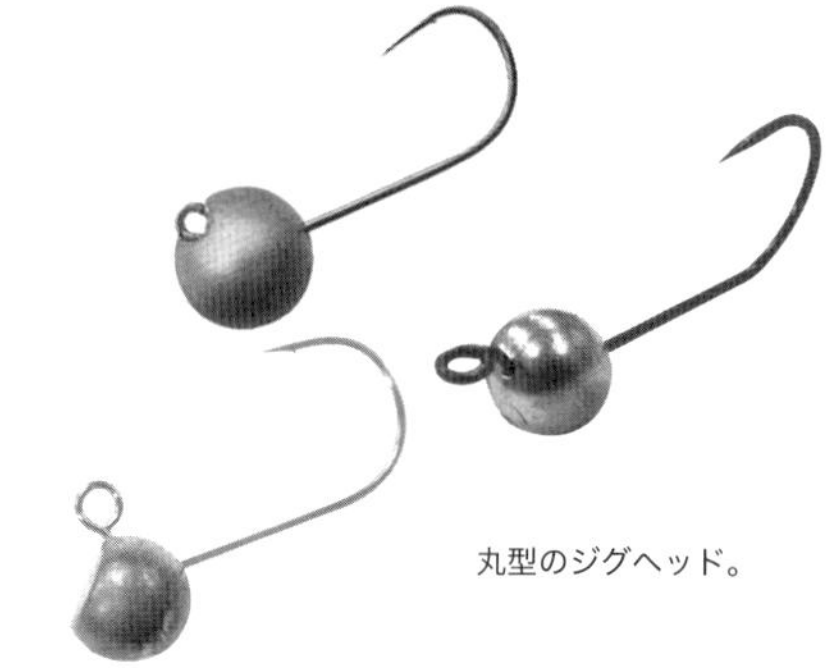

丸型のジグヘッド。

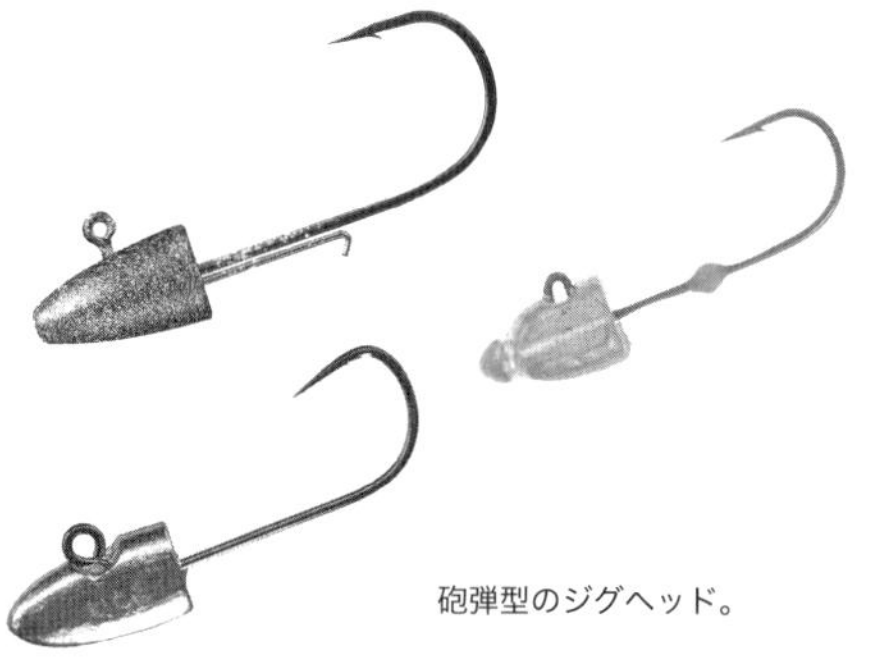

砲弾型のジグヘッド。

ワームの種類

前記しましたが、ワームにはいろいろな形状のものがあります。魚が捕食しているものにシルエットや動きを似せたり、異なる波動を発するようにするためです。

ここでは本書で解説している釣りによく使われる、定番のワームを紹介します。まずはこの2種類を用意しておけば、ジグ単の釣りでは問題なく釣果を上げることができるでしょう。

◎ストレート系

同じ太さで均等に細長くなっているものをストレート、尾尻の方が細くなっているものをピンテールと呼びますが、その中間的な形状をしているものも多く、それらをまとめてストレート系と呼んでいます。

表面に細かなリブ（ヒダ状のもの）が施されているものも多く、水流を受けることにより、まるで生物のように艶めかしく動きます。ナチュラルな波動で万能に使えるタイプです。

小型のターゲットを狙うときによく使われ、後で紹介するアジングやメバリングで必須のワームになります。

◎シャッドテール

小魚の動きを模倣したワームで、引かれると尾を振りながら泳ぐ魚のようなアクションが得られます。

ジグヘッドリグとの相性が良く、ストレート系と比べると波動が強いのが特徴です。

やや大きめのサイズのラインアップが豊富で、小魚を捕食している大型のターゲットを狙うときに、ハードルアーとの使い分けがされています。

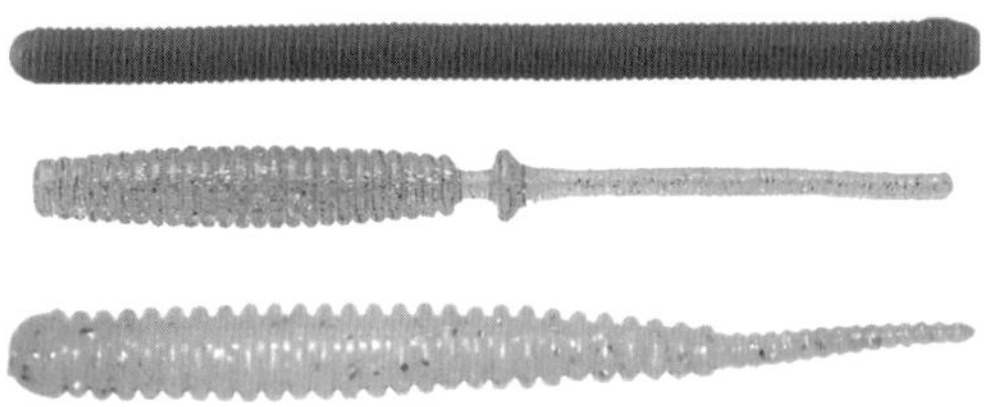

ストレート系

ワームの装着

ワームを正しく装着することがジグヘッドリグで釣果を得るための第一歩になります。

ワームが正しく装着されていないと、不自然な動きをするため、ターゲットに違和感を与えてしまいます。

ジグヘッドへの正しいワームの装着とは、ワームが真っすぐ

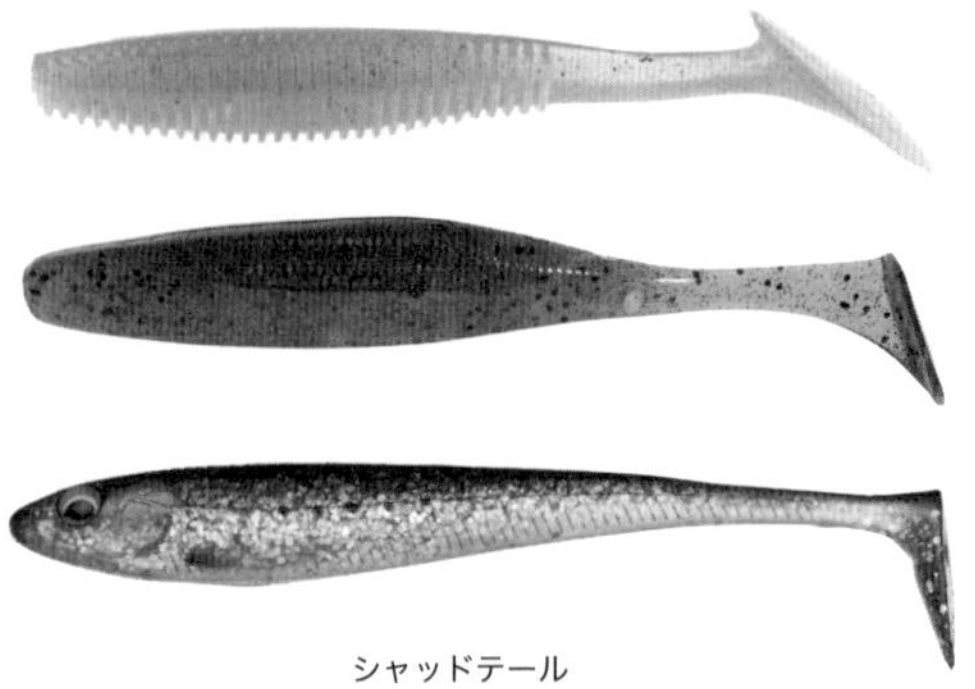

シャッドテール

ワームのセット方法

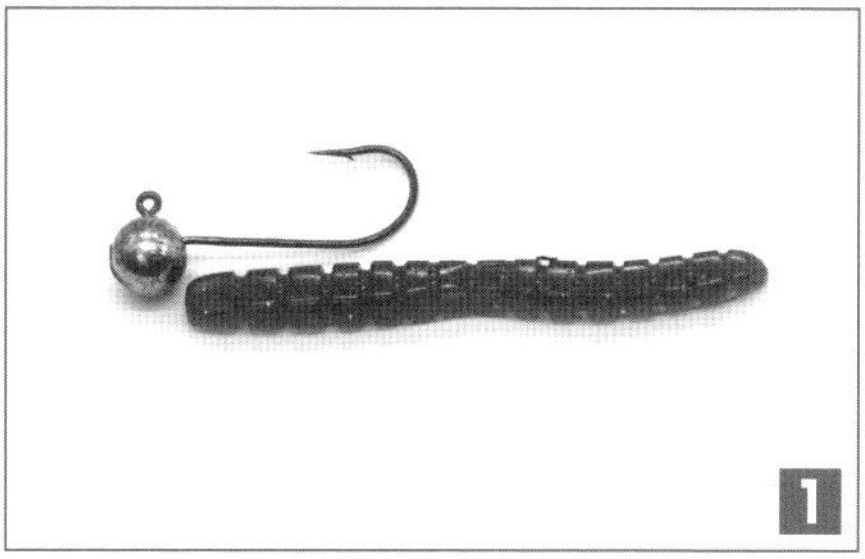

あらかじめ、ワームのどこからハリ先が抜けるのか確認しておきます。

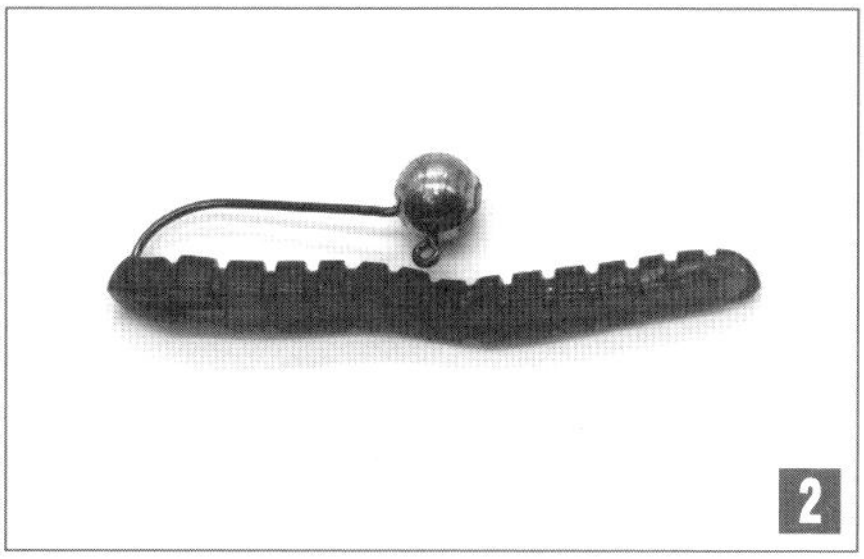

ワームの中心に真っすぐハリ先を刺します。

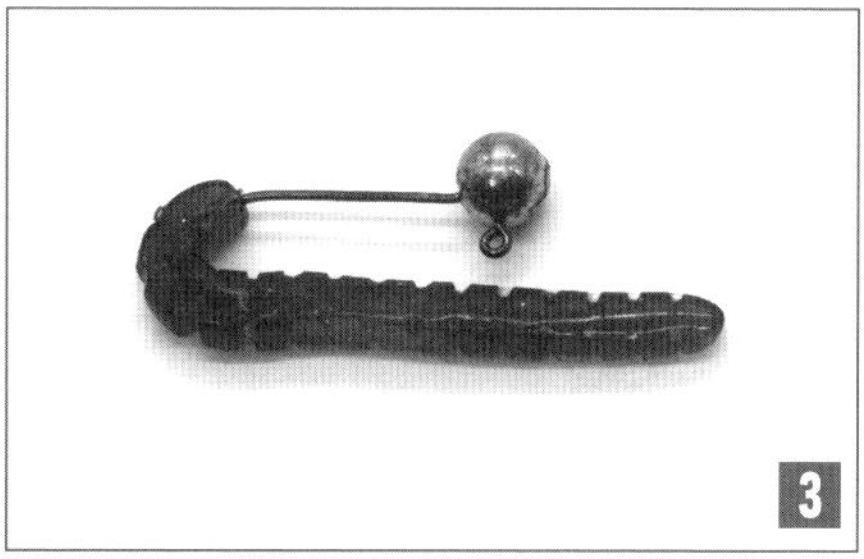

中心からズレないようにフックを通していきます。

決めておいた場所からハリ先を抜きます。

ワームをしっかりと奥まで入れます。

最後にネジレなどを調整して完成。

になるようにすることです。

そのためのコツは二つ。

○ハリ先が抜ける場所をあらかじめ想定しておく。

○ワームの中心からズレないようにハリを通す。

ということです。

中には、セットしやすいように中心にフックが通るガイドホールが設けられているワームもあります。はじめのうちはそういったものを使うのも一つの手でしょう。

できればセットしたら、足元で泳がせてみて姿勢をチェックすることをおすすめします。

また、例え正しくセットできても、使用中にズレることもあります。特に魚が掛かったあとは、高確率でズレています。釣りの最中にときどきチェックしてズレていたら真っすぐに整える習慣を付けておきましょう。

アジング・メバリング

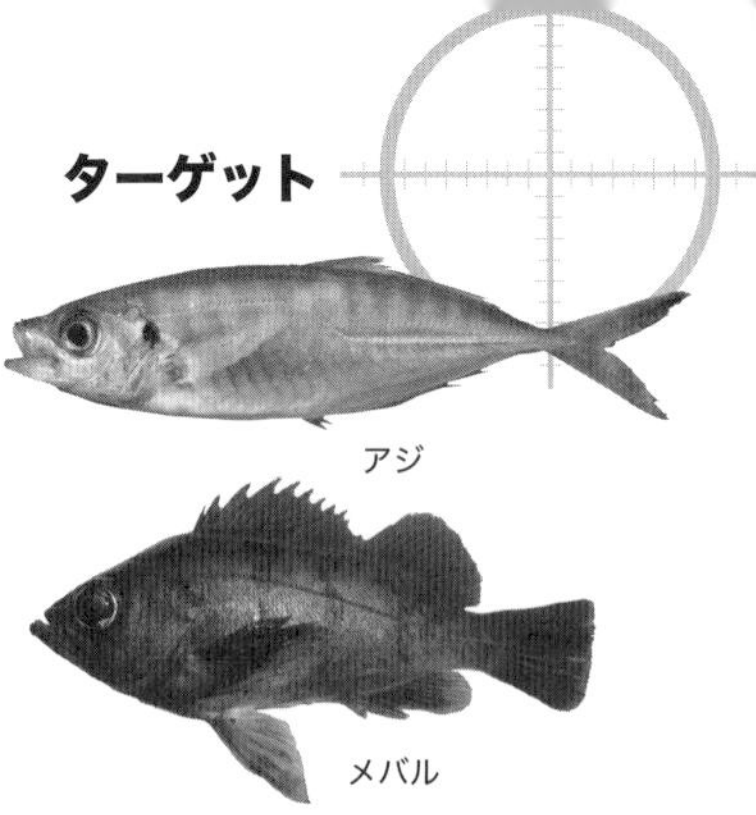
ターゲット
アジ
メバル

ここからはターゲット別の狙い方を解説します。どれもルアー釣りで人気のターゲットなので、狙いたい魚がいればぜひチャレンジしてみましょう。

人気のライトゲーム

ルアー釣りの中でも最も軽量なルアー、ライトな道具を使うカテゴリーです。ルアーでアジを狙うことをアジング、メバルを狙うことをメバリングと言います。

アジは9〜3月、メバルは2〜6月くらいがベストシーズンになります。

どちらもファンが多い釣りですが、特にアジングは近年急速に人気が上昇しています。シーズンが比較的長く、港湾部であればどこでも釣果を得やすいというのが人気の理由でしょう。

タックル

1g前後のルアーをキャストできるロッドが必要になります。アジングとメバリングでどちらも専用品が数多く販売されており、専用ロッドを使うのが好ましいですが、アジングとメバリングで兼用している人もいます。

ラインはいろいろな種類がありますが、まずはトラブルが少なく扱いやすいナイロンラインがおすすめです。

使用するルアーはジグヘッドリグ。ジグヘッドは0・5、1、1・5gの3種類を用意しておくとよいでしょう。

1gをメインに使用して、食いが悪いときは0・5gに、潮流が速いときや風があるときには1・5gというふうに使い分けます。

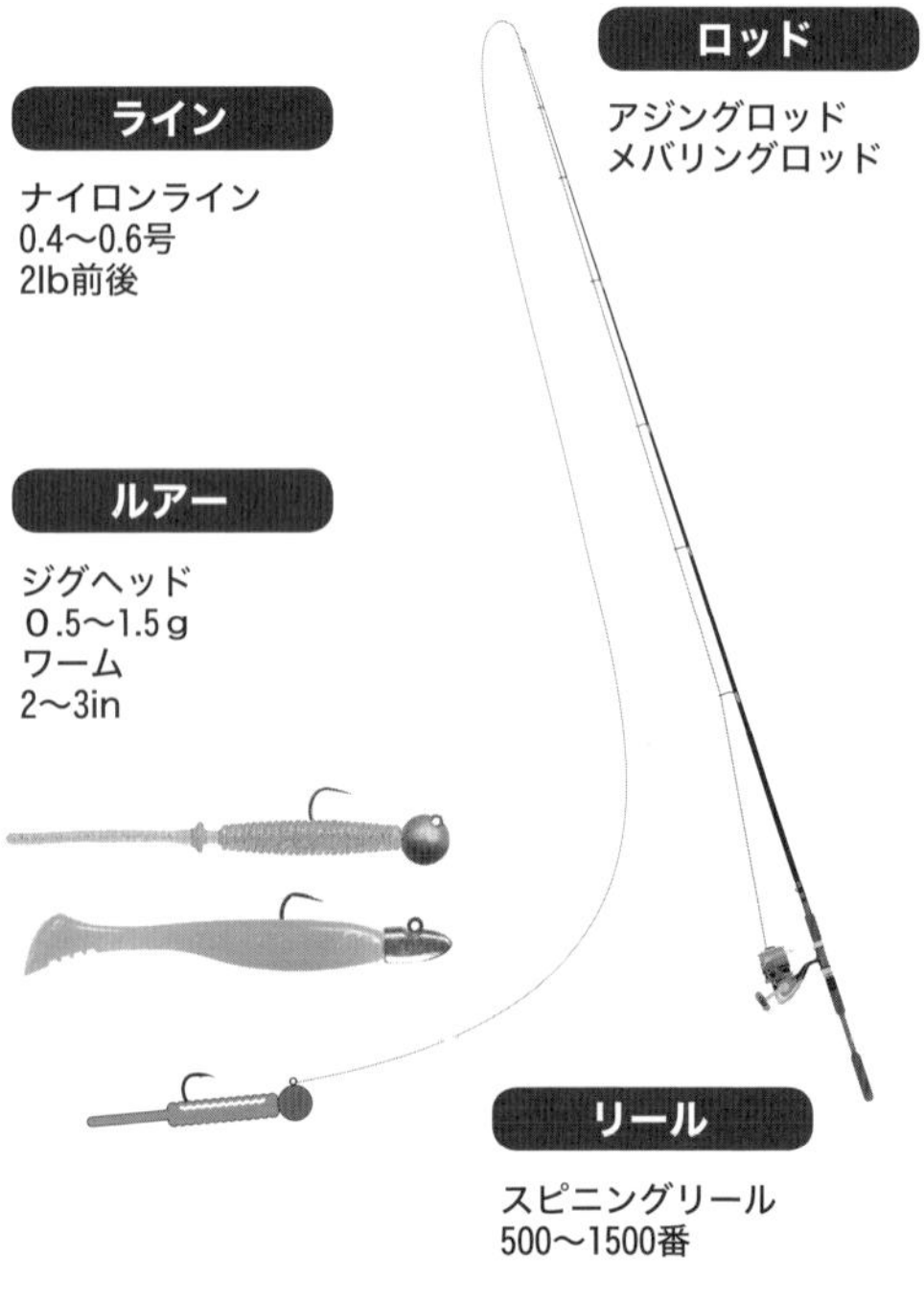
ロッド
アジングロッド
メバリングロッド
ライン
ナイロンライン
0.4〜0.6号
2lb前後
ルアー
ジグヘッド
0.5〜1.5g
ワーム
2〜3in
リール
スピニングリール
500〜1500番

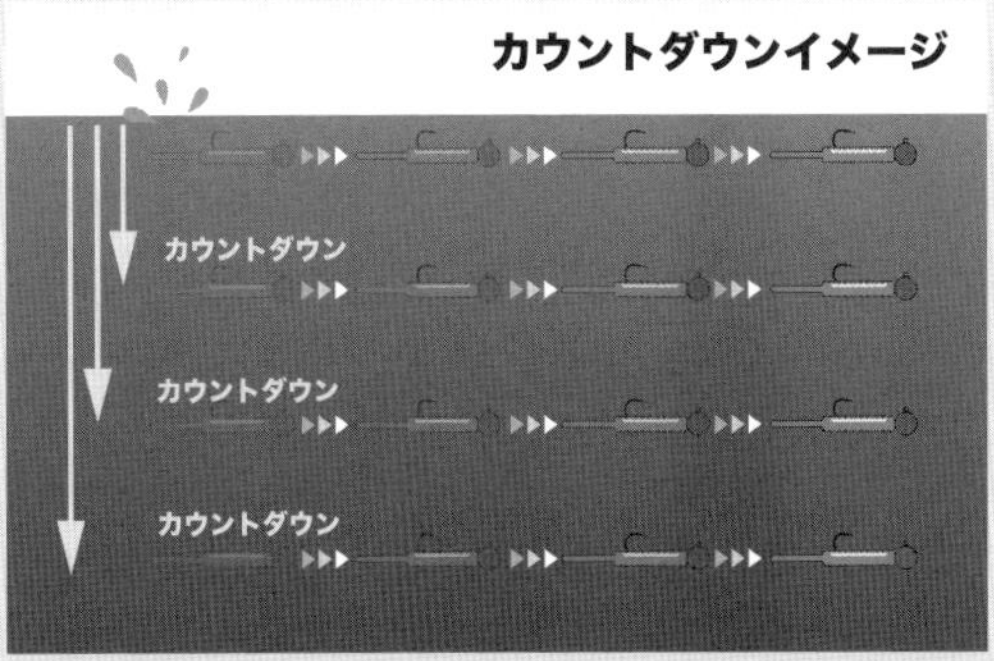
カウントダウンイメージ
カウントダウン
カウントダウン
カウントダウン

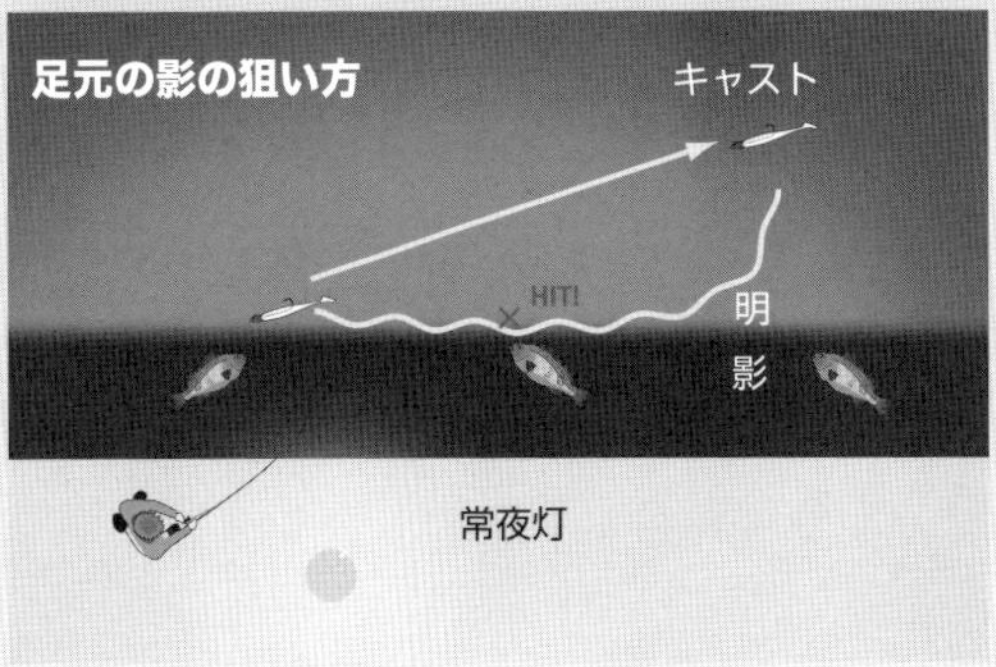
足元の影の狙い方
キャスト
HIT!
明
影
常夜灯

狙う場所

堤防の先端はアジングのA級ポイント。

敷石の隙間などにメバルが潜んでいる。

狙う場所

アジは潮通しの良い場所というのが基本になります。堤防の先端などがA級ポイントとなりやすいですが、上げ潮時は港の中に魚が入ってきて一時停滞するので、港の奥でも釣れます。

メバルは敷石や堤防のスリット、海藻など身を隠せるものがある場所に潜んでいますので、そういったものの周辺を探ってみるとよいでしょう。

狙い方

どのレンジに魚がいるか探っていく必要があり、そんなときに有効なのがカウントダウンと呼ばれるテクニックです。

例えば、最初はキャストしてルアーが着水したらすぐにリトリーブを開始する。次は着水後、3秒数えてリトリーブを開始、次は6秒数えてリトリーブを開始というふうに秒数を数えてルアーを通すレンジを変えていきます。これを「レンジを刻む」と言います。

明るいときは下から、暗いときは上から通していくのがセオリーです。まずはじめにルアーを着底させて何秒で着底するか知っておけば、その後どのレンジにルアーを通しているかイメージしやすくなります。

アジもメバルも日中よりも夜間の方が釣りやすくなります。

夜間は常夜灯の周辺を探るというのが基本です。その場合、光が当たっている明るい場所と陰になっている暗い場所の境目にルアーと通すとよいでしょう。

メバルは足元に影ができているところに潜んでいることが多いです。

ショアジギング

ターゲット

ブリ

メタルジグを使ってターゲットを狙っていきます。多彩な魚を狙うことができますが、ここではブリをメインとした青物の狙い方を解説していきます。

青物は春と秋にシーズンを迎えますが、最も釣りやすいのは9～11月ごろです。

タックル

大型のブリが釣れているときは、ショアジギング専用のロッドが必要になります。専用ロッドは大型の青物の引きに負けないパワーを有してます。

50㎝以下の小型が釣れているようでしたら、シーバスやエギングの道具を使っても狙うことができます。

その場合、ロッドの負荷に合った重量のメタルジグを使うことが大切です。

狙う場所

ブリなどの回遊魚を狙うときは潮通しの良い場所というのが必須になります。堤防の外側を広範囲で探っていくとよいでしょう。

青物は回遊してこなければ釣れる可能性は低いです。そのため情報収集が釣果を大きく左右します。釣具店やネットの情報をこまめにチェックして、釣れているときに釣れている場所に行くことが釣果への近道です。

狙い方

タダ巻きで十分に釣果は得られますが、青物は速く動くものに好反応を示す傾向があるので、リトリーブスピードは速めが効果的です。1秒間にリールのハンドルを1・5～2回転させるくらいのスピードがよいで

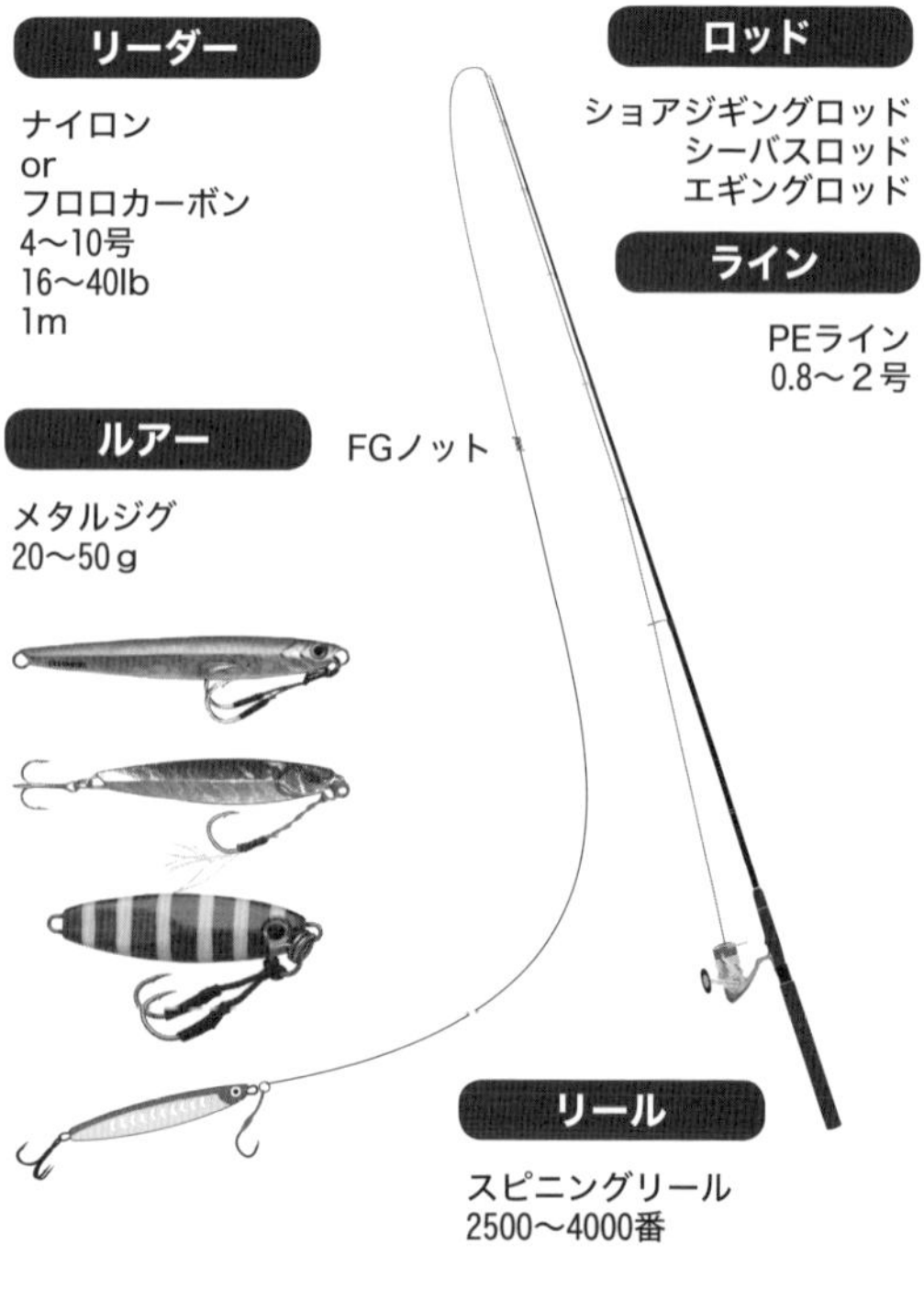
ロッド
ショアジギングロッド
シーバスロッド
エギングロッド
ライン
PEライン
0.8～２号
リーダー
ナイロン
or
フロロカーボン
4～10号
16～40lb
1m
ルアー
メタルジグ
20～50ｇ
FGノット
リール
スピニングリール
2500～4000番

ショアジギング狙い方イメージ

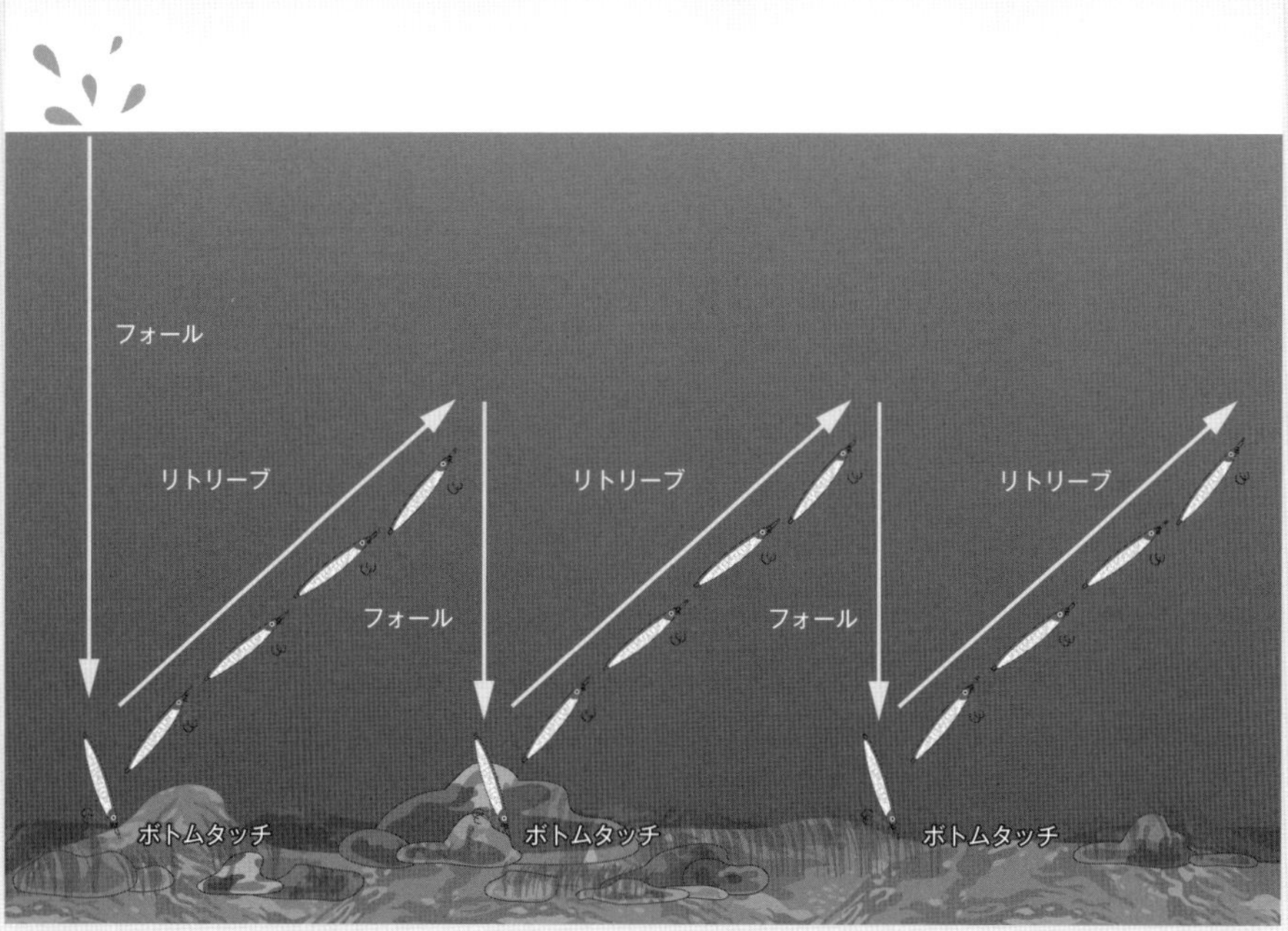

しょう。

キャスト後、まずはメタルジグをフォールさせて海底まで沈めます。ボトムタッチを確認したらスムーズにリトリーブに移行しましょう。

水深によって変わってきますが、リールのハンドルを10～15回程度回したら、再びメタルジグをフォールさせてボトムタッチします。このときのフォールはフリーフォールでもテンションフォールでも構いません。両方試してみるとよいでしょう。

ボトムタッチ→リトリーブを3回程度繰り返したら一度メタルジグを回収して再びキャストをして、同じ動作を繰り返していきます。

ボトムタッチの見極めは潮流が速いと難しくなります。スルスルと放出されていたラインが一瞬フッと止まるときがボトムタッチの合図です。

潮流があるとルアーが海底に着いてもラインの放出は止まりません。ボトムタッチに気付かずにラインが放出され続けると根掛かりの原因になるだけでなく、ターゲットにルアーを見切られる要因になるので集中してボトムタッチを感知することが大切です。

どうしても分かりにくいときはメタルジグを重いものに替えると分かりやすくなります。

群れに当たれば数釣りも楽しめる。

シーバス

ターゲット

シーバス（スズキ）

海のルアー釣りの王道とも言えるターゲットで、シーバスとはルアー釣りでのスズキの愛称です。釣り方や姿がブラックバスに似ていることから海のバスとしてそう呼ばれるようになりました。

スズキは成長すると1m以上になる個体もいる大型魚です。都市部でも80cmクラスの大型が釣れることも珍しくはなく、身近に狙えるターゲットとしては最大魚となります。

通年狙えますが、季節によっていろいろなものを捕食しています。また偏食性が高く、そのときメインで食べているエサ以外はあまり口にしないという特徴があります。それゆえエリアによって季節ごとの攻め方のパターンというのが確立されています。これをシーズナルパターンと呼びます。

このパターンを攻略すべく、シーバス釣りでは数多くのルアーと使うことになります。

タックル

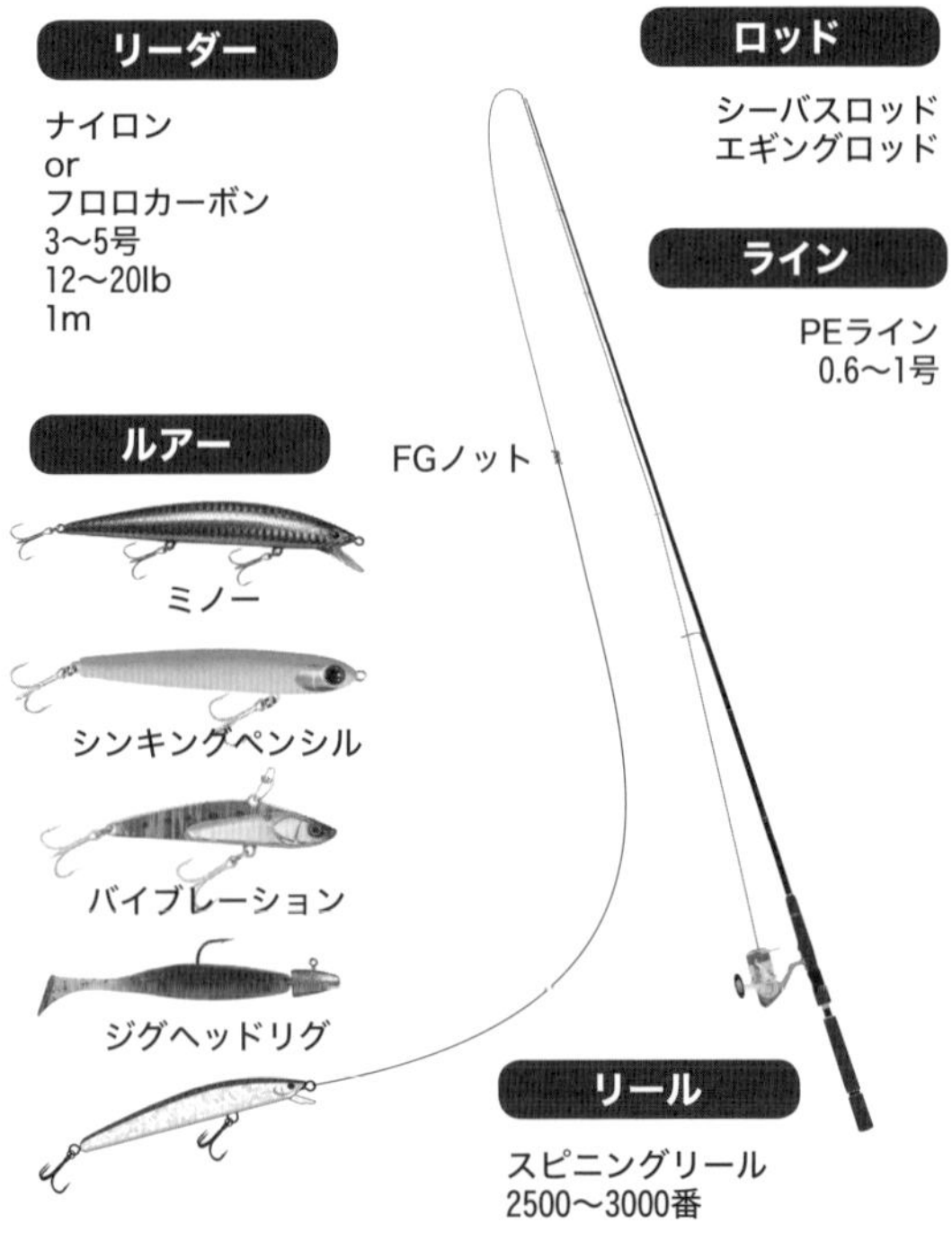
ロッド
シーバスロッド
エギングロッド
ライン
PEライン
0.6～1号
リーダー
ナイロン
or
フロロカーボン
3～5号
12～20lb
1m
FGノット
ルアー
ミノー
シンキングペンシル
バイブレーション
ジグヘッドリグ
リール
スピニングリール
2500～3000番

ロッドはシーバス専用品が数多く販売されています。

シーバスロッドは汎用性が高く他の釣りにも流用しやすいので、ルアー釣りを始めるときに最初に購入するロッドとしておすすめです。

長さは8～9ftで25～30g程度のルアーを扱えるものが万能に使えるでしょう。

シーバス狙いでよく使われるルアーは、ミノー、シンキングペンシル、バイブレーション、ジグヘッドリグなどです。

ルアーの潜行レンジの違い

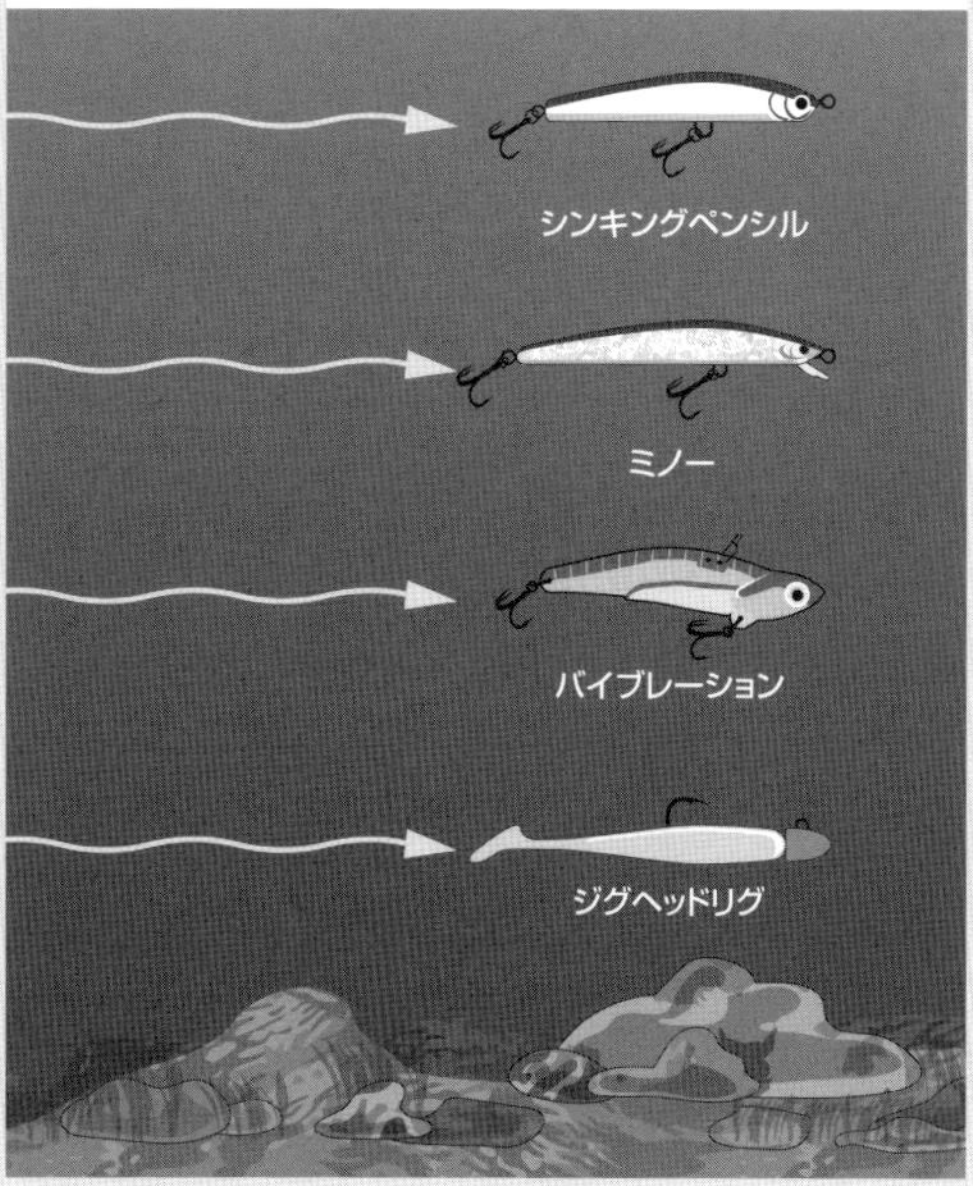

狙う場所

潮目がキャストで届く範囲にあれば狙い目です。

こんな柱に着いていることも。

狙う場所

シーバスは流れのある場所を好みます。潮流が比較的速く、周囲に身を隠したり、流れを遮る障害物になるようなものがある場所が狙い目となります。

具体的には沖に設置された建造物や柱、橋脚などです。このような構造物があると、流れに変化が生じます。流れが淀んだところにエサとなる小魚などが溜まりやすく、シーバスはそれを狙っているのです。

狙い方

沖に構造物があるときは、その周辺にルアーを通していきます。直接狙うとルアーを当てて破損してしまうこともあるので、少し離れた場所にキャストしてリトリーブで近づけていきます。

何も流れを遮るものがないときは広く探っていきましょう。

また、沖にできる潮目も流れの変化を生じさせるものです。潮目がキャストで届く範囲にあるときは積極的にルアーを通していきましょう。

シーバスはレンジにシビアな魚です。シーバスがいるレンジにルアーを通さないとなかなか食ってきません。カウントダウンでもよいですが、潜行レンジの違うルアーを使い分けるのも一つの手です。ルアーを替えると発する波動も変わるのでターゲットに見切られにくくなります。

このようにルアーを替えていくことをルアーローテーションと呼びます。

潜行レンジの違いで言えば、上からシンキングペンシル→ミノー→バイブレーション→ジグヘッドリグになります。

エギング

ターゲット

アオリイカ

エギと呼ばれるルアーを使ってイカを狙う釣りをエギングと言います。イカにはいくつか種類がありますが、エギングのターゲットとなるのは基本的にアオリイカです。

アオリイカのシーズンは春と秋。釣りやすいのは秋ですが、小型が中心となります。春は数は減りますが大型が狙えるチャンスがあります。

タックル

ロッドはエギング専用品が多く販売されており、エギングロッドもシーバスロッド同様に汎用性が高いのではじめて購入する道具としておすすめです。7〜8ftクラスで3・5号のエギが扱えるものを選びましょう。

エギは秋は2・5号、春は3・5号をメインに使います。小さい個体には小さなルアーを、大型を狙うのであれば大きなルアーを使うというのはルアー釣りの一つのセオリーになります。

狙う場所

アオリイカは海底の地形に変化がある場所や身を隠すものがあるところにいますが、地上から見て、判断しづらいことも多いです。

アオリイカが釣れる場所かそうでないか判断する一番簡単な方法は堤防に残されたスミ跡です。スミ跡が多く残されているところや、新しいスミ跡があるようなところは、それだけ釣れる確率が高いと言えます。

また、アオリイカは海藻に卵を産み付けるため、産卵が絡む春のシーズンは海藻が多く生えているエリアが狙い目になります。

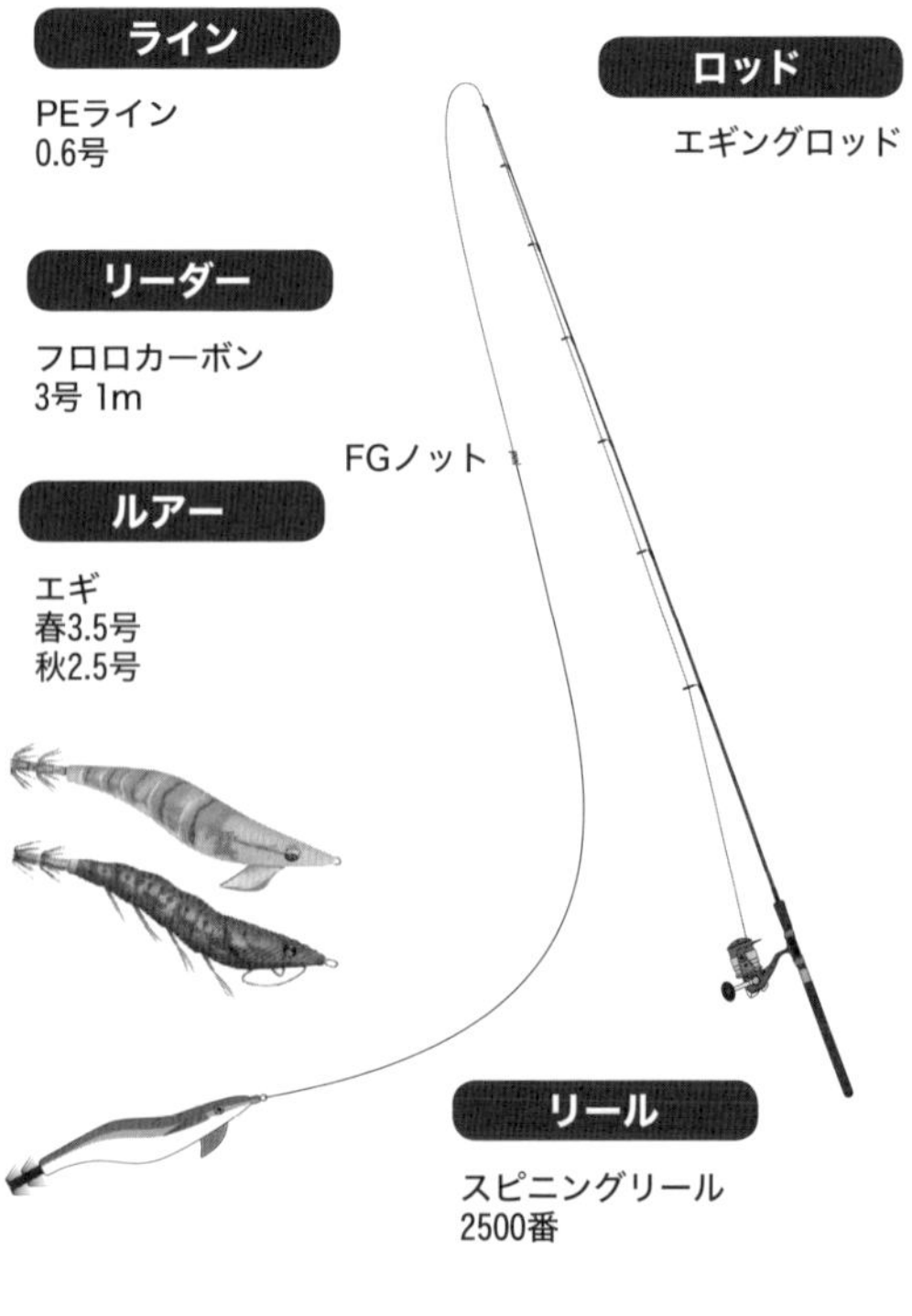
ロッド
エギングロッド
ライン
PEライン
0.6号
リーダー
フロロカーボン
3号 1m
FGノット
ルアー
エギ
春3.5号
秋2.5号
リール
スピニングリール
2500番

エギングのパターン

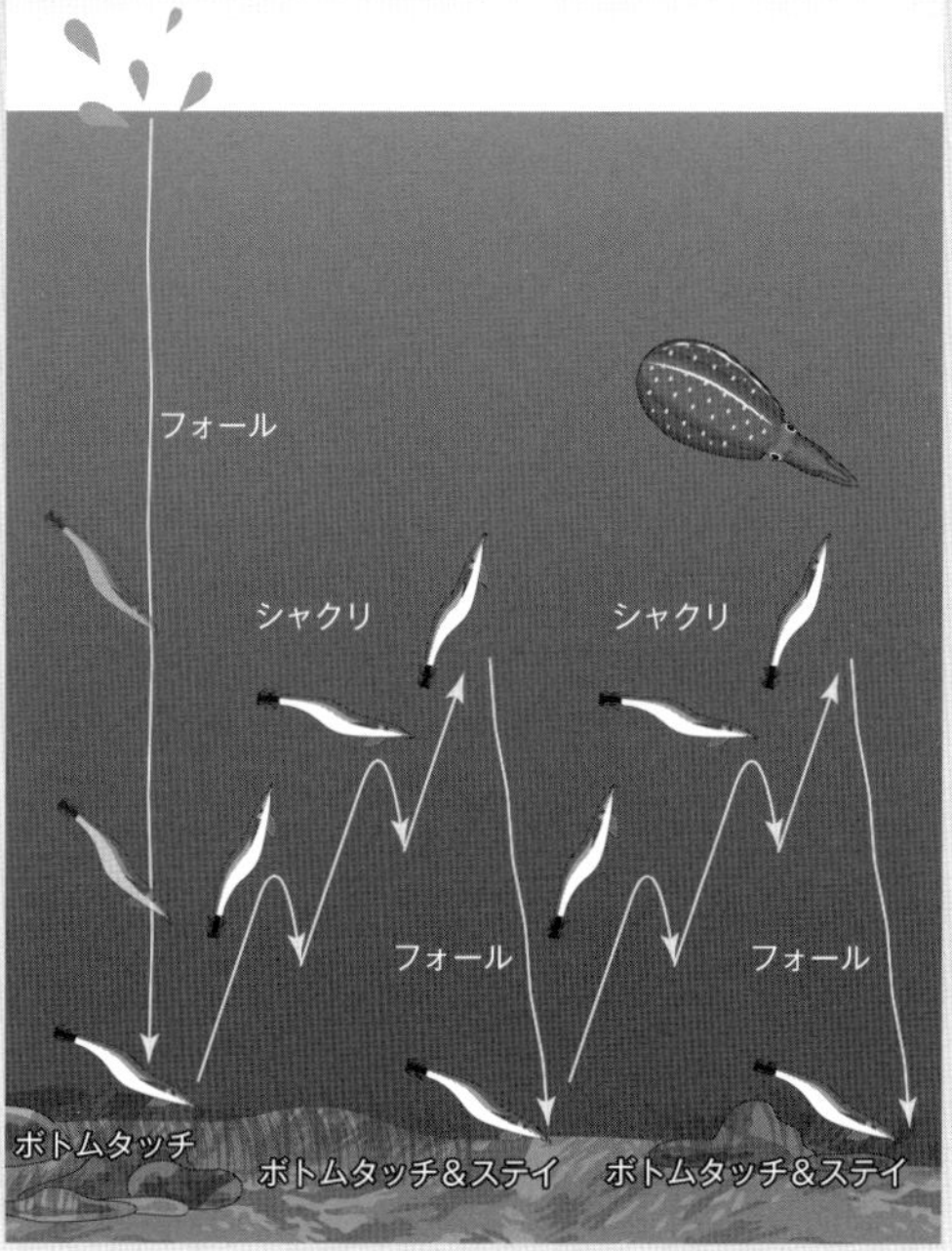

狙う場所

スミ跡が一番分かりやすい目印。

春は海藻周辺を探っていく。

釣りをしていて、頻繁にルアーが海藻に引っ掛かるところは煩わしいですが、アオリイカがいる可能性も高くなります。

狙い方

エギングはフォール→ボトムタッチ→ステイ→シャクリという一連の動作を繰り返して狙います。

エギをキャストして最初にボトムタッチしたときはステイは必要ありません。

すぐにシャクリ(ロッドを2~3大きく煽る)を入れてエギをアピールします。

シャクった後はエギをフォールさせて抱かせの間を与えます。フォールはフリーフォールでもテンションフォールでもかまいません。両方織り交ぜて行うとよいでしょう。

ボトムタッチの後はエギを海底に留めてじっとしておきます。これをステイと呼びます。

ステイする時間はいろいろと試してみるとよいでしょう。ときには3分程度放っておく方がよいこともあります。

ただし流れの速い場所ではエギが流されてしまうので、あまり長時間のステイは避けましょう。

ステイ中はラインを張らず、緩めずの状態にしておくとアタリが分かりやすくなりますが、最初の内はシャクったときに重みを感じて釣れていることが分かるというのがほとんどです。

アオリイカは足元にいることも多いので、足元まできっちりとルアーを通してから回収するようにしましょう。

イカは釣り上げた後にスミを吐きますので十分に注意してください。

ルアーカラーの選び方

どのルアーもカラフルに彩られ、同じルアーで何種類かカラーが用意されています。どれを選べばよいのか迷うところですが、基本となる使い分けがあります。それがアピールカラーとナチュラルカラーです。

◎アピールカラー

ピンクやオレンジ、蛍光色など自然界にはない目立つ色のことを指します。ターゲットに発見されやすいという他に釣り人からもルアーがどこにあるのか分かりやすいというメリットがあります。

アピールカラーが有効なのは

○光量が少ないとき
○海が濁っているとき
○ターゲットの活性が高いとき

となります。

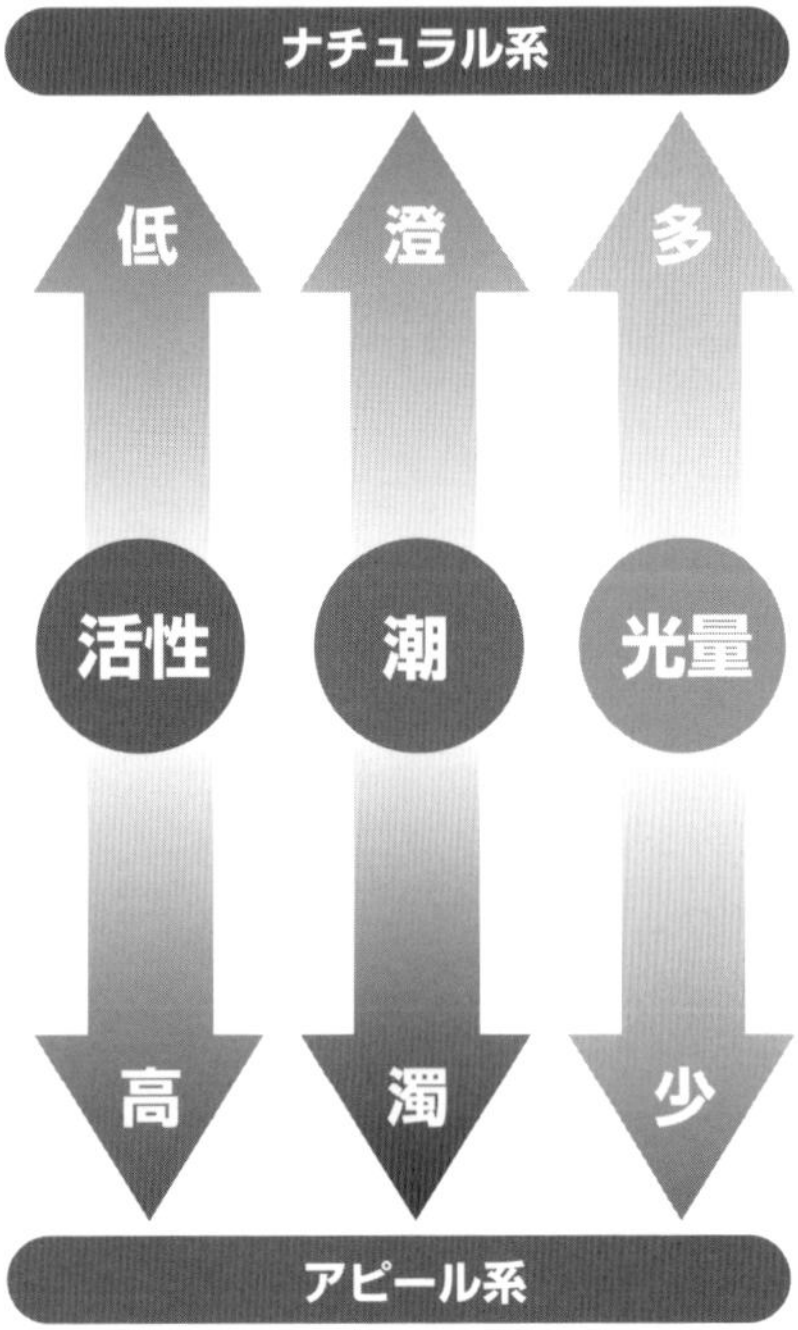

薄暗いときや濁りがあるときに目立つ色が有効というのは分かりやすいですが、活性とは食い気があるかどうかということです。

魚は活性が高い＝食い気があるときは我先にエサを奪い合います。過酷な生存競争が課せられている自然界では、モタモタしているとエサにありつけないからです。目に付くものに飛び掛かろうとするため目立つ色が有効になるのです。

◎ナチュラルカラー

ブルーやブラウン、オリーブなど自然界にあるものに近い色を指します。

ナチュラルカラーが有効なのはアピールカラーと反対の状況で

○光量が多いとき
○海が澄んでいるとき
○ターゲットの活性が低いとき

となります。

明るかったり、海が澄んでいたりで海中の視界が良好なときはなるべく自然に近い色の方が魚に違和感を与えにくいです。

また、食い気がないときは目立つ色は警戒される要因になってしまいます。

カラーローテーション

釣りをスタートするときはアピールカラーから使うというのがセオリーです。

まずは活性の高い個体がいないか探ってから、反応がないようであればナチュラルカラーに替えてみます。

ルアーを複数購入するときはアピールカラーとナチュラルカラーの両方を揃えておくことをおすすめします。

カゴ釣りをやってみよう

仕掛けに組み込んだカゴにマキエを詰めて魚を寄せるのがカゴ釣りです。一見するとサビキ釣りとよく似た仕掛けですが、狙える魚がランクアップします。

15

カゴに入れたマキエで本命の魚を寄せて、ツケエを食わせるのがカゴ釣りの仕組みです。

カゴ釣りの人気ターゲットとなっているマダイ。

陸から遠く離れた場所など、通常は狙うことが困難な沖のポイントも、カゴ釣りなら楽に攻めることができます。

カゴ釣りとは

カゴ釣りは仕掛けに取り付けたカゴにマキエを入れて魚を寄せる釣りで、サビキ釣りもカゴ釣りの一種と呼べるものです。サビキバリの代わりにエサを付けるハリを結んでいるものが、カゴ釣りの仕掛けだとイメージすればよいでしょう。

サビキ釣りとカゴ釣りの違いは、釣れる魚の種類とサイズ。カゴ釣りの対象魚はマダイ、イサキ、グレ、チヌ、コロダイ、シブダイ、青物、中～大型のアジなどで、何がアタってくるか分からないこともカゴ釣りの魅力です。

磯から大型のマダイや青物を狙う遠投カゴ釣りはベテラン好みの釣りとして発展してきましたが、堤防からの五目釣りとなるライトカゴ釣りなら、サビキ釣り用の竿を流用して手軽にチ

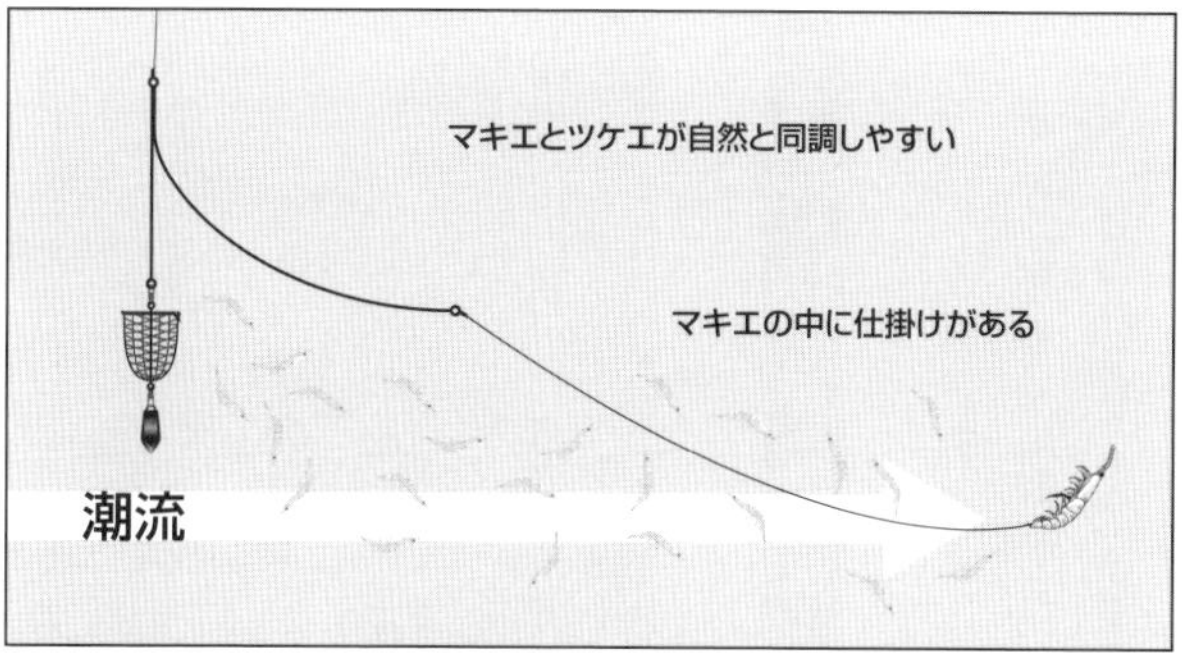
マキエとツケエが自然と同調しやすい
マキエの中に仕掛けがある
潮流

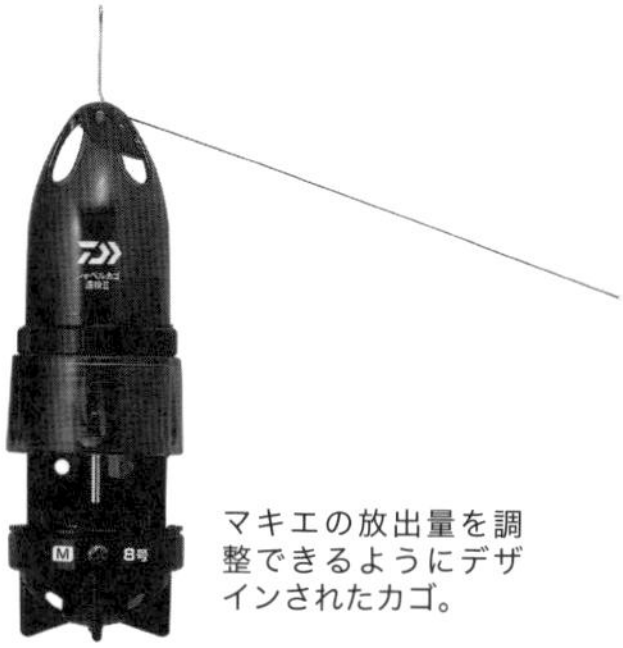

マキエの放出量を調整できるようにデザインされたカゴ。

フカセ釣りのイメージが強いグレも、カゴ釣りで効率良く狙うことができます。

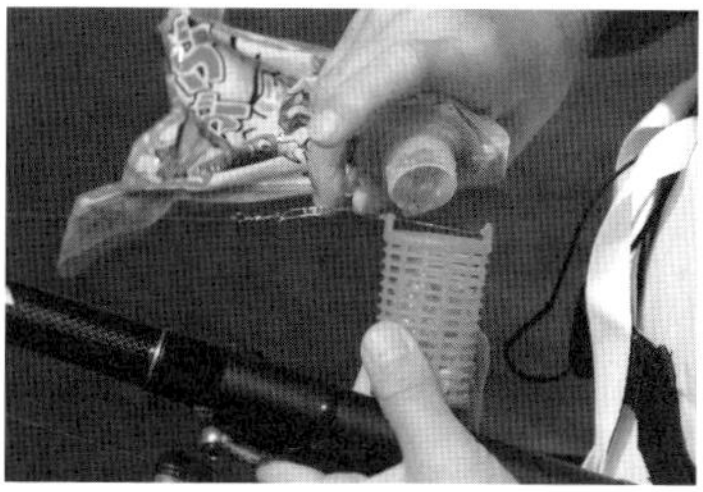

サビキ釣りからのステップアップとしてもカゴ釣りは最適です。

カゴ釣りは沖のカケアガリや沈み瀬を狙う場合は、速い潮が流れる釣り場で威力を発揮します。

何がアタってくるのか分からないのがカゴ釣りの魅力。

カゴ釣りにアタってくるアジは、サビキ釣りよりも良型を期待できます。

ャレンジできます。

同じく、マキエで魚を寄せてハリに付けたエサ(ツケエ)を食わせる釣りとしてフカセ釣りがありますが、速い潮の流れに仕掛けを乗せていったり、遠投で沖を狙う場合は、フカセ釣りよりも確実にマキエとツケエを同調させることができるカゴ釣りが有利です。

また、大型魚がアタってくる可能性が高まる夜もカゴ釣りが効率的。マキエワークが腕の見せどころとなる繊細なフカセ釣りに対し、大きなウキが一気に消し込まれる豪快さがカゴ釣りの魅力といえるでしょう。

知っておきたいのは、フカセ釣りを楽しんでいる人の横でカゴを投げるのはマナー違反だということです。その理由は、カゴを遠投することで魚が集まるポイントが沖になるためです。

カゴ釣りに必要な道具

カゴ釣りに使用するタックルは、4・5～5・3ｍの磯竿と中～大型スピニングリールの組み合わせが一般的です。磯から大型のマダイやヒラマサを狙うのなら5号クラスの竿が必要ですが、堤防からアジやグレ、50㎝級のマダイを狙うなら3号クラスの竿で対応できます。

もっとライトに楽しみたいならシーバスロッドやエギングロッドでも挑戦することが可能です。この場合は仕掛けの投げやすさを考慮して、小さ目のカゴを選び、ハリスの長さを短く調整しましょう。

道糸はナイロンラインかＰＥラインを使用しますが、慣れないうちはトラブルが少ないナイロンラインがおすすめです。３号の竿にはナイロン5号の道糸を１００ｍ以上巻くことができる４０００～５０００番クラスのリールがマッチします。

一見するとサビキ釣りの仕掛けと同じに見えるカゴ釣りの仕掛け。

仕掛けを組むために必要なアイテムは、ウキ、オモリ付きのカゴ、テンビン、ウキ止め糸、シモリ玉、スナップスイベル、ウキストッパー、ハリス、そしてハリです。ハリの種類や号数は対象魚に合わせてグレバリやマダイバリなどを使い分けます。

これ以外に必要な道具は、魚を取り込むためのタモ、使用するマキエを入れるバッカン、マキエをカゴに詰めるためのスプーン、ツケエを入れるツケエケース、水汲みバケツなどで、海水に浸けたオキアミボイルの水気を切るためのザルがあると便利です。

仕掛けの組み方

まず道糸にウキ止め糸を結び、シモリ玉、ウキ、ウキストッパーの順にセットします。ウキの交換を行う可能性がある場合は、ウキを直接道糸に通さず、スナップスイベルやシモリペットを利用してセットしてもよいでしょう。ウキストッパーを入れることでウキとカゴが絡むトラブルを軽減することができます。

ウキ釣りの仕掛けは道糸の先端に直接ハリスを結びますが、カゴ釣り仕掛けの場合は、道糸とハリスの間にオモリ付きのカゴをセットします。カゴにテンビンが付いているタイプがおすすめで、ハリスからカゴまでの距離を取ることで仕掛け絡みが少なくなります。

カゴ釣りで狙うタナは5ｍ前後がメインとなるので、4・5ｍの竿を使う場合はハリスの長さを3・5ｍぐらいにしてウキ下を調整しますが、浅いタナに魚が上ずっている場合はハリスを短めにします。

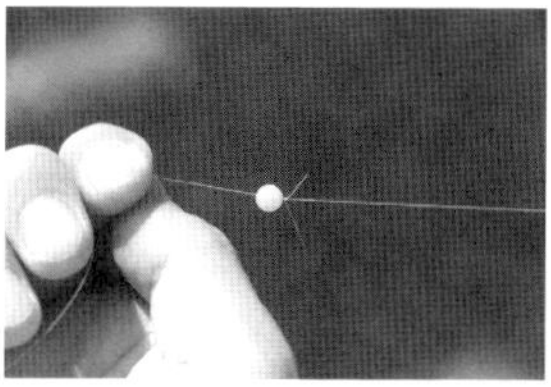

きっちりとタナを狙うカゴ釣りではウキ止めとシモリ玉が必需品。

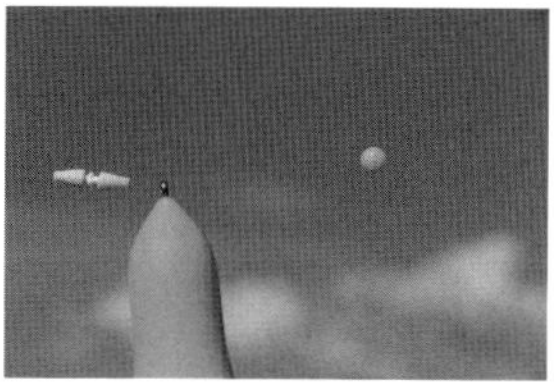

右からウキ止め、シモリ玉、ウキ、ウキストッパー。仕掛けを組むときはこの順番でセットします。

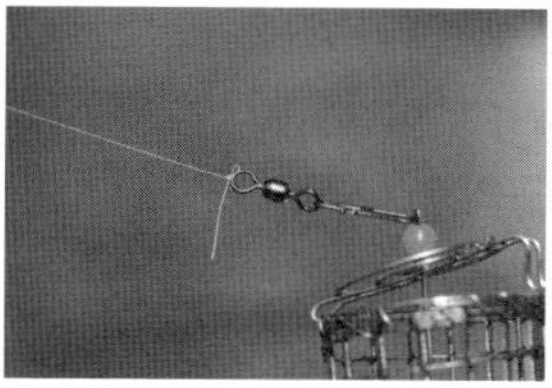

道糸の先端にスナップサルカンを結んでカゴを取り付けます。

オモリとテンビンがセットになっているカゴ。ウキの浮力はオモリの号数よりワンランク大きいものを選ぶとよい。

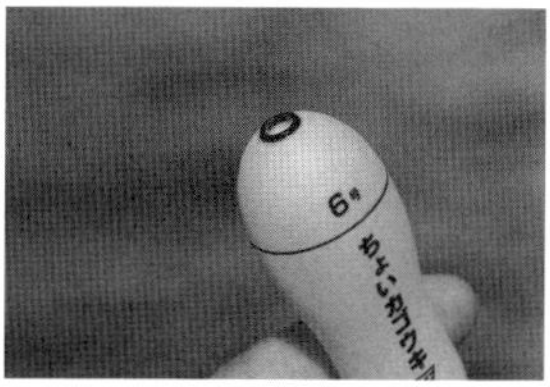

ウキのトップを外して化学発光体をセットすれば夜釣り仕様になります。

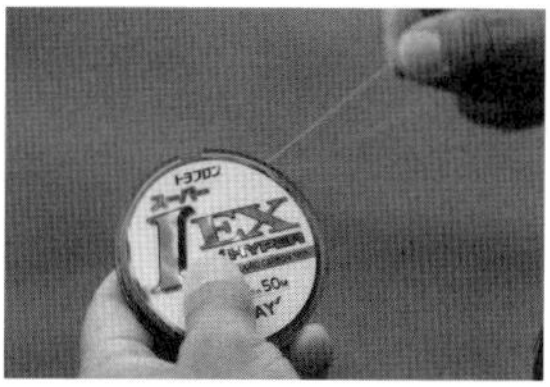

ハリスの太さは対象魚に応じて選びます。

カゴ釣り仕掛け

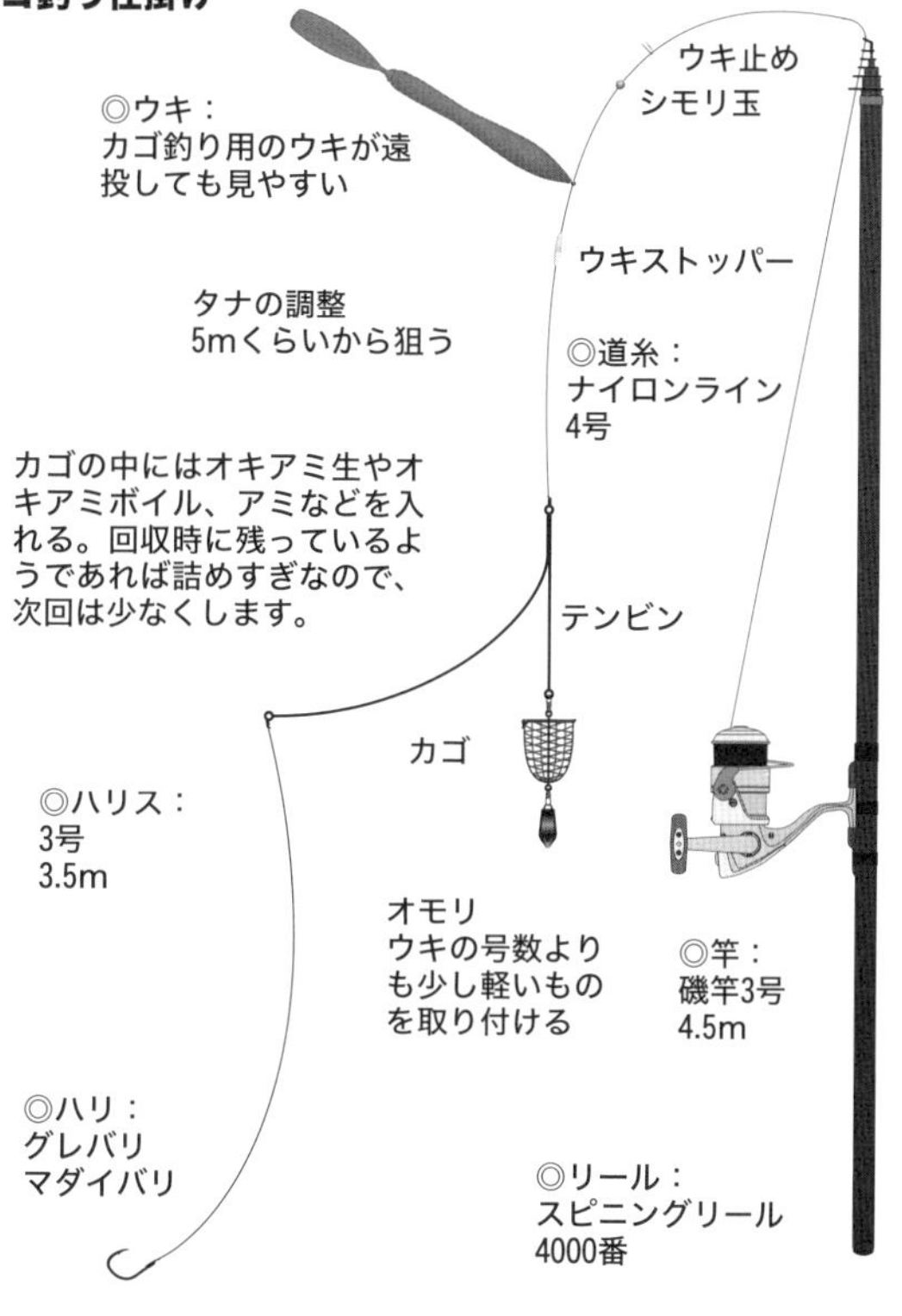
ウキ止め
シモリ玉
◎ウキ：
カゴ釣り用のウキが遠投しても見やすい
ウキストッパー
タナの調整
5mくらいから狙う
◎道糸：
ナイロンライン
4号
カゴの中にはオキアミ生やオキアミボイル、アミなどを入れる。回収時に残っているようであれば詰めすぎなので、次回は少なくします。
テンビン
カゴ
◎ハリス：
3号
3.5m
オモリ
ウキの号数よりも少し軽いものを取り付ける
◎竿：
磯竿3号
4.5m
◎ハリ：
グレバリ
マダイバリ
◎リール：
スピニングリール
4000番

15

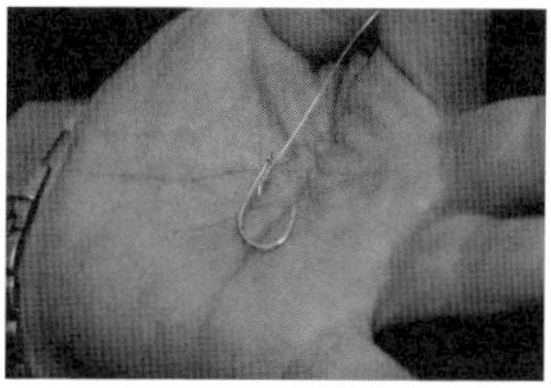

釣果の良し悪しに直結するアイテムがハリ。ハリが大きすぎると食い込みが悪くなり、小さすぎると掛かりづらくなります。

単純に飛距離だけを考えるなら道糸はPEラインが有利ですが、最初はトラブルが生じにくいナイロンラインを使うことをおすすめします。

竿は3号クラスの磯竿がベターですが、サビキ釣り用の竿などでもチャレンジは可能です。

カゴ釣りのマキエ

マダイやグレを狙う場合はオキアミの生かオキアミボイルを使用します。

そのままでは海面に浮いてしまうオキアミボイルは海水に浸してから使いましょう。

サビキ釣りでも使われるアミ。集魚効果はオキアミよりも高いのですが、ツケエとの同調のしやすさを考えるとオキアミの方が有利。

経済的にマキエの量を増やしたい場合はパン粉を混ぜます。

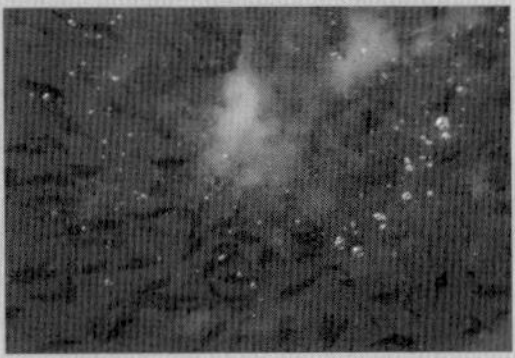

集魚材を加えたマキエは集魚力が高くなりますが、エサ盗りが寄りやすいので要注意。

カゴに詰めて使用するマキエは、フカセ釣りのマキエのように、まとまりを良くする必要性がなく、オキアミ生、オキアミボイル（加熱処理済みのオキアミ）、アミを、集魚材を混ぜずに利用することが可能です。かさ増しをすることで経済的に釣りたいのならパン粉、視覚的アピールの向上を狙うなら麦やコーンを加えるとよいでしょう。

マダイやグレ狙いで一般的なマキエは、深ダナを狙いたい場合にも対応できるオキアミ生です。オキアミ生よりも比重が小さいオキアミボイルは、青物狙いのように浅いタナを中心に攻める場合に有効です。オキアミボイルは自然解凍をしただけでは海面に浮きますが、汲み上げた海水の中に浸けておくことで沈みやすくなります。

アミは粒が小さく集魚力が高いことから、アジやイサキのように比較的小型のターゲットを狙うのに適しています。さらに集魚力を高めたい場合はグレ用やマダイ用、アジ用の集魚材を混ぜるのが効果的ですが、エサ盗りを寄せてしまうリスクも考慮しなければなりません。

カゴ釣りのツケエ

上段の白っぽいオキアミはボイルされたもので、下段は生のオキアミ。ボイルの方が身が硬く、浮きやすいのが特徴です。

ツケエ専用の加工オキアミやエビのムキミが、釣りエサメーカー各社からリリースされています。

海上釣り堀のマダイに効果絶大な練りエサ。カゴ釣りでも試してみる価値あり。

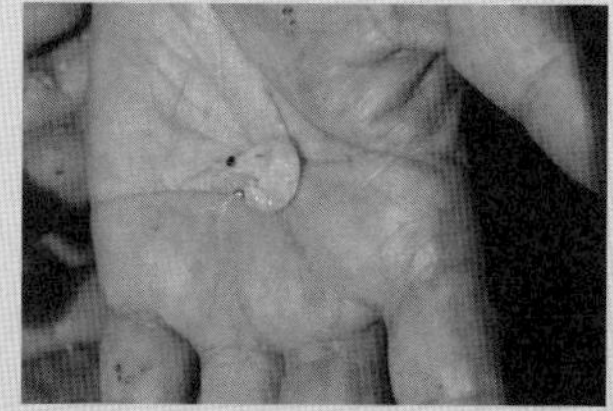

オキアミは頭部を取らず、マキエの中に自然に紛れ込ませます。

ツケエはオキアミ生、オキアミボイル、加工オキアミのほか、エビのムキミやムシエサなど、想定するターゲットに有効なエサを用意します。

オキアミボイルはオキアミ生よりも身が締まっているのでハリ持ちが良く、遠投カゴ釣りのツケエとして重宝します。マダイ狙いで実績が高いエビのムキミは小型のエサ盗りに強く、ここ一番で頼りになるツケエといえるでしょう。エサ盗りが多い場合はオキアミボイル、食いが渋いケースでは加工オキアミを使うといった、状況に応じた対応も重要です。

オキアミ生、もしくは加工オキアミはハリの形に沿って刺す通常の１尾掛けのほか、オキアミの脚の部分が外側になる背掛け、２尾のオキアミの腹側が向き合う形に装着する抱き合わせを使い分けることが有効です。１尾掛けは食い込みが良く、背掛けは比較的ハリ持ちが良い装着法。抱き合わせはアピール度が高い装着法となります。

本命がいるポイントを直撃して大型のターゲットを狙う場合は、いずれの装着法でもオキアミの頭部は取らずに使用するのが一般的です。

エサの掛け方

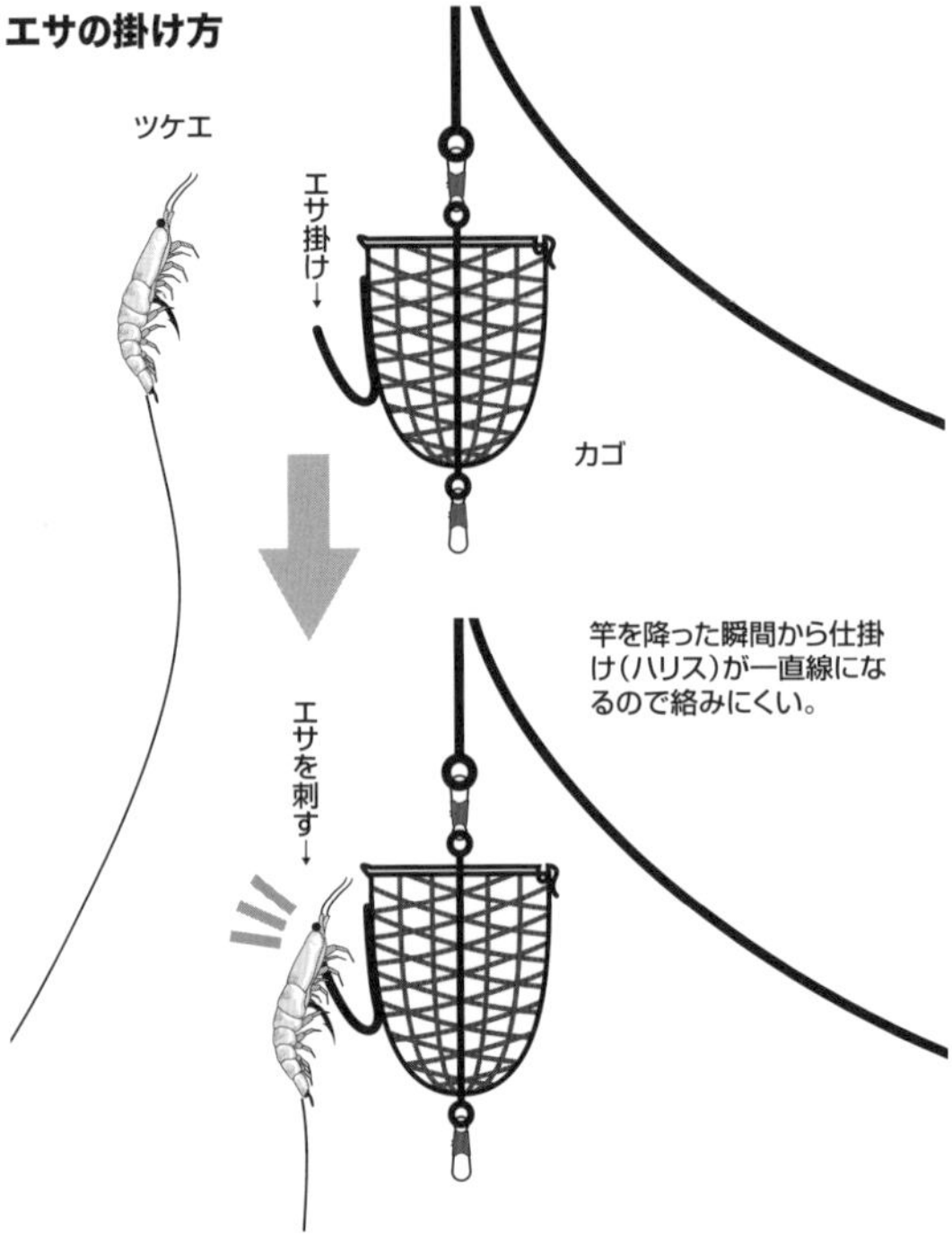
ツケエ
エサ掛け↓
カゴ
エサを刺す↓
竿を降った瞬間から仕掛け（ハリス）が一直線になるので絡みにくい。

仕掛けの投入方法

仕掛けを投入する前に行わなければならないのは、ハリにエサを装着し、カゴにマキエを詰めることです。マキエはぎゅうぎゅう詰めにするのではなく、9割ぐらいまでにした方が、海中でスムーズに放出されます。

カゴ釣りではハリスが長めの仕掛けを使用しますが、ハリをカゴに掛けた状態にし、タラシを短め（穂先からウキまでの距離が10〜20㎝）にすれば、楽に投入することができます。

投入の動作に入る前に、絶対に怠ってはならないのが後方の安全確認です。人や物に仕掛けを引っ掛けてしまうと重大な事故につながります。周辺に人がいる場合は、一声かけて投入するとよいでしょう。

沖のポイントを直撃できるのがカゴ釣りのメリットですが、長い磯竿を使って重たい仕掛けを投げるためには慣れが必要です。まずはトラブルなく投げることが肝心で、飛距離は徐々に

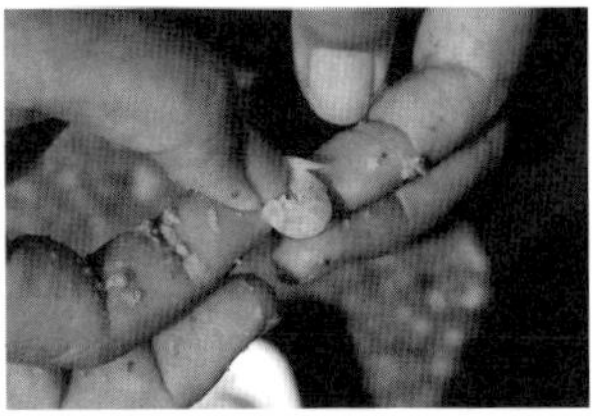

ハリにツケエを装着してからカゴにマキエを詰めます。

1投するごとにカゴにマキエを入れるカゴ釣り。手を汚したくなければスプーンを用意しましょう。

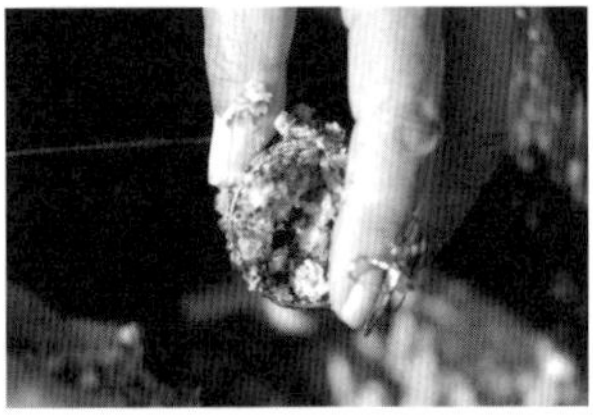

マキエは詰めすぎると海中にうまく放出されません。

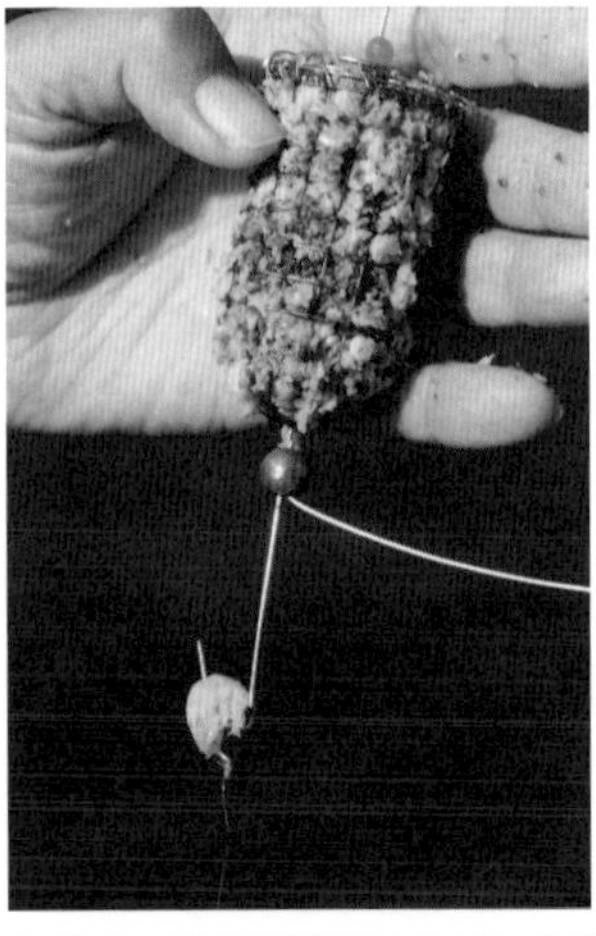

カゴによってはハリを掛けるためのフックがあり、これを利用することで長いハリスの仕掛けでも投入しやすくなります。

伸ばすようにしましょう。

仕掛けの投入点が毎回異なるようでは、せっかくマキエで寄せた魚を散らすことになるので、狙ったポイントに着水させることが肝心です。最初から最後まで狙う方向をしっかりと見て、左右にブレないキャスティングを心がけましょう。

いくら力んで投げてみても意外と飛距離は出ませんが、竿の反発力を上手に利用することができればコンスタントに飛距離を稼げます。スイングスピードを上げようとするよりも、竿の胴の部分に仕掛けの重さが乗ってくる手応えを感じることがコツとなります。

着水直前のタイミングでフェザーリング（リールのスプールに触れる動作）を行い、ラインの放出をセーブすることで仕掛けが絡みにくくなります。

誘いからアワセまで

カゴには竿でシャクってマキエを放出させるタイプと、仕掛けが立ったところで一気にマキエを放出するタイプがあります。いずれのタイプのカゴでも、マキエの中にツケエが紛れ込んでいるタイミングがチャンス。

竿でシャクってマキエを放出させるタイプのカゴを使用する場合は、仕掛け投入後はウキが立つまで待ってからシャクリを入れます。注意点はウキが立つ前に糸フケを完全に取ってしまわないこと。糸フケが全くない状態にすると、ウキが立つまでの間に仕掛けが手前側へ寄ってきてしまいます。

アタリはウキが沈むので明確に分かりますが、糸フケをしっかりと取ってからでなければアワセが効きません。

仕掛けを投げる前に、背後の安全を十分に確認してください。

しっかりとマキエを効かせるためには狙った場所に正確に投入できることが肝心です。

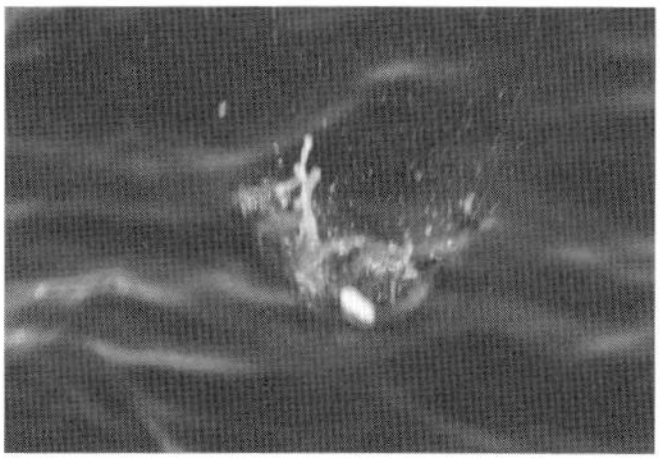
仕掛けが着水する直前にフェザーリングを行うことで、仕掛けが絡みにくくなります。

ウキが立ったらマキエを放出するために竿を上方へシャクり、ラインの張りすぎに注意しながら仕掛けを流していきます。

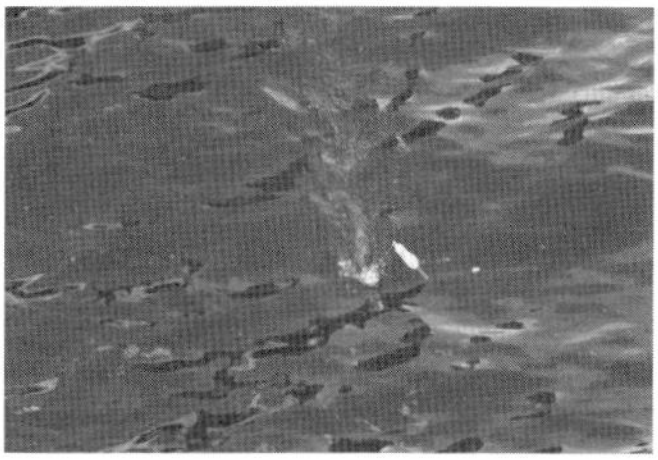
カゴからウキストッパーまでの位置が近すぎるとウキとカゴが絡みやすいくなるので、ウキの長さよりも離れた位置に取り付けましょう。

釣れないときの対応

小型の魚が食ってこなくなったらチャンス。大型の魚が寄ってきたのではないかと考えましょう。

カゴ釣りの基本は潮の流れに仕掛けを乗せること。

イカやサバの切り身やキビナゴを使えば、思わぬ大物が釣れる可能性もあります。

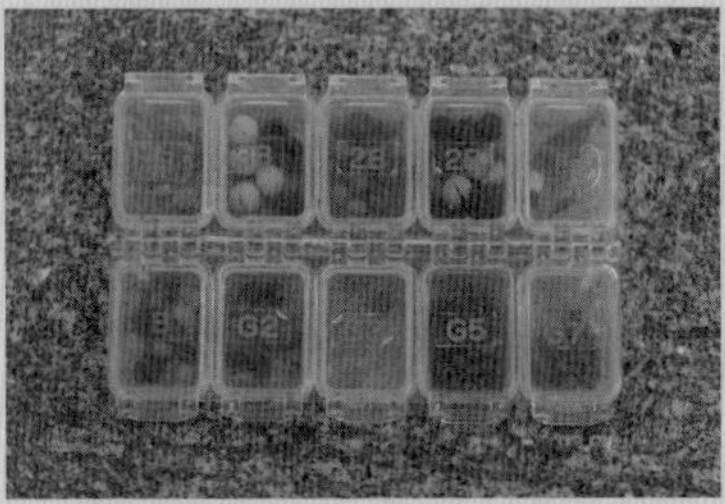

深いタナを狙う場合でも、カゴからツケエまでの距離を離してしまうガン玉は使わない方が無難です。

周囲では釣れているのに自分にはアタリすらないという原因としては、狙いどころやタナが合っていない可能性があります。

例えば他の人よりも遠投しすぎていたり、ウキ下を長くしすぎているというケース。

ウキ下の調整はアタリが出るまで頻繁に行うことが肝心です。

マキエとツケエを自然に同調させるためにはガン玉の使用はNGです。ヒットパターンを模索している段階では、ツケエの種類や装着法をローテーションしてみましょう。

ターゲットにアピールするためには狙ったポイントにマキエを多く入れることも重要ですが、カゴ釣りのマキエは１投につきカゴ１杯分しか効かせることができません。アタリがなくても労力を惜しまず、何度も投入を繰り返してみましょう。

コンスタントに釣れている場合でも常に状況の変化に注意を払っておくことが必要で、潮の流れが速くなればウキ下を深くし、当り潮（沖から手前に向かう潮の流れ）になったら仕掛けの投入点を沖にシフトして対応します。

ウキ釣りをやってみよう

ウキが沈むことで魚がエサを食べたことを教えてくれるから、はじめてでも分かりやすい釣り。ドキドキが止まらないのが魅力です。

16

ウキ釣りとは

ウキを使用した釣り方全てがウキ釣りと言えますが、ここでは、オキアミやムシエサ、人工エサを使用した釣り方をご紹介します。

またマキエを使った釣り方はウキフカセ釣りと呼び、章の終わりに一部解説しています。

こんな道具が必要

ウキ釣りは、他の釣りに比べて小さなアイテムが多くあります。魚を的確に狙うための道具なので、それぞれに意味があります。その意味を知らずに省いたり別のものに置き換えてしまうと、目的が果たせない仕掛けとなることがありますので注意してください。少々面倒ではありますが、まずは基本を守って仕掛けを作り、その意味を知ることから始めましょう。

◯竿

狙う対象魚によって選びます。使える竿のジャンルは、磯竿やガイド付きの万能竿（エサ釣り用）になりますが、通常は磯竿を選ぶとよいでしょう。

特徴としては、他の釣りに比べて細いラインを使うため、軟らかく長い竿を用います。竿が硬いとラインの強度が負けてしまい、魚が掛かっても切れやすくなるためです。

竿が長い理由は、仕掛けが長いことや、竿で力を吸収して細いラインを切れにくくするためです。

磯竿の号数は、釣れる魚のサイズと、使用するラインの太さや仕掛けの重さで選びますが、堤防釣りのターゲットなら、磯

基本のおすすめ仕掛け 半遊動仕掛け

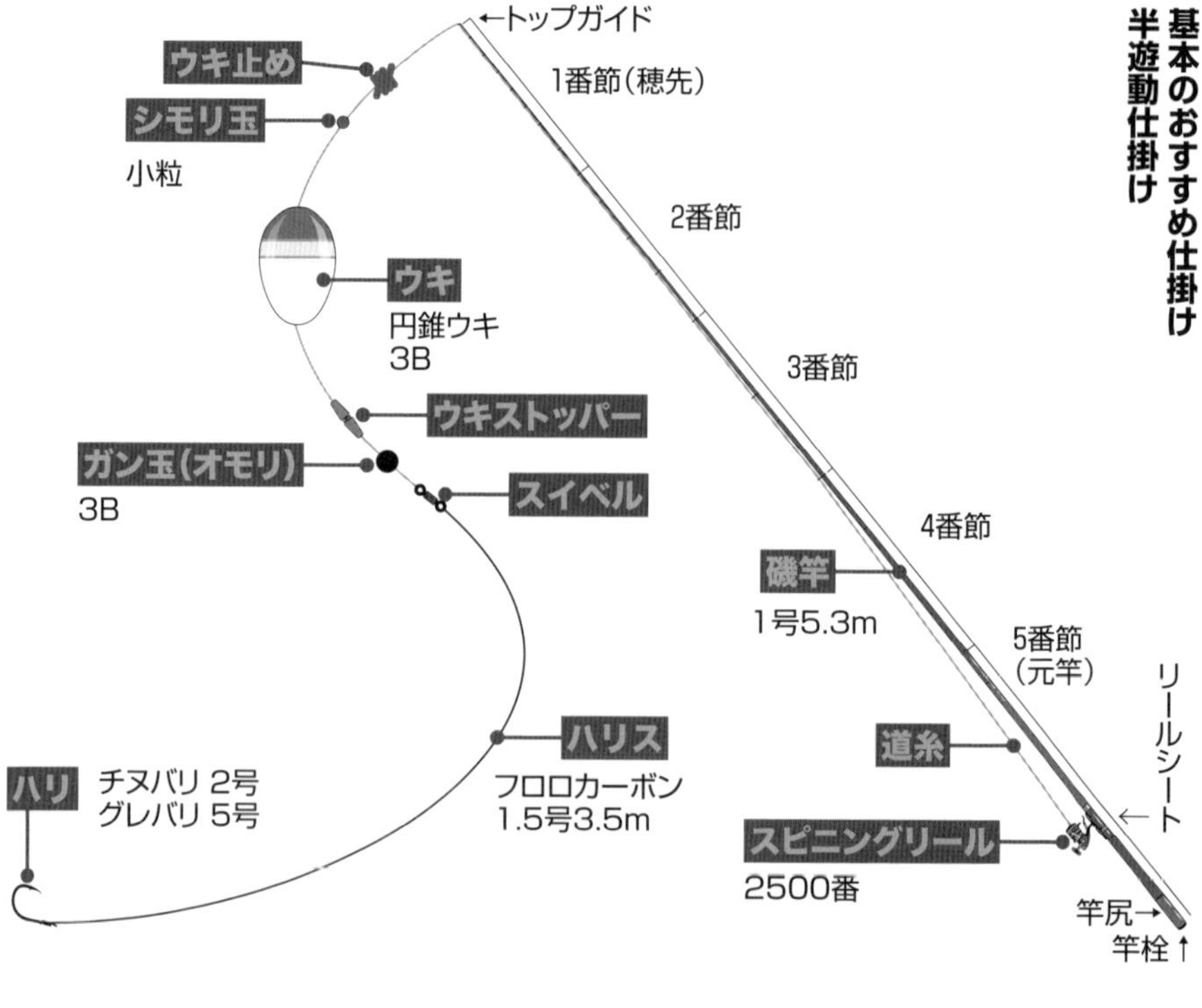

トップガイド
1番節（穂先）
2番節
3番節
4番節
5番節（元竿）
リールシート
竿尻
竿栓
ウキ止め
シモリ玉
小粒
ウキ
円錐ウキ
3B
ウキストッパー
ガン玉（オモリ）
3B
スイベル
磯竿
1号5.3m
道糸
スピニングリール
2500番
ハリス
フロロカーボン
1.5号3.5m
ハリ
チヌバリ 2号
グレバリ 5号

竿1号5・3mを選べば多くの釣り場で使用できるでしょう。
磯竿にはグレ用とチヌ用に分かれているものもありますが、グレ用は硬くチヌ用は軟らかいと思ってください。堤防ではチヌ用を選びます。
ただし、40cmを超えるグレや青物が釣れる場所では、グレ竿1・2号5・3mがおすすめです。

○リール

スピニングリールを使います。サイズは2000番、2500番、3000番が適しています。磯竿との重量バランスが重要で、新たに購入するなら2500番が汎用性が高く糸巻き量も適切なのでおすすめです。ただし、機種によって違いますので確認してから購入してください。ラインを収納するスプールには糸巻き量が少ない浅溝タイプもあります。

スプールに巻くラインの量は、100m以上必要です。

○道糸

リールに巻くラインで、ナイロンラインの2号がおすすめです。フカセ釣り用PEラインを使うなら0・6号になります。

販売されているウキ釣り用のラインの多くは150m巻になります。汎用の2500番のリールを使用する場合は、そのまま巻くと50mほどラインが不足してしまいますので、まずは別のラインをスプールに下巻きしてかさ増ししてから、新しい道糸を巻くようにします。自分が使用するリールの説明書に糸巻き量や下巻きについて書かれていますので確認してから作業してください。

16

◯ウキとオモリ

さまざまな形状のウキがありますが、基本は円錐形を選びます。どんぐり型とも言われ、縦に長い楕円形をしています。円錐ウキには上下があり、重い方を下（ハリ側）にセットします。ほとんどは、模様や文字で判断できます。

ウキにも号数があり、堤防釣りなら3B浮力が標準です。聞き慣れない記号ですが、オモリも同様に3Bを選ぶことになります。

3Bのウキには3Bのオモリをセットすることで、丁度良い浮き方になるように設定されています。オモリをセットする理由は、仕掛けを沈めやすくするためです。重すぎるとウキが沈み、軽いとウキの浮力の強さで魚のアタリが出にくくなります。

シモリ玉

◯ウキ止め

海釣りではウキを固定する仕掛けではなく、半遊動仕掛けをメインに使います。任意にセットしたウキ止めで狙う水深を決める釣り方です。他にも、移動仕掛けや全遊動仕掛け、全層仕掛けなどありますが、半遊動仕掛けに馴れてから学ぶのがよいでしょう。

◯ウキストッパー

道糸とハリスをスイベルで繋ぐ場合はなくても大丈夫ですが、直結する場合は必ずセットします。

セットした位置よりも下にウキが下がらないようにするためです。視認性が高いので仕掛けが沈む方向を判断するのにも役立ちます。

○ハリス

道糸の先に接続するラインでフロロカーボンラインを選びます。比重が大きく海水では沈むため、海中を適切に狙いやすくなります。傷にも強いので、瀬ズレにも安心です。

長さは2～3・5mと長めに取りますが、使い慣れない場合は1mほどと短くても大丈夫です。ただし長いほど切れにくく、仕掛けが自然に海中を流れやすくなりますので、馴れとともに長くしてください。

○ハリ

堤防でよく使われるハリの種類は、チヌバリかグレバリです。10㎝以上の魚を狙う場合は、チヌバリ2号で大丈夫です。それ以下のサイズが混じったり、掛かりが悪いときはグレバリの5号に替えてみてください。通常は1回の釣りで5本もあれば足りますので、1商品1袋で大丈夫です。ハリは基本的に使い回しはせず、次回の釣行時には新品を使います。

タックルと仕掛けのセット方法

①竿にリールをセットします。リールシートの固定側にリールフットを差し込み、留め具またはスクリューを回してしっかりと固定します。

②リールのベイルを開いて道糸を引き出します。ベイルを閉じたまま道糸を引き出してしまうとラインを巻けなくなります。ベイルを閉じても道糸が引き出せるくらいドラグを緩めて行ってもよいです。

③竿のガイドキャップに付属しているライン通しに道糸を通します。ライン通しが付いていない竿なら手で通すか、先に竿を伸ばしてから通しても構いません。

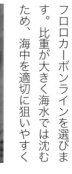

④ガイドキャップを抜いて、全てのガイドに道糸を通します。このとき、通し忘れがないか確認してください。もしあると全てやり直しになります。

⑤引き出した道糸にウキ止めを結びます。

⑥シモリ玉を通します。小さいので紛失しないように。

⑦ウキを通します。上下間違わないようにしてください。

⑧ウキストッパーのゴムを2個通し、ストッパーの棒で固定します。次にスイベルを結びます。竿を伸ばしてからハリスを結んだ方がスムーズに行え、ハリスを傷つけません。

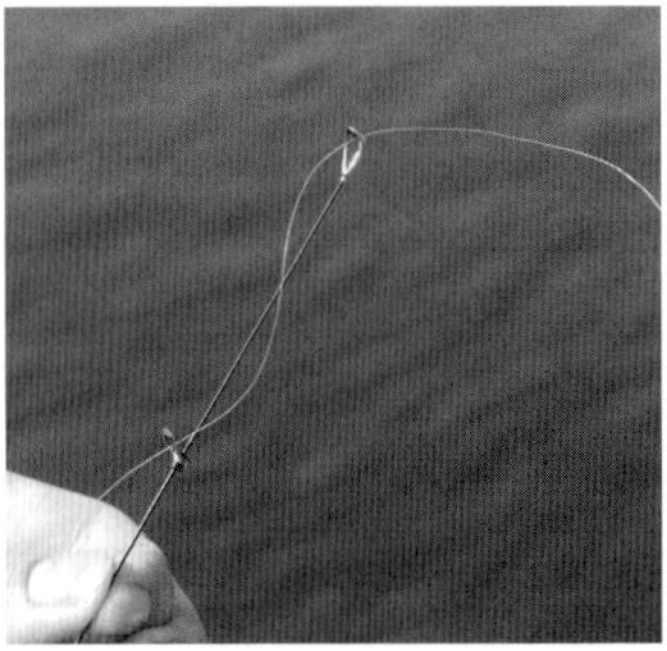

⑨竿を穂先から順に伸ばしていきます。道糸は抜けないように余裕をもって引き出しておきます。竿を引き出す際、リールのドラグを緩めておき、道糸と一緒に引き出すことでスムーズに行えます。

⑩竿を小脇に抱えながら、ハリスをスイベルに結びます。難しいなら竿を立てかけて行ってください。地面に置くと竿にもラインにも傷がつくので注意。

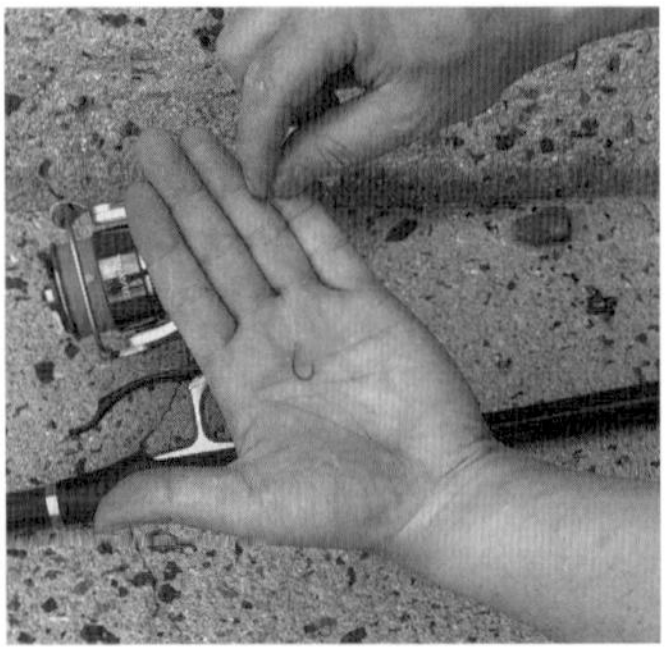

⑪ハリスの先端にハリを結んで完成です。

ツケエの種類

ハリに付けるエサのことをツケエやサシエと呼びます。

ウキ釣りの基本となるツケエはエビに似た姿をしているプランクトンであるオキアミです。他にもムシエサや練りエサ、人工エサも使います。これらは狙う魚の食性に合わせて選びますが、その中でもオキアミは多くの魚を狙うことができる海釣りの万能エサとなります。

付け方の基本は、ハリからすぐに外れないように刺すことと、ハリをできるだけ隠すことです。ハリよりもツケエが大きすぎたり、ハリからむき出しになる場合は、エサを切ったり複数付けて調整します。どうしてもサイズが合わないときは、ハリのサイズを変更することもあります。

エサの付け方

オキアミ・シラサエビ・ムキミなどエビ型のもの

ハリ先を少し出す
できるだけ背中の殻の硬い部分に沿ってハリを通す。

背掛け／通常
尻尾を切って切り口部からハリを海老反りになるように刺します。

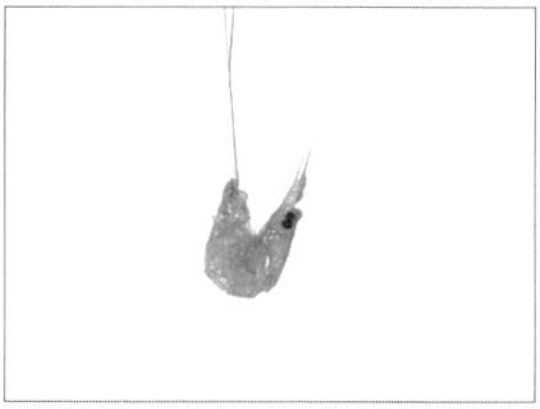

腹掛け／通常
尻尾を切って切り口部からハリを形状に沿って刺します。

オキアミ・シラサエビ・ムキミなどエビ型のもの

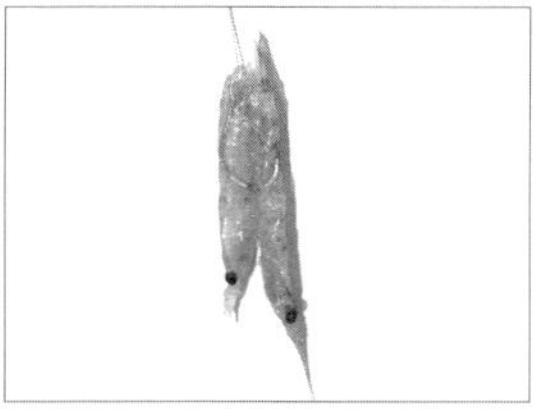

抱き合わせ／アピール大
尻尾を切り、２匹を腹側を向けてハリに刺します。

チョン掛け／シラサエビ
生きたものは即死を避けるため脳を刺さないように頭部にハリを刺します。

ムシエサ・人工エサ

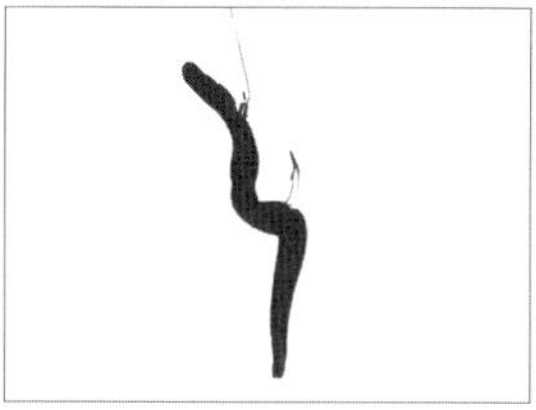

通常
ハリに沿って刺し通します。ハリの先端が出るようにします。

練りエサ

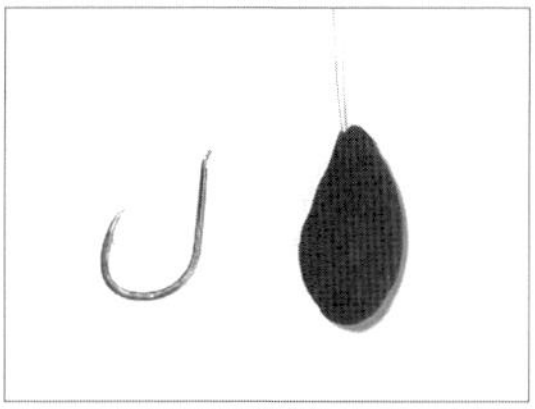

釣り鐘型／通常
ハリ全体が隠れるように下膨れ形状にセットします。

マーブル／アピール大
色違いの練りエサを練り込まずに付けます。

ムシエサ・人工エサ

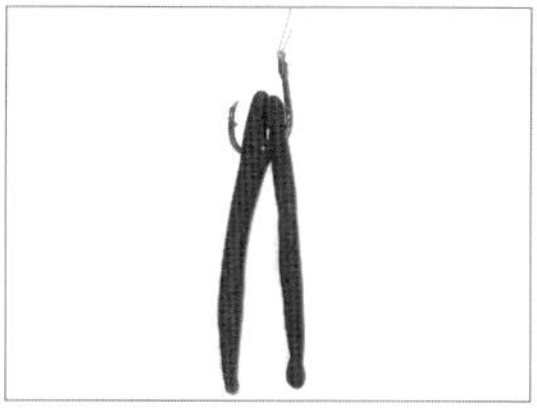

房掛け／アピール大
上部のみハリを刺します。２～４匹付けます。

仕掛けの投げ方

どんな仕掛けでも周囲の安全を確認してから投げるのが基本です。ウキ釣りの場合は仕掛けが長いので、周囲の安全は竿と仕掛けの長さ分必要です。半径5ｍ以内に人がいる場合は、動きに注意して仕掛けを投げましょう。特に後方に人がいるときはひと声かけてからが基本です。

投げ方については特に特殊なことはありませんが、ウキ釣りで力強く竿を振り切って投げることはしません。そうするとハリからツケエが外れてしまうからです。フワッと押し出すように投げるのがコツです。

最初は遠くに飛ばすのではなく、できるだけ正面に投げられるように練習しましょう。右側・左側どちらでも投げられるようになりましょう。

①ウキが穂先から20～50㎝くらいにくるように道糸を巻き取ります。利き手でリールを付近を握り、リールのベイルを開いて道糸を人差し指に掛けます。反対の手は竿尻付近を持ちます。

②周囲の安全を確保したら、後方に竿を振りかぶります。地面にツケエが着かないように注意してください。引っ掛かるものがあると危険です。

③頭上を真っすぐに竿が通るように意識しながら、前方に竿を振ります。指に掛けた道糸を離すタイミングで飛び方が変わりますので、何度も練習してフワッと飛ぶタイミングを掴んでください。

④ウキが着水したら、ウキ止めがウキに到達するまで道糸を出し続けてください。その後はリールのベイルを開いたまま、ウキの流れに合わせて道糸を徐々に出しながら釣ります。

16

仕掛けの流し方

仕掛けをポイントに投入したら、あとは竿を置いて待つのではありません。ウキ釣りはここからが重要なのです。

海では潮の流れがあります（ないときもある）。これに合わせて仕掛けを流すことで、より広く魚を探ることができるわけです。竿を置いてしまうと、竿の先から弧を描く範囲でしか狙えなくなるため、得策とは言えません。

通常は、仕掛けが着水してウキ止めがウキまで到達したら、道糸を流れに合わせて出していきます。なので、釣っている再中はリールのベイルを開けたまま、手や指で余分な道糸が出ないように押さえておき、仕掛けが流れる速度に合わせて道糸を徐々に出していきます。

どこまで流す

堤防では左右どちらかの流れが多いので、両隣の人の邪魔にならない場所が仕掛けを流せる範囲です。これは隣の釣り人との距離が大きく関わってきますが、最低でも隣の人の正面に到達する前に仕掛けを回収しましょう。誰もいない場合は、ウキが見える範囲で流して問題ありませんが、イケスやブイ、漁網などがある場合は注意してください。

どの距離を狙う

足元から5mほど基礎石を敷き詰めている堤防が多いため、その境目付近が最初に狙いたいポイントになります。5mの敷石だとすれば、スレスレだと根掛かりするため、足元から5・5m付近を狙います。

もちろんポイントはここだけではありません。沖に沈んだ岩やテトラ、カケアガリといわれる海底の坂もポイントになりますので、釣れないときは距離を変えて狙ってみましょう。

ウキ釣りのポイント

本来は狙う魚種によってポイントを決めるものです。だからここなら何かが釣れるだろうと思っても、仕掛けやツケエが違うと残念な結果に終わることがあります。でも、ウキ釣りの利点はさまざまな魚種が対象となることです。チヌを狙っていてもメバルやグレ、カサゴ、タナゴといった別の魚もゲストとして釣れてくれるものです。

まずはメインに狙う魚種を決め、それに合わせてツケエと場所を決めましょう。

実際に行く場所が決まれば、釣り場マップで調べるか、釣具店で直接聞くことがおすすめです。ここでは、場所による要点を記しましたので、自分が行く場所と照らし合わせて参考にしてください。

奥まった漁港
奥深い漁港でのポイントは、どの魚を狙う場合でも潮が少しでも動く場所が有望です。
流れが入りにくい場所に設置された漁港や堤防では、海水が濁りやすく海底は泥質となっている場合が多くなります。そんな場所ではチヌが有望です。また、エサとなる小魚が逃げ込むのにも最適なので、小魚が多い時期はスズキなども入ってくる可能性があります。

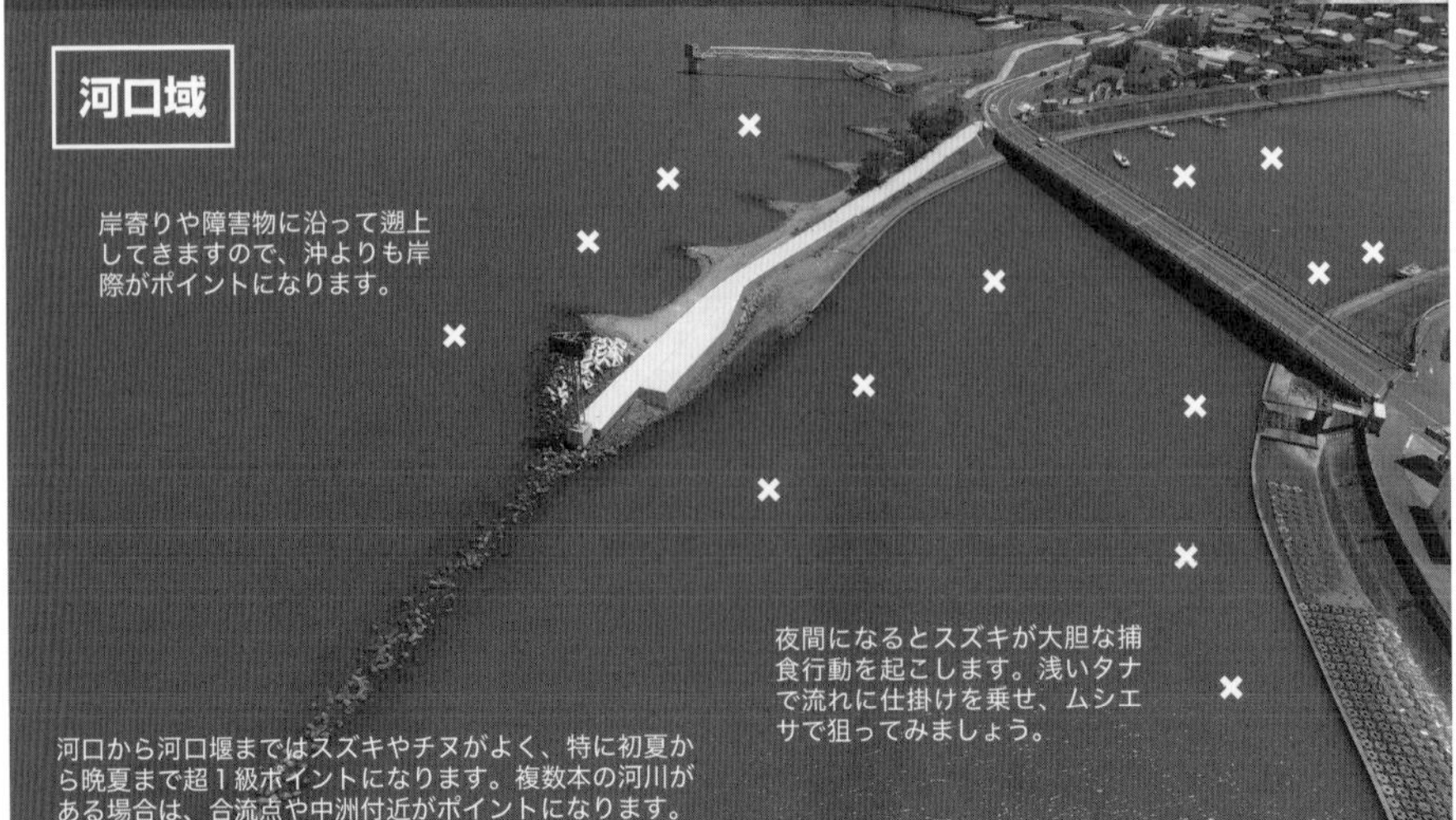

河口域
岸寄りや障害物に沿って遡上してきますので、沖よりも岸際がポイントになります。
夜間になるとスズキが大胆な捕食行動を起こします。浅いタナで流れに仕掛けを乗せ、ムシエサで狙ってみましょう。
河口から河口堰まではスズキやチヌがよく、特に初夏から晩夏まで超１級ポイントになります。複数本の河川がある場合は、合流点や中洲付近がポイントになります。

※使用している写真は実在するものですが、解説は架空のものであり、現実とは異なります。

カケアガリ

海中が傾斜になっている部分をカケアガリと呼びますが、釣りではどんな魚でもよく釣れるポイントになります。写真では徐々に深くなっていることが分かりますが、実際には見えない場合がほとんどです。タナを取る際に深さを測って探してみましょう。

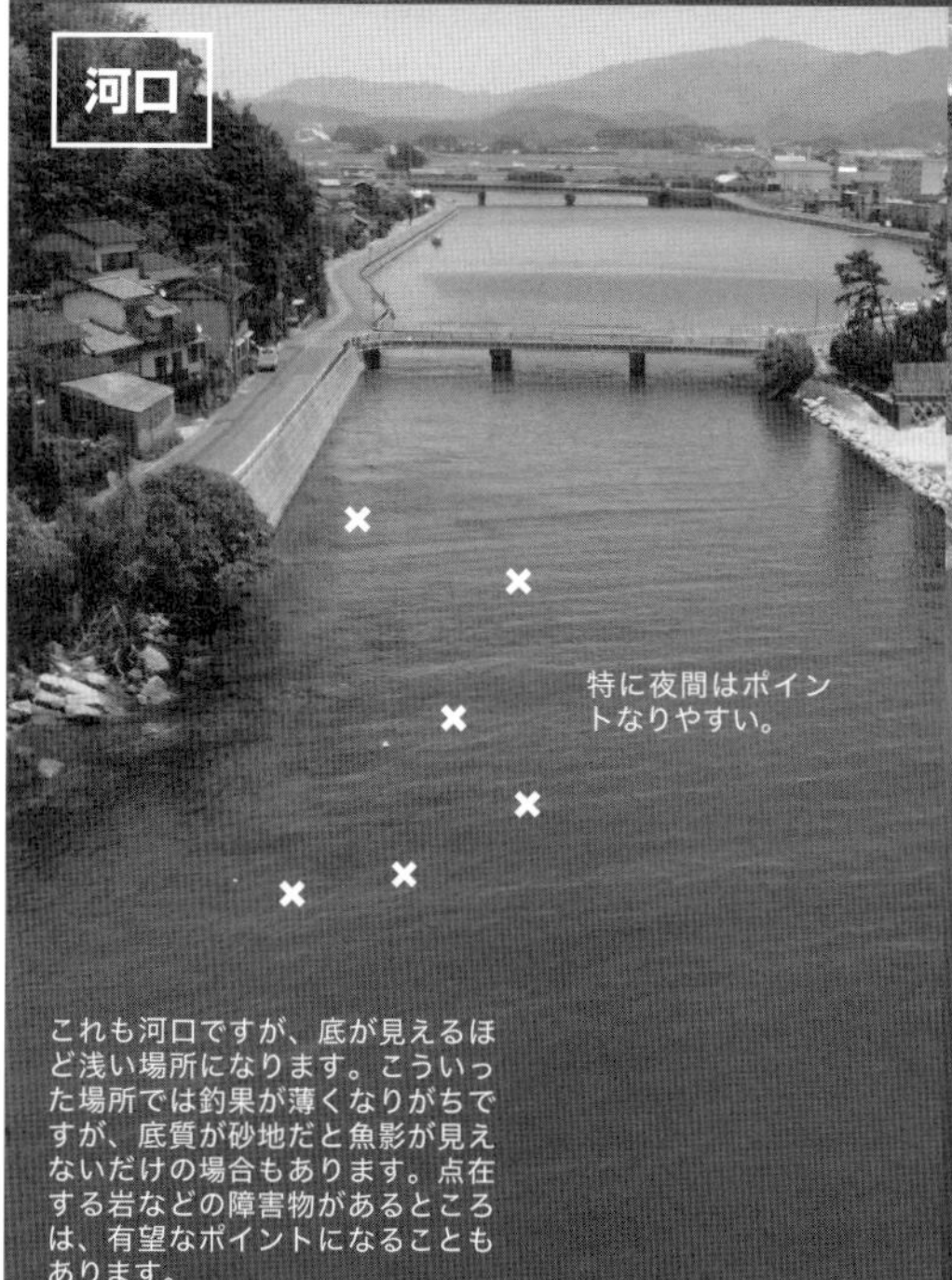

河口

特に夜間はポイントなりやすい。

これも河口ですが、底が見えるほど浅い場所になります。こういった場所では釣果が薄くなりがちですが、底質が砂地だと魚影が見えないだけの場合もあります。点在する岩などの障害物があるところは、有望なポイントになることもあります。

明らかに浅い場所では、ウキ釣りは向いていません。

藻が生い茂っている時期には魚が多く寄っていることも。

釣れそうにない場所でも、磯場が近くにある場合は、時間帯や潮の大小で魚が大きく入れ替わることがあります。

16

マキエを撒いてみよう

マキエを撒くためには、集魚材と呼ばれる粉と、それを入れておくバッカン、投げるためのマキエヒシャクが必要になります。他にもあると便利なものがありますが、まずは最低限の道具を用意して釣ってみましょう。

マキエの粉

マキエのもとになる粉は、グレ用とチヌ用に大別されます。グレはエサに寄ってきやすく浮いてくるため、小さい比重で構成された集魚材、チヌは海底付近を回遊していることが多いので、比重の大きい集魚材として売られています。

ウキ釣りの理想のマキエとしては、上から下まで全部効かせることですが、そうなると魚が上下に散ってしまい、寄ってはくるものの、狙いにくくなってしまいます。このため、釣りやすいように集めるのがマキエの役目でもあります。

対象となる魚が中層よりも上で釣れるのか、中層よりも下で釣れるのかで使い分けるとよいでしょう。

迷ったらチヌ用を選んで、底に溜まるようにして使ってください。もしくはどちらも混ぜて、釣れ始めたらどちらかに切り替えることもできます。

マキエ内容

通常はマキエの粉の他にオキアミやアミを入れますが、入れなくても釣れないわけではありません。しかし、効果を高めるためにはこれらを入れておきたいものです。

その他にも釣り用ムギやヌカ、釣り用パン粉などを別途混ぜる場合がよくあります。

水分量

マキエはヒシャクで投げられる硬さが必要です。軟かいと散ってしまい、硬いとバラけてしまいます。ヒシャクでマキエを掬ってバッカンの縁に押し当てて固め、投げるときにはまとまって飛ぶのが理想の硬さです。

マキエを作る際は少量ずつ海水を入れ、混ぜながら調整してください。1袋作る場合は、2割ほど残しておき、最後の硬さ調整に使うのがよいでしょう。

マキエを撒きながら釣るウキフカセ釣りは、ウキ釣りの中でもダントツで人気の釣りです。その分作法が多く奥も深いので、興味が湧いたらさらに学ぶことをおすすめします。

海釣り仕掛けのスーパーガイド
ウキ釣りのすべて
ウキ釣り３大仕掛け「固定」・「遊動」・「移動」の基本と応用がよく分かるフカセ釣りの攻略マニュアル。

ラインの結び方

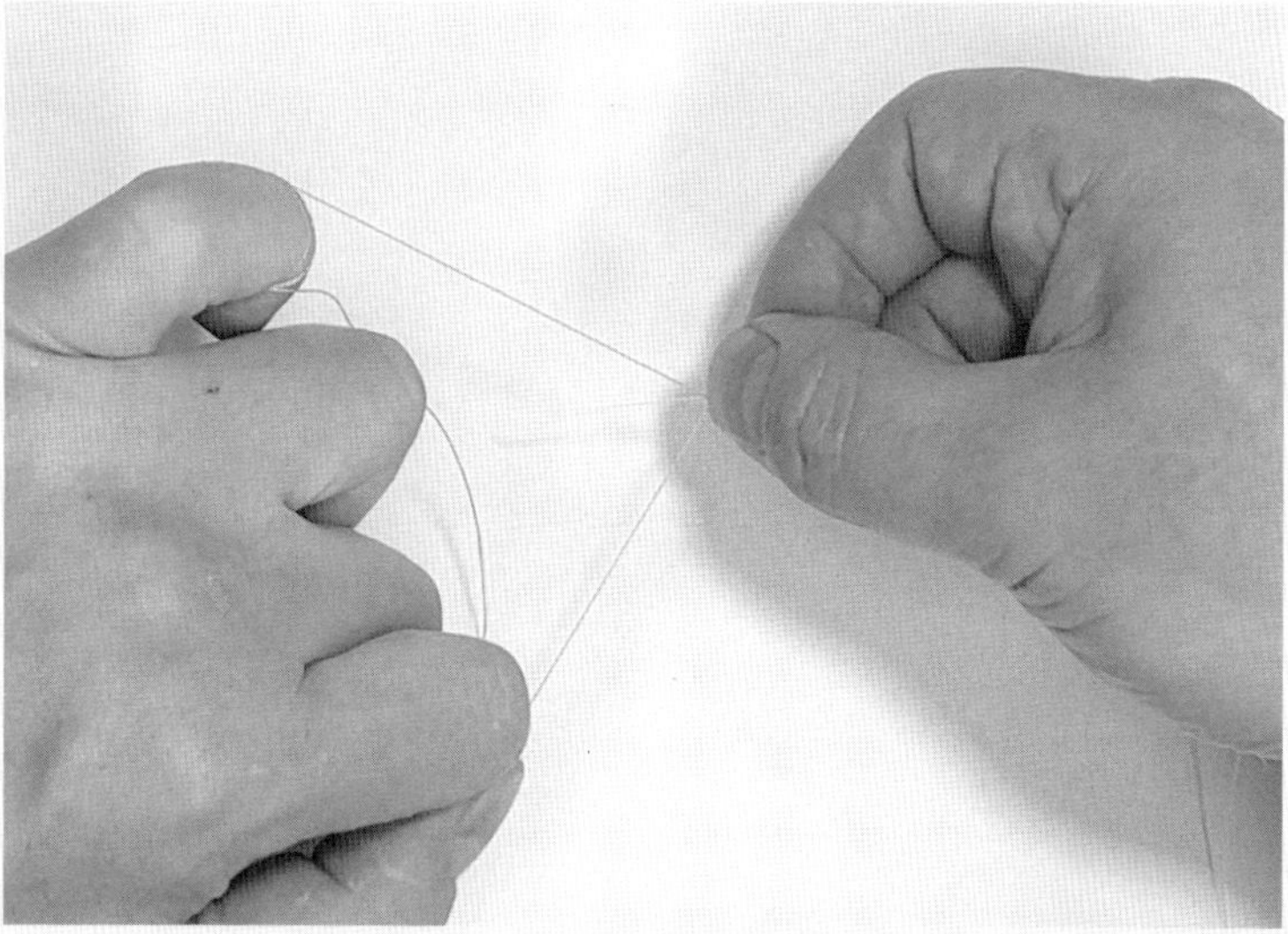

誰でも知っている固結びでも結ぶことはできますが、解けたり切れたりする確率が高くなります。アクシデントが少ない結び方を覚えて、チャンスを逃さないようにしましょう。

17

クリンチノット

スイベルやルアーのアイといった金属とナイロン・フロロカーボンラインを結ぶ方法。素早く結びたいときに使います。

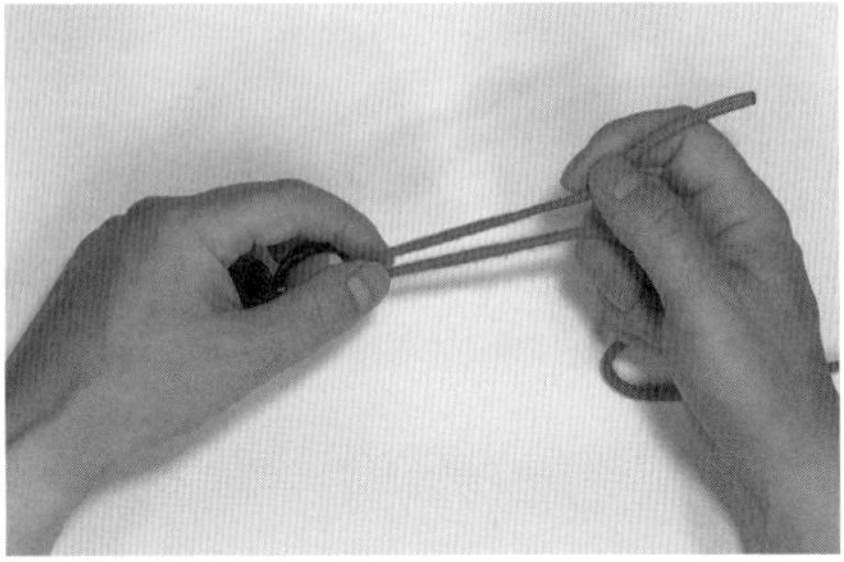

①環にラインを通し、10cmほど引き出します。

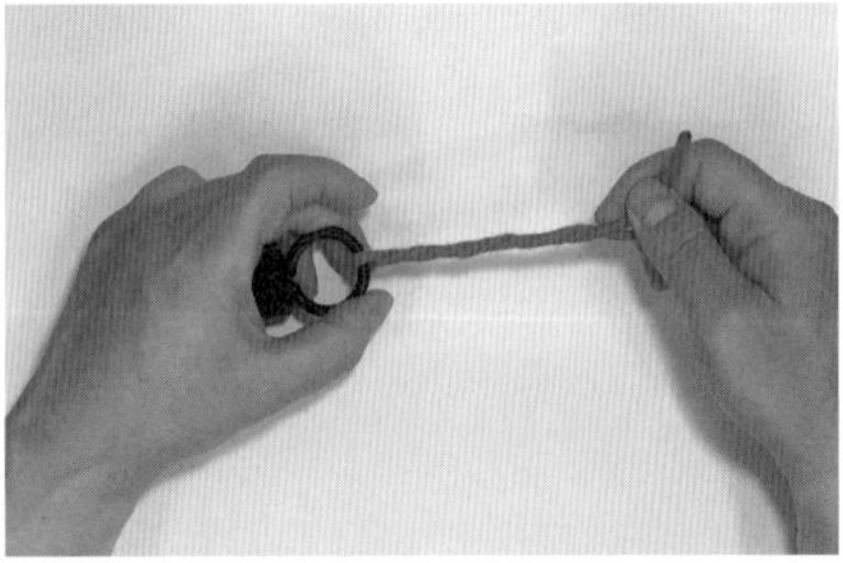

②ラインの端を本線に4〜6回巻きつけます。

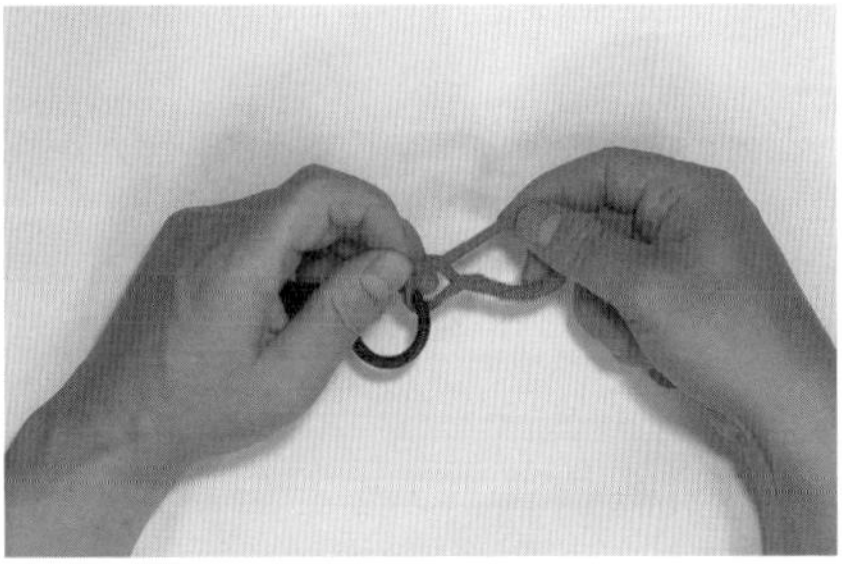

③ラインの端を最初にできた輪の中に通します。

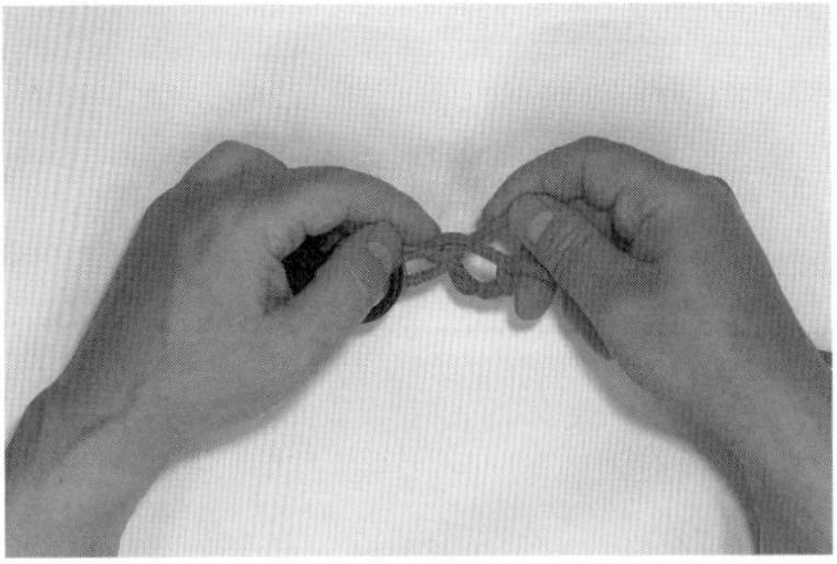

④上にできた輪の中にラインの端を通します。

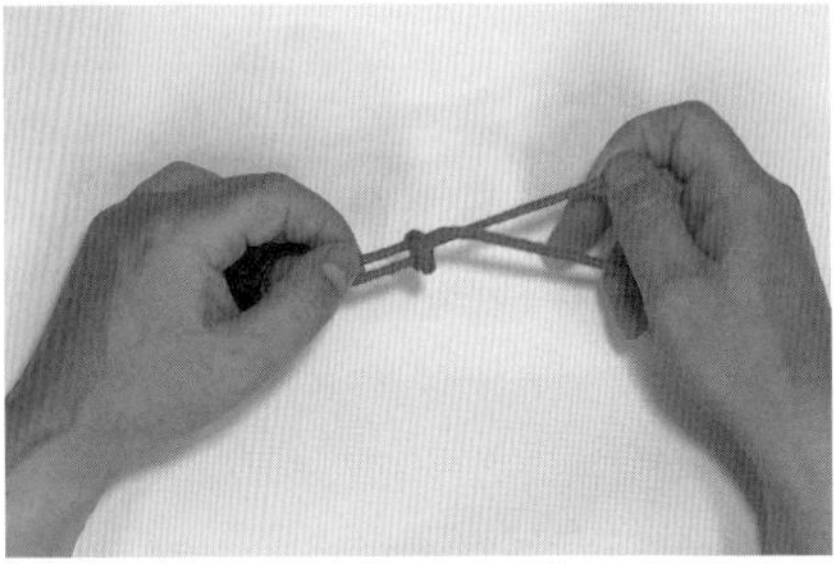

⑤ラインの端線を持って結び目を締め、結び目を環に近づけます。

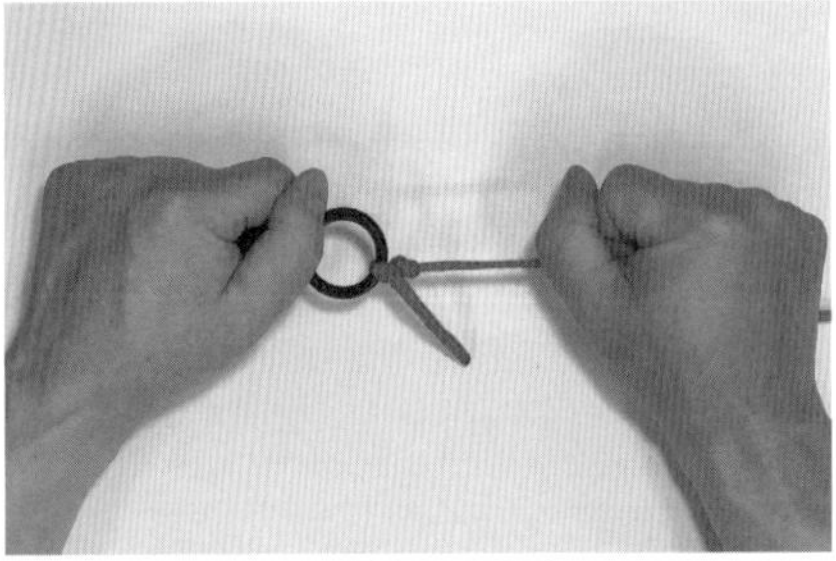

⑥本線を持ってしっかりと締め込みます。

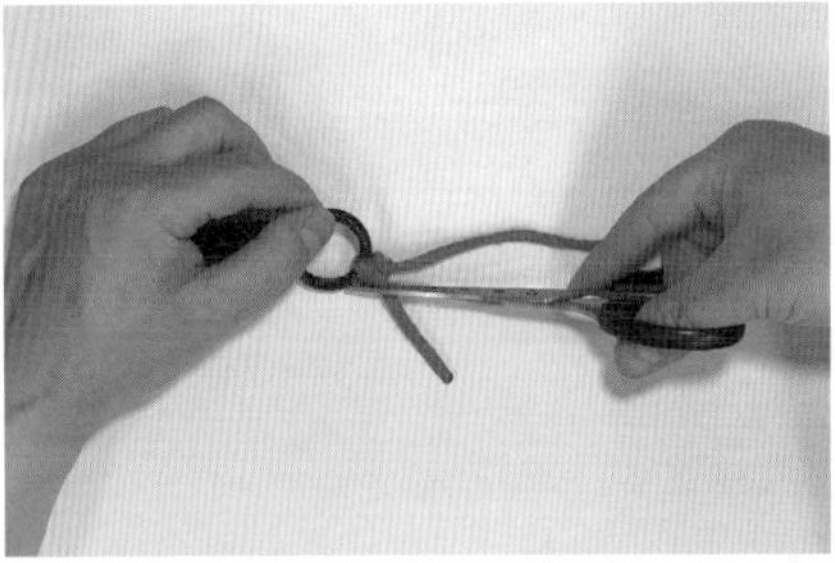

⑦端線を２㎜ほど残してカットして完成です。

ユニノット

結びの基本。スイベルを結んだり、リールスプールに道糸を最初に固定するのに使います。

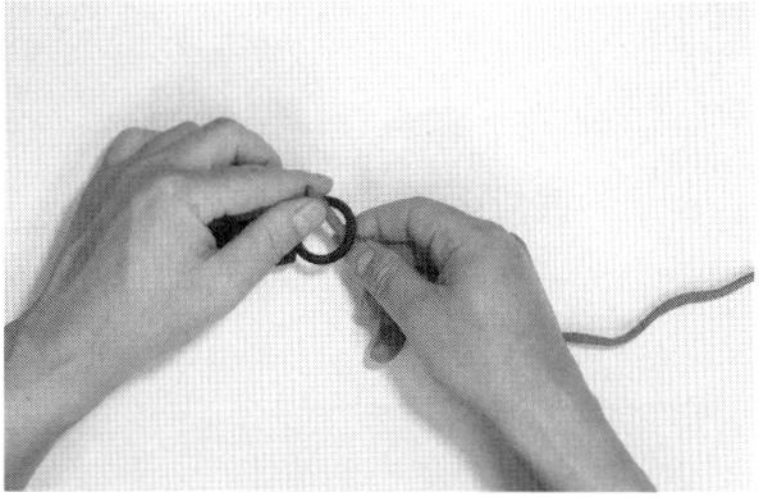
①環にラインを通して引き出します。

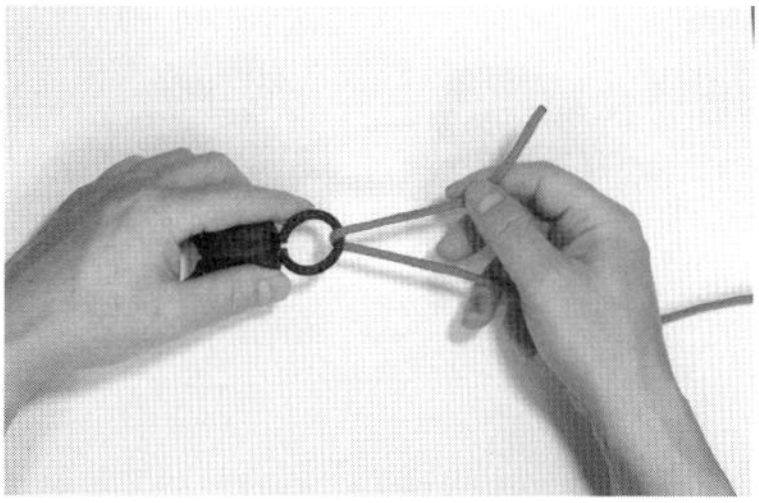
②引き出したラインと本線を重ねます。

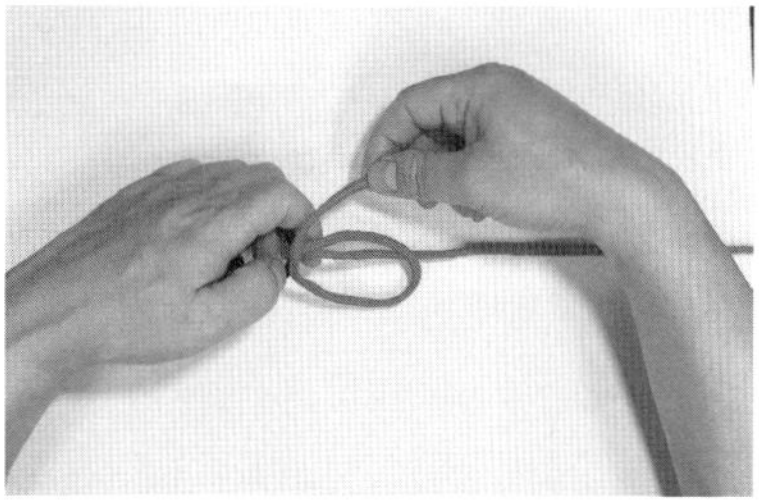
③ラインの端で、下側に輪を作ります。

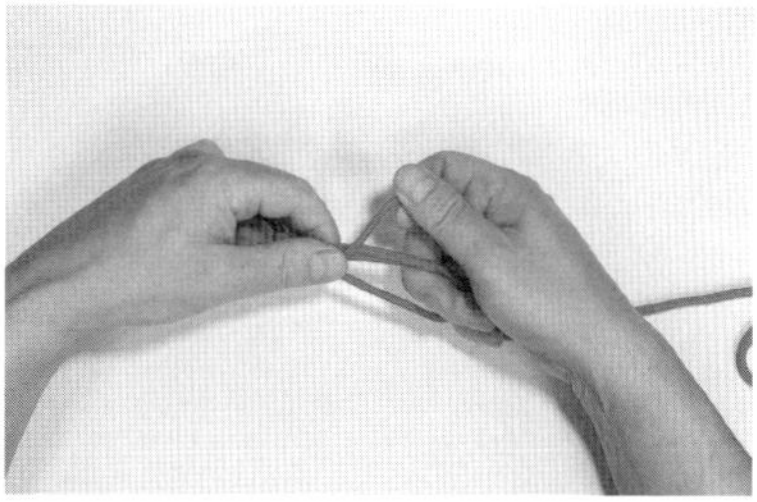
④ラインの端を上から下へと輪の中を通し続けて4回巻きつけます。

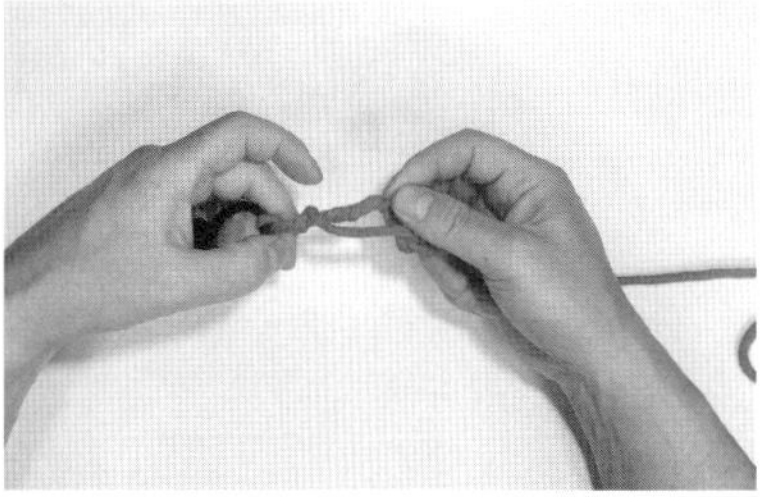
⑤ラインの端を持って徐々に締めます。

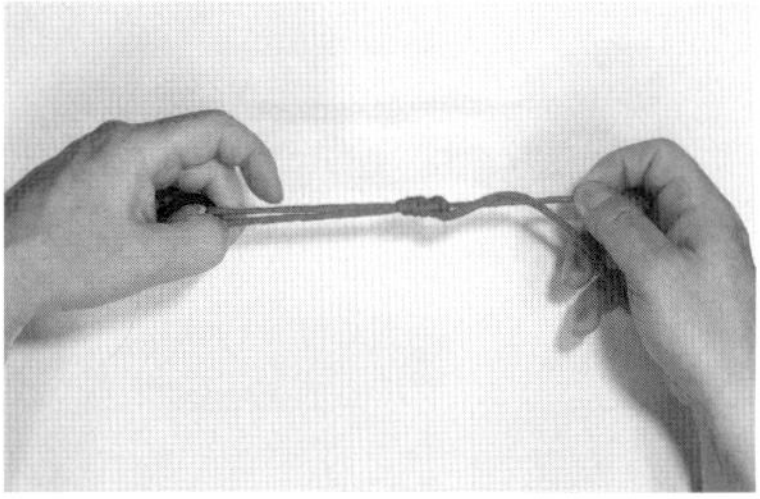
⑥本線を持って結び目を徐々に締めます。

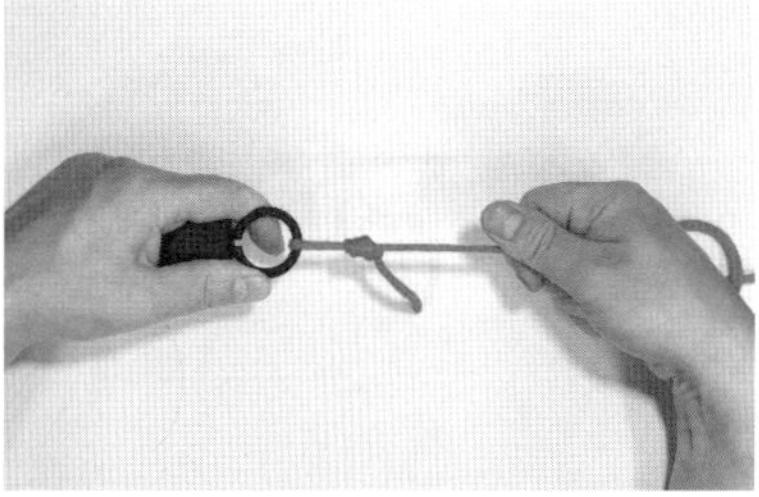
⑦環の部分まで結び目を移動させます。

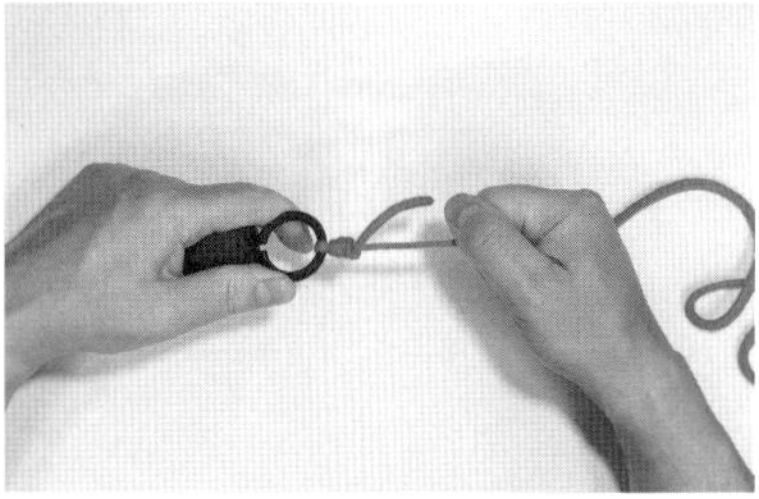
⑧しっかりと結び目を締め込みます。

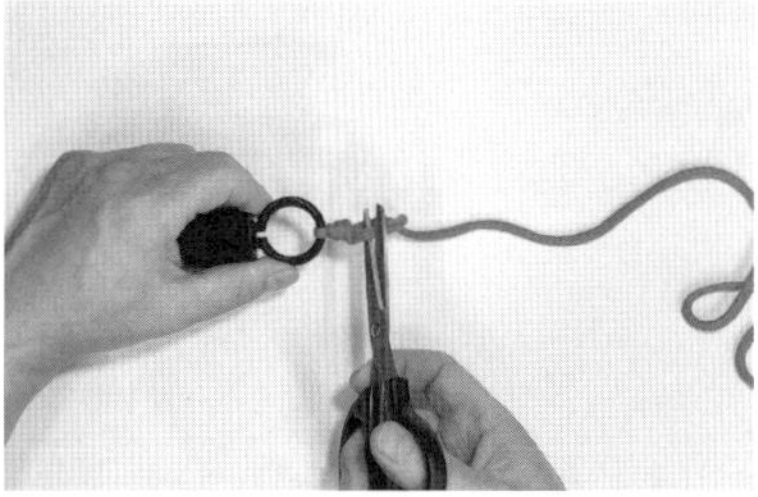
⑨端線を2㎜ほど残してカットして完成です。

電車結び

ナイロンやフロロカーボン、エステル素材のラインを結ぶ方法。細いPEラインにも対応。

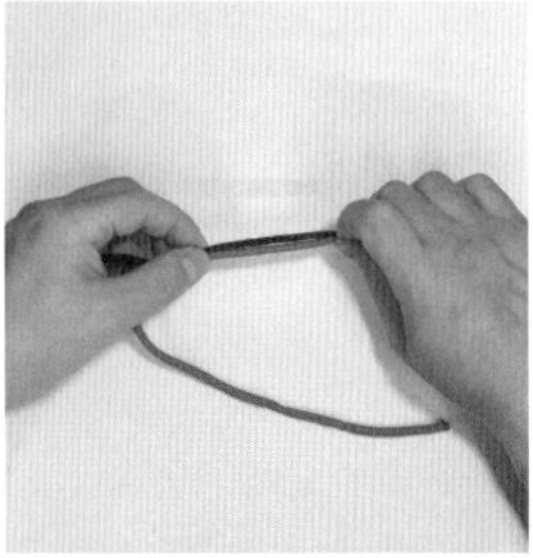

①結びたいライン同士を20㎝ほど重ね、真ん中をつまみます。

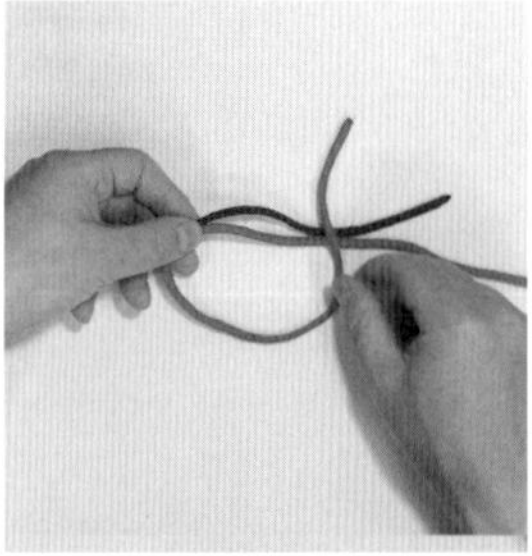

②片側の端線で下側に輪を作ります。

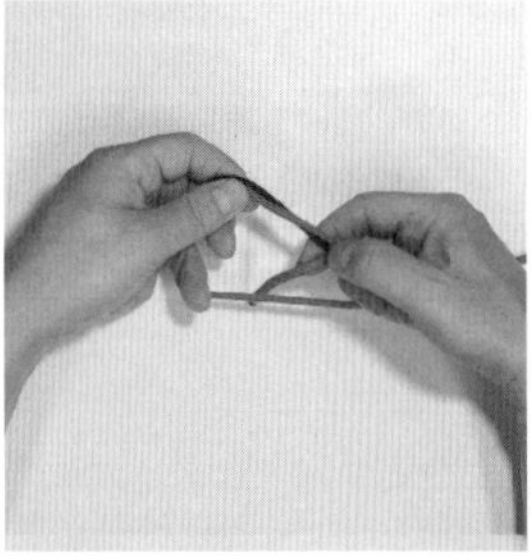

③輪の中にラインを、上から向こう、手前へと通します。

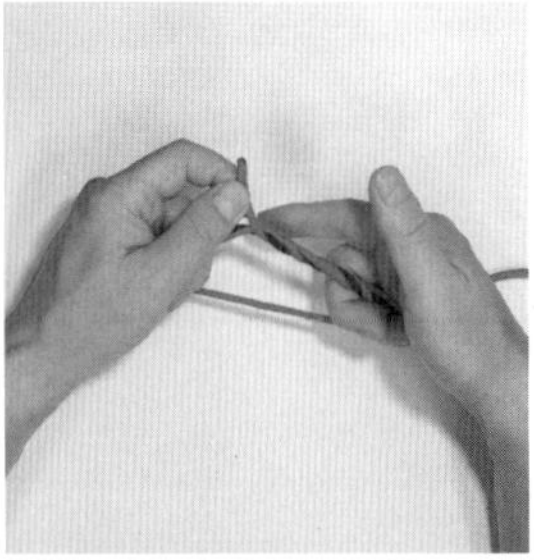

④4回通し終えたところ。

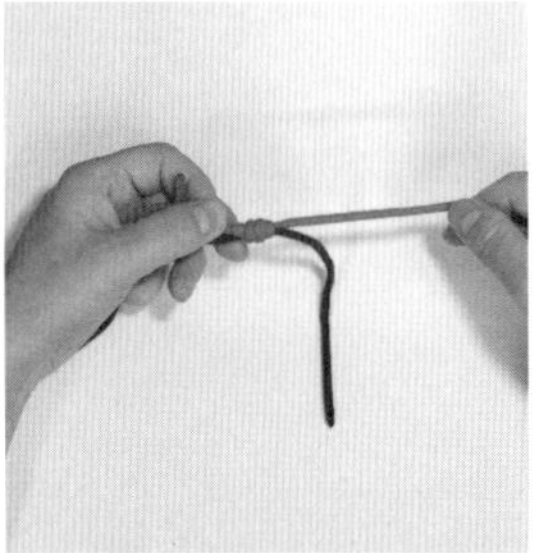

⑤巻いた方のラインを引いて、結び目を動かない程度に軽く締めます。

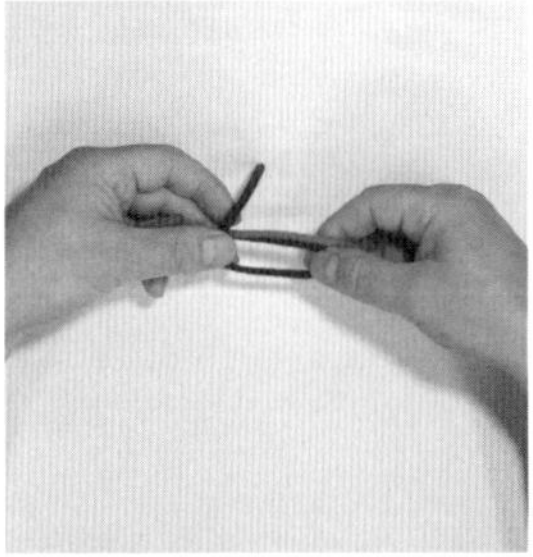

⑥もう一方のラインも同様に、輪を作って4回巻きつけます。

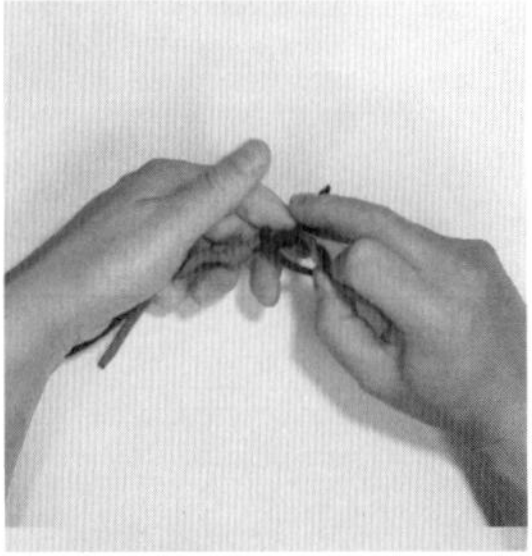

⑦左右対称となる結び方です。

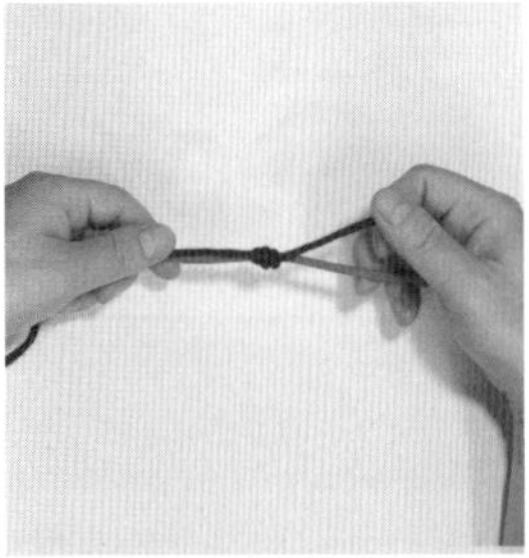

⑧ゆっくりと引いて、結び目を軽く締め込みます。

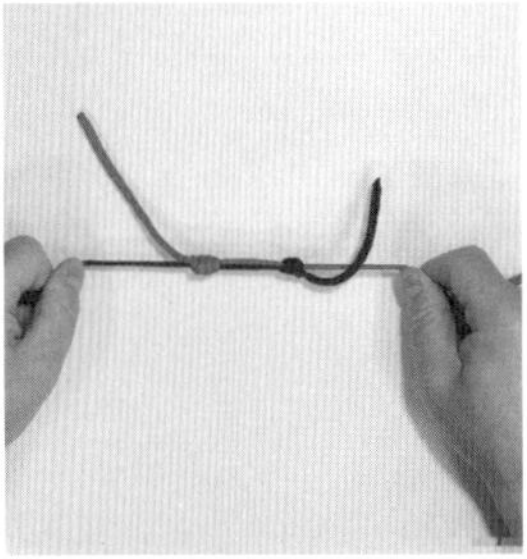

⑨両端の本線を持ち、両端に引きます。

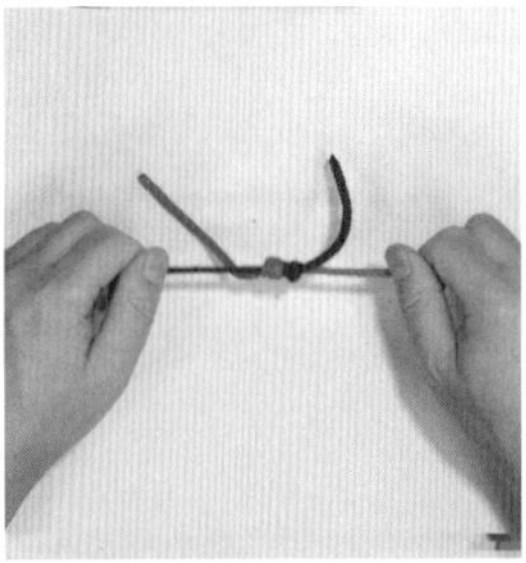

⑩結び目を寄せ合った後、強く引いて締めます。

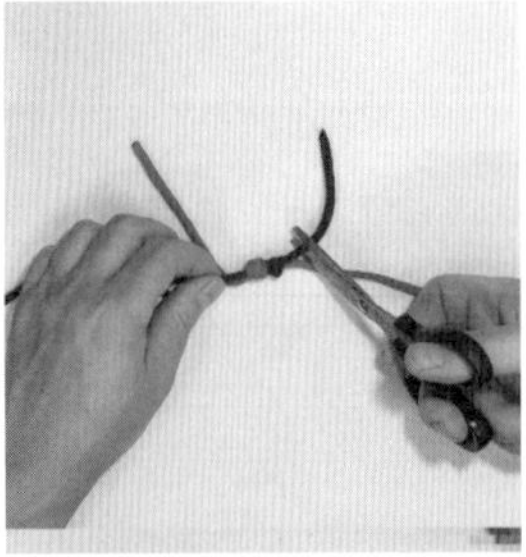

⑪両端の橋線を２㎜ほど残してカットして完成です。

ブラッドノット

早く結ぶことができます。太いラインには不向きで、モノフィラメントラインの３号くらいまで。PEラインの接続には向きません。

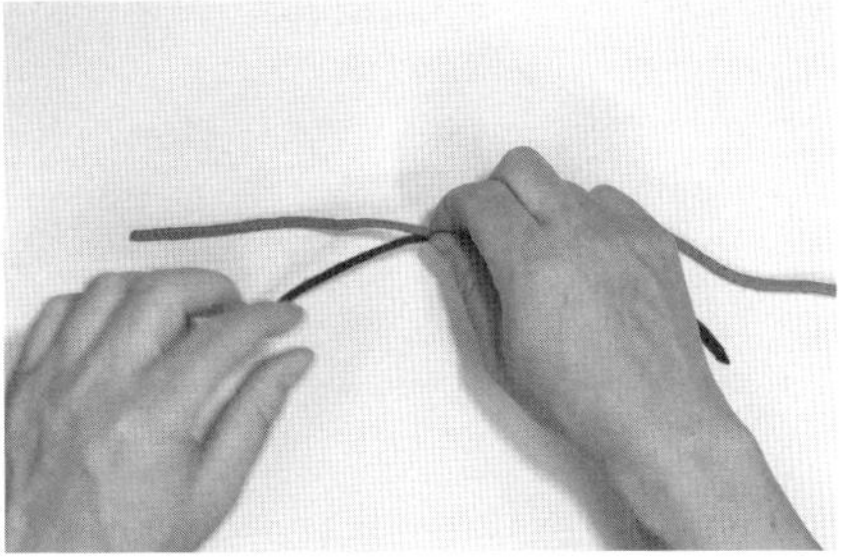

①ラインの先端をクロスさせます。

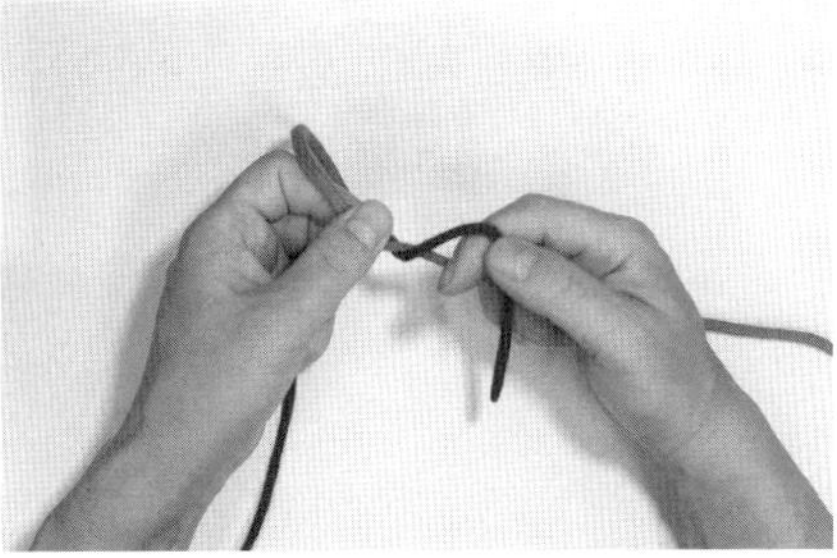

②片方のラインを、もう片方のラインに4回巻きつけます。

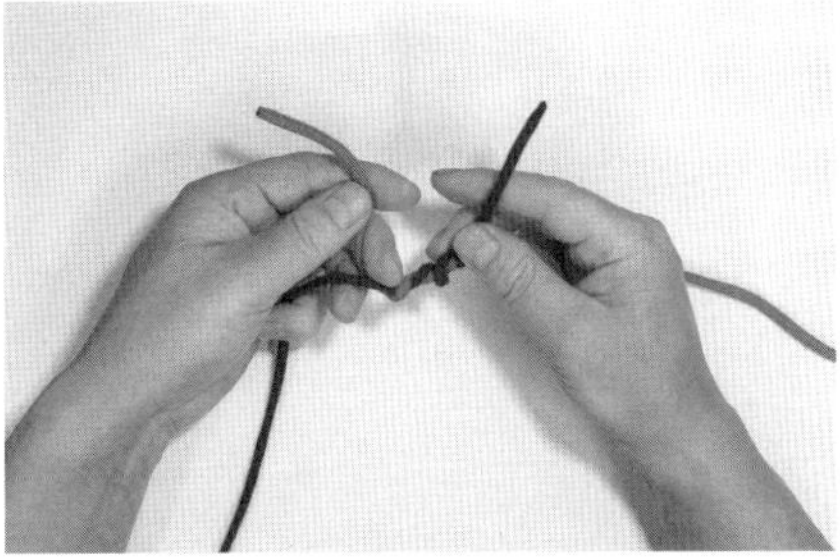

③ラインの両端を上部で再度クロスさせます。

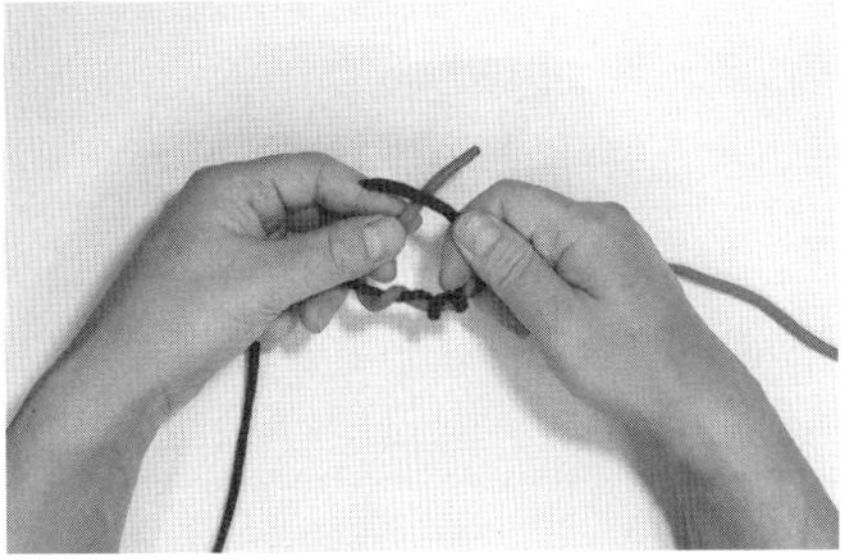

④下側と同様に4回巻きつけま。

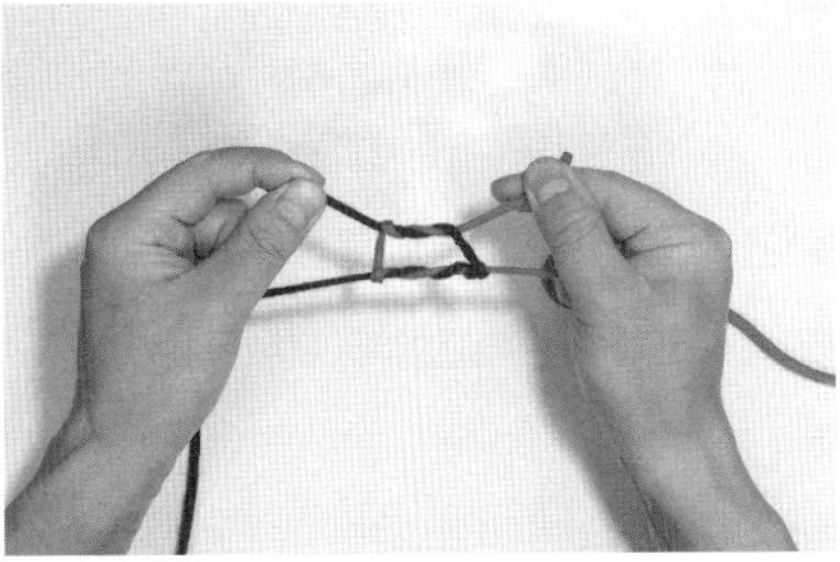

⑤ラインの本線と端を持って、ゆっくりと輪を縮めるように締めます。

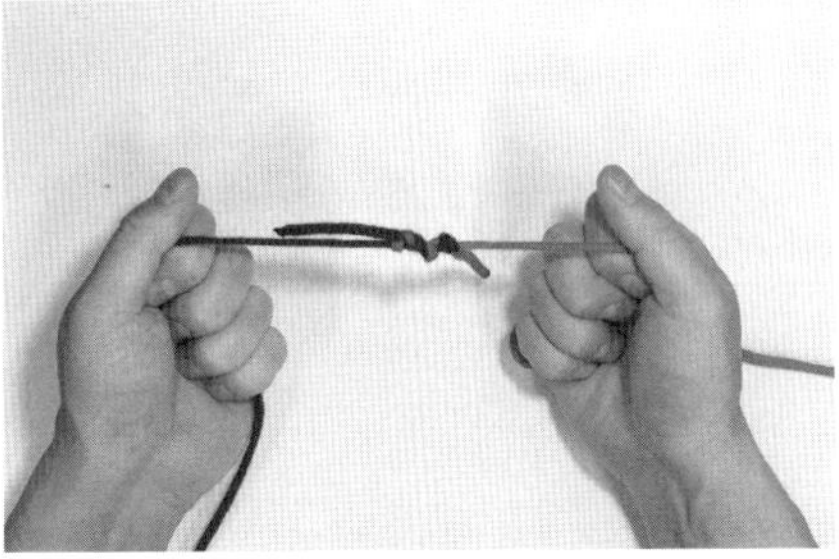

⑥抜けたり切れたりしないか、きつく締めてチェックしましょう。

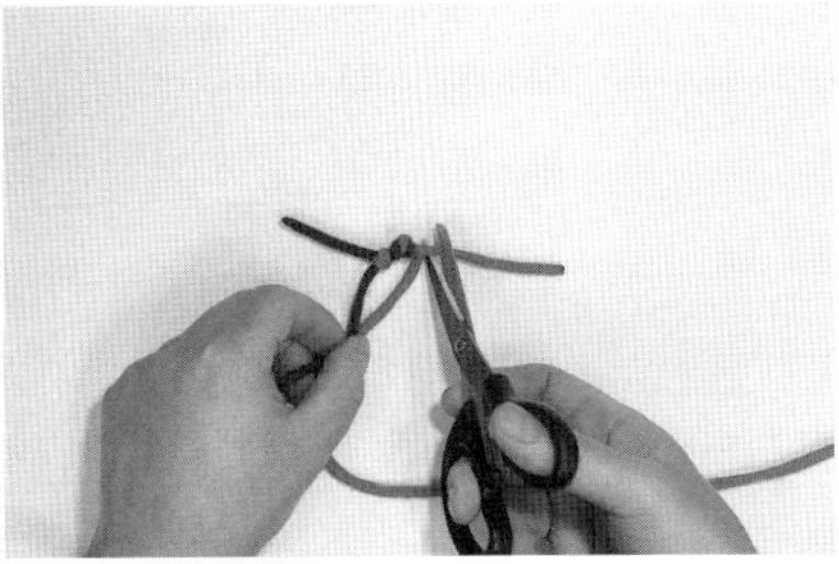

⑦端線を１㎜ほど残してカットすれば完成です。

外掛け結び

ハリ結びの定番ノット。ハリだけを結び直すときにも楽に結べるやり方です。

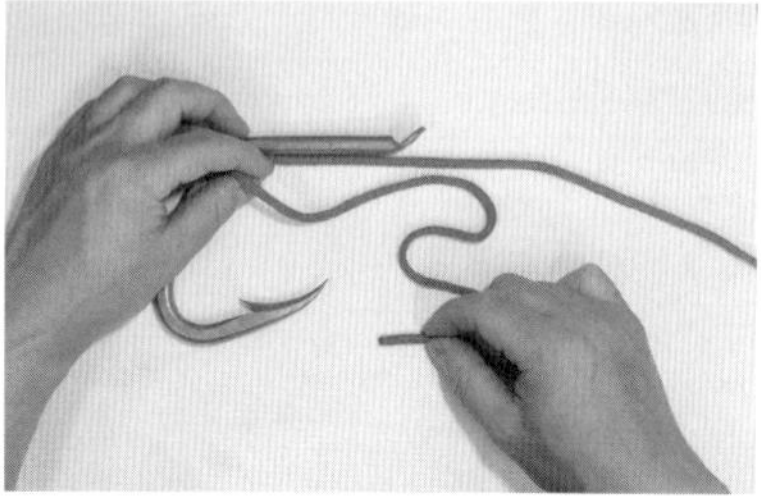

①ハリにハリスの端糸を折り返して添わせます。

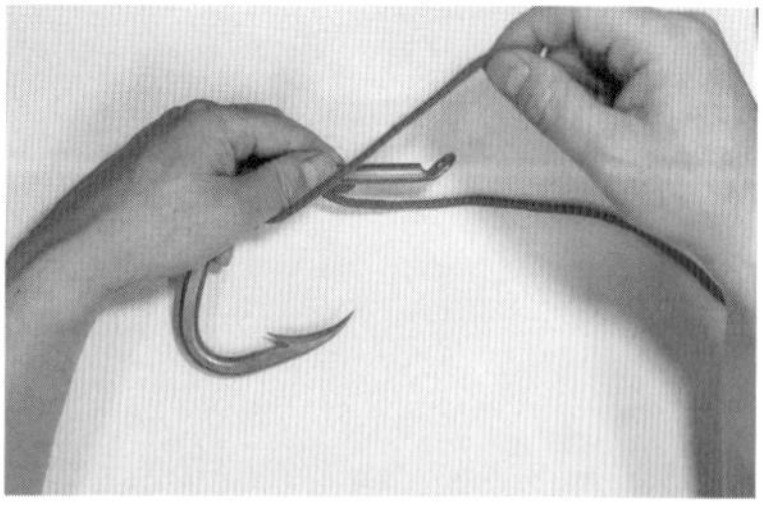

②ハリスの折り返し部分を指で摘み端糸を上から奥へ巻きつけます。

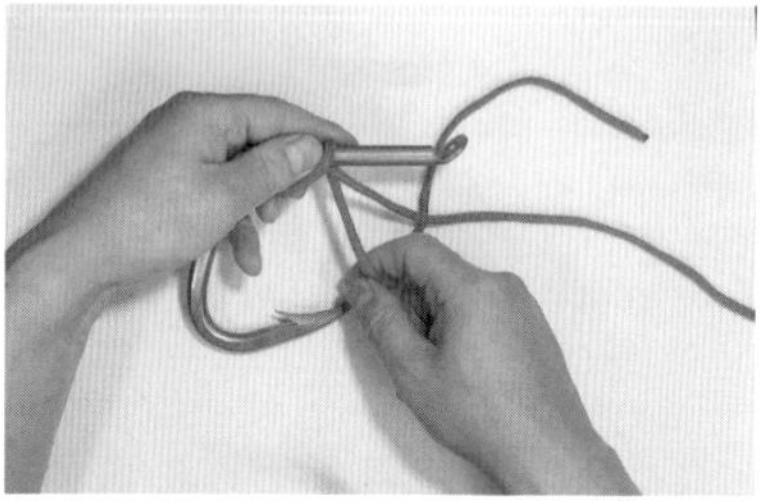

③下側に持ってきて、続けて5回巻きつけます。

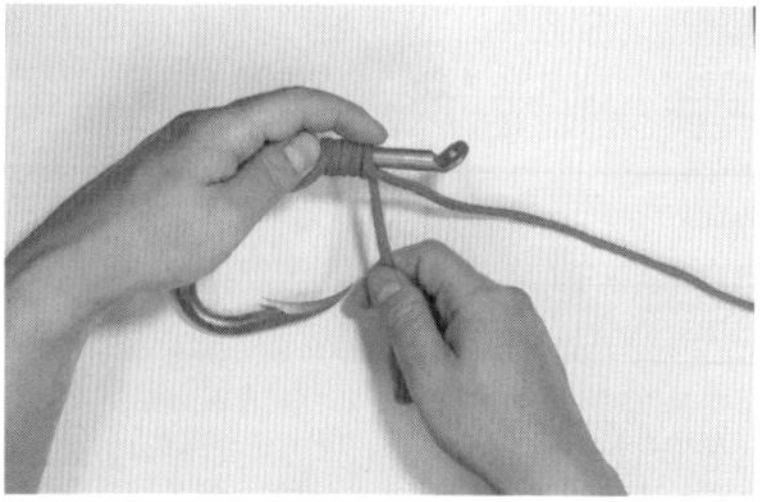

④5回巻いたところ。巻きつけ部を軽く整えます。

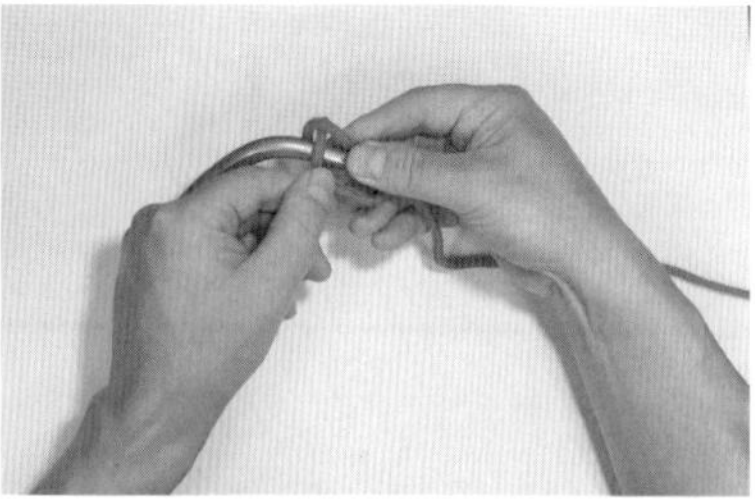

⑤折り返し部分の輪の中へ、ハリスの端糸を通します。

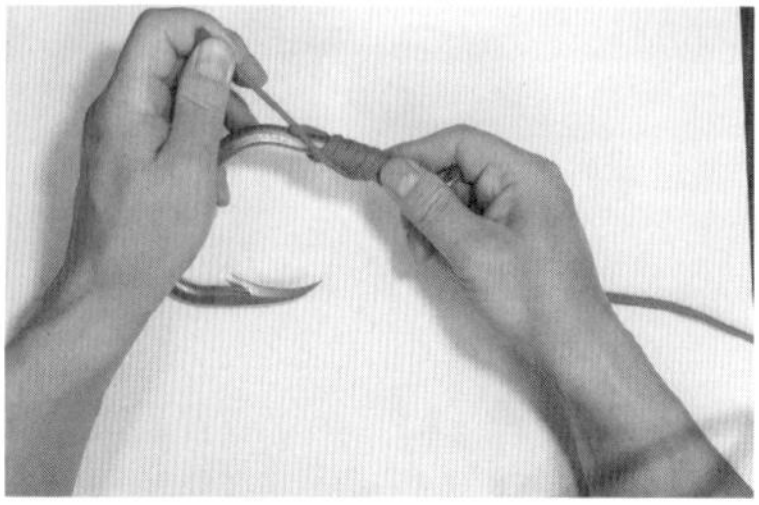

⑥端糸を引いて、巻きつけ部を軽く締め込みます。

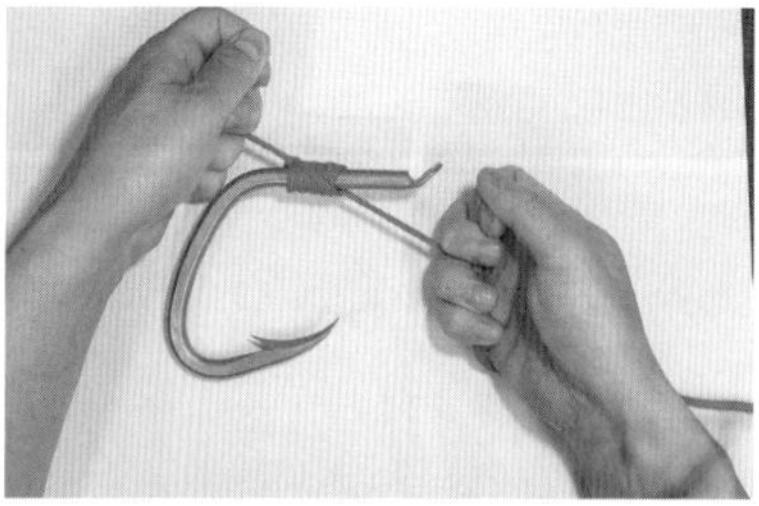

⑦両方の糸を持って、結び目を強く締め込みます。

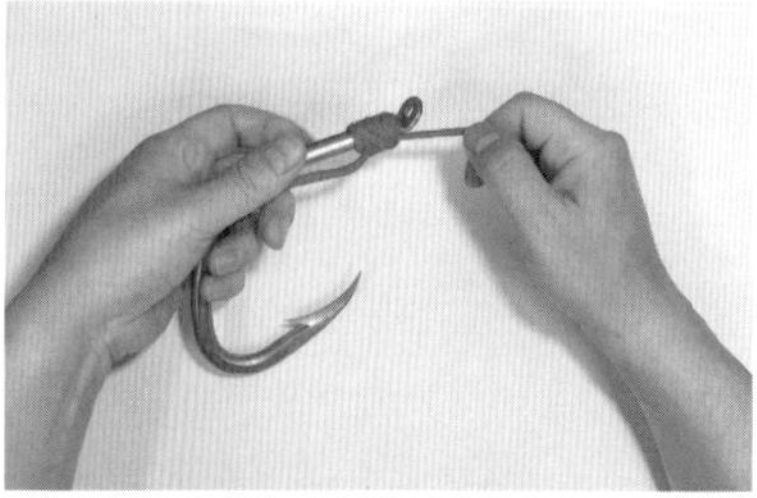

⑧ハリスが下向きになるようにして、再度強く締め込みます。

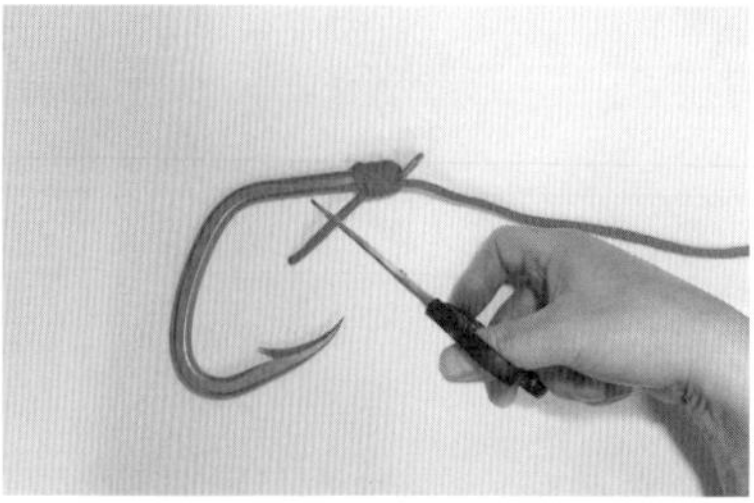

⑨端線を2㎜ほど残してカットして完成です。

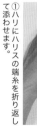

内掛け結び

用途は外掛け結びと同じ。
どちらか結びやすい方法を
マスターしましょう。

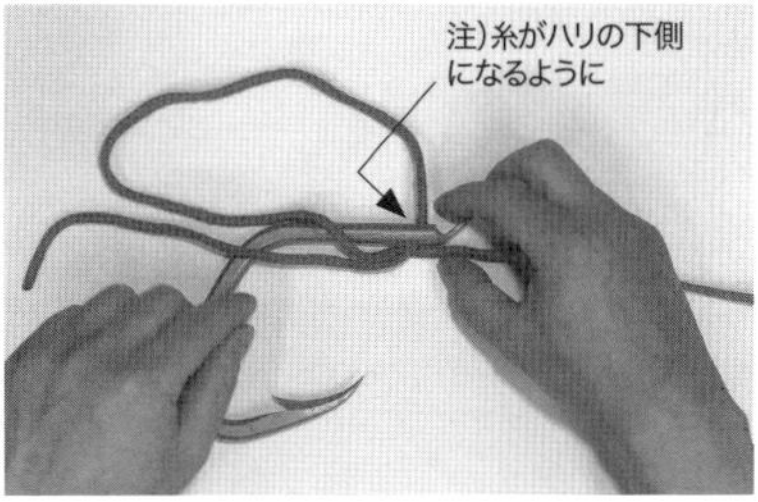

①ハリにハリスの端糸で輪を作ります。

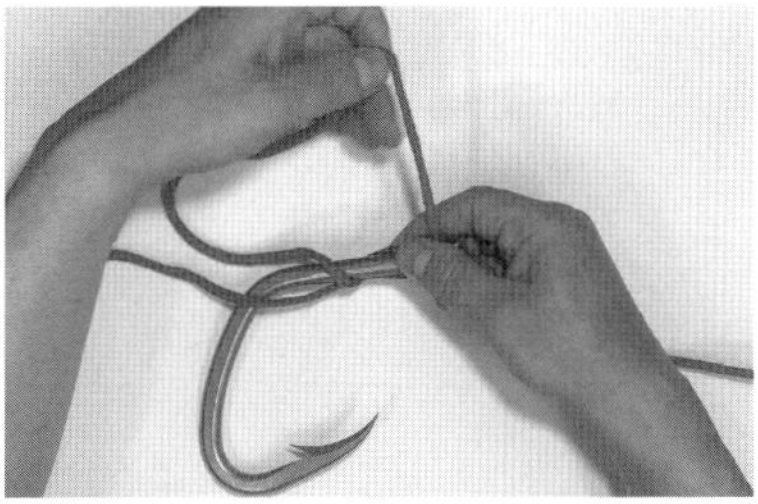
②輪をつまみ、右側のラインをハリ先へと持っていきます。

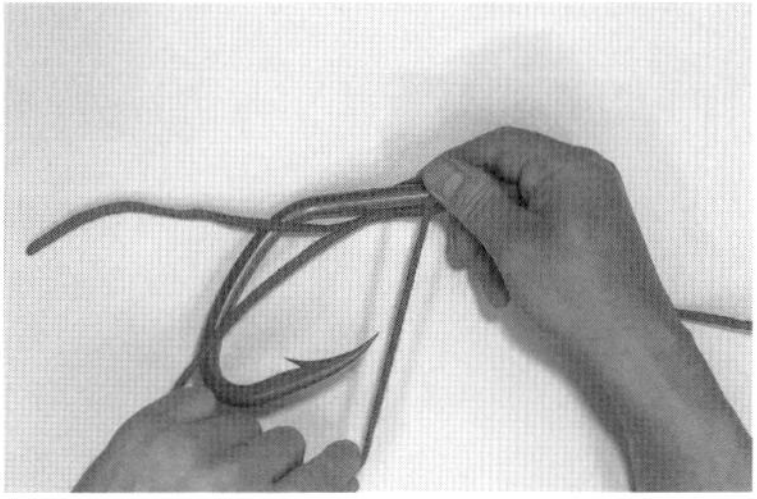
③輪をハリにくぐらせます。

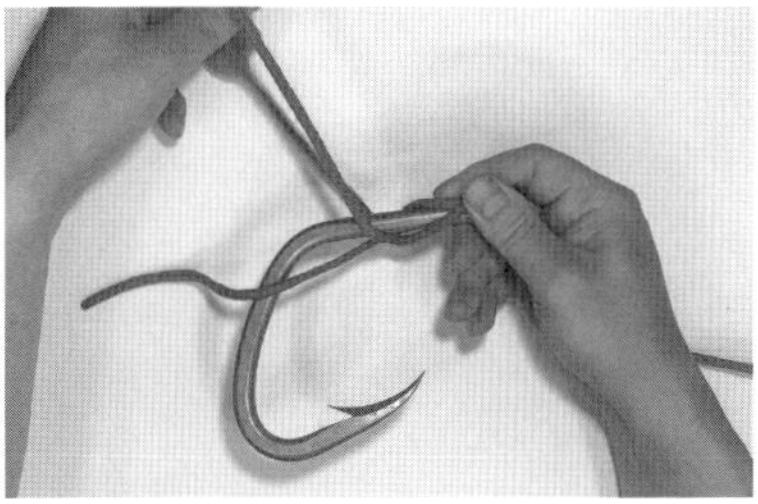
④再び輪を上部へと持っていきます。

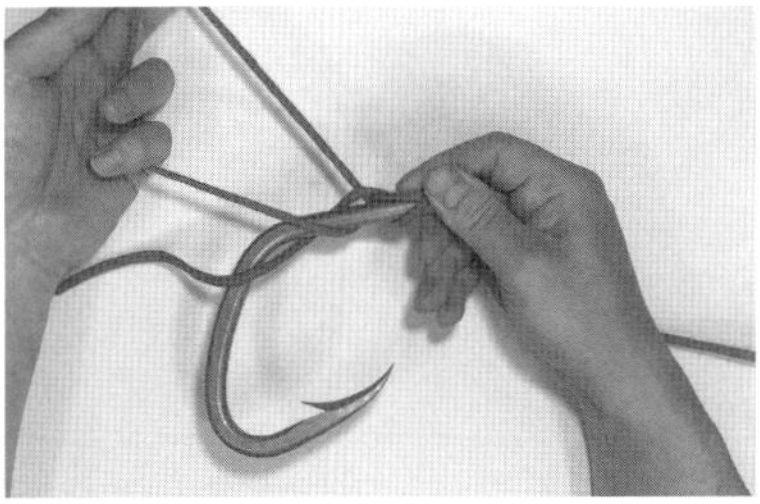
⑤最初と同様に、右側のラインをハリに巻き付けるように繰り返します。

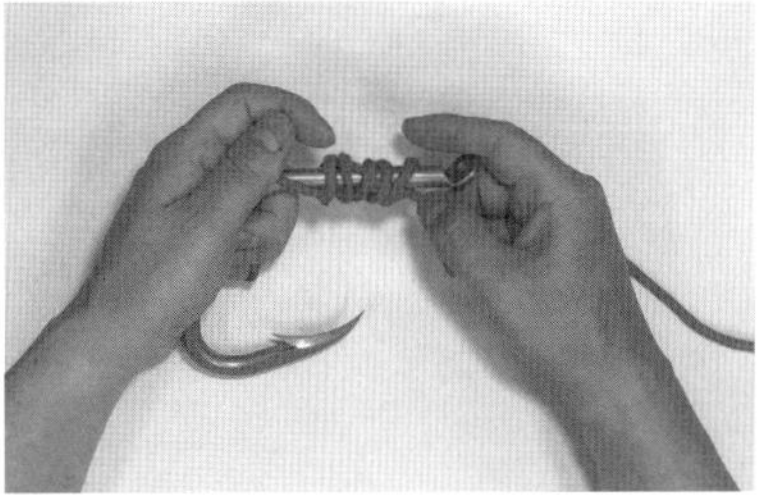
⑥4回ほど巻いたら、本線を引いて結び目を整えながら締めます。

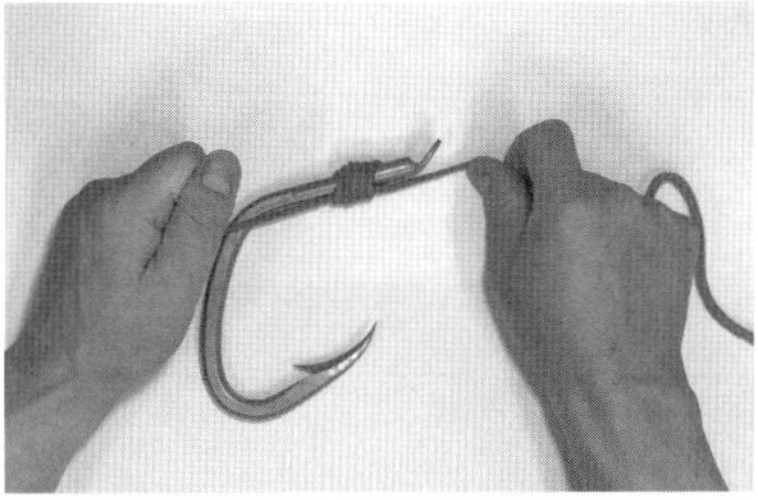
⑦両端の糸を引いて、強く締め込みます。

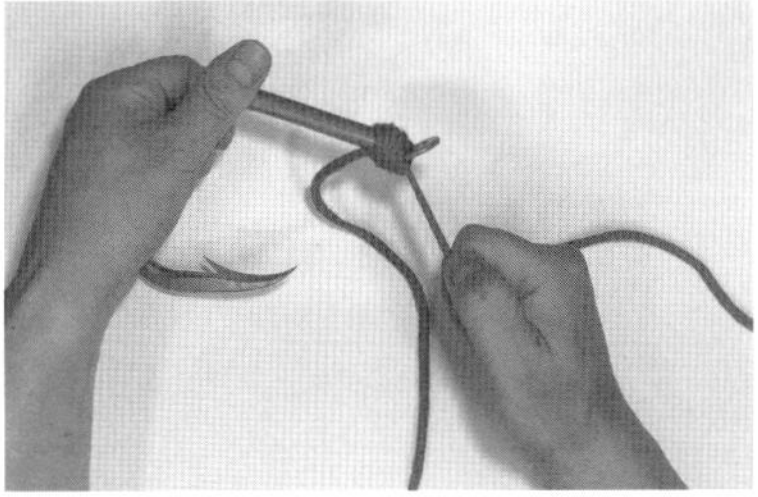
⑧ハリの耳部分まで結び目を移動させ、再度強く締め込みます。

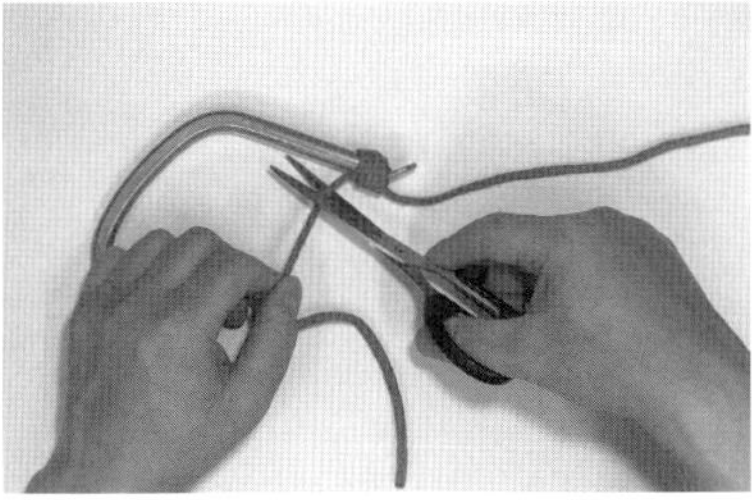
⑨端線を2㎜ほど残してカットして完成です。

10秒ノット

細めのPEライン(〜1号)とナイロン・フロロカーボン(〜2号)を結ぶ方法。慣れれば10秒で結ぶことができるというネーミングで、簡単に早く結べる方法です。

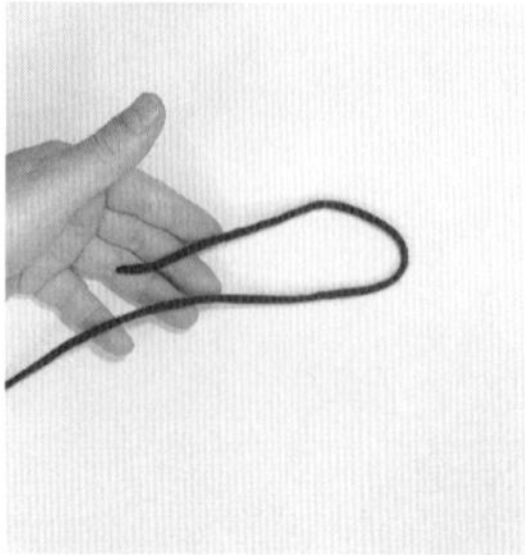

①リーダーラインの先端を5㎝ほど折り返します。

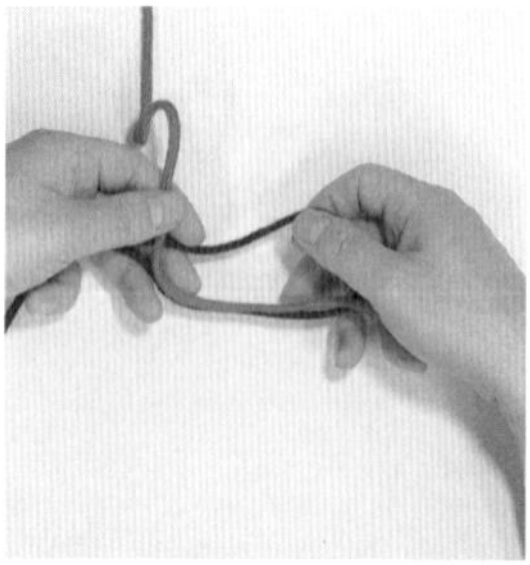

②PEラインの端を10㎝ほど添えます。

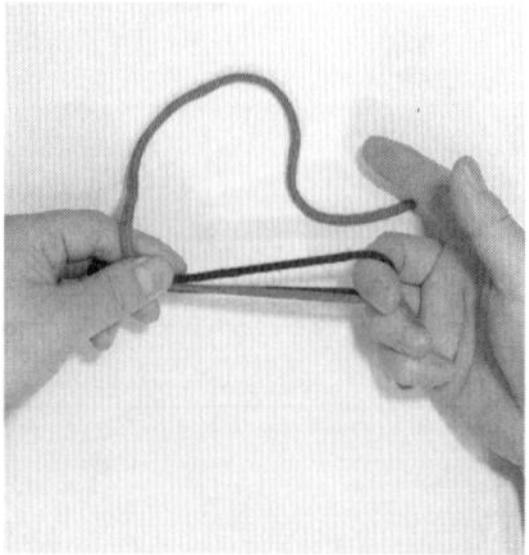

③折り返し部をつまみ、片方で輪を指に掛けます。

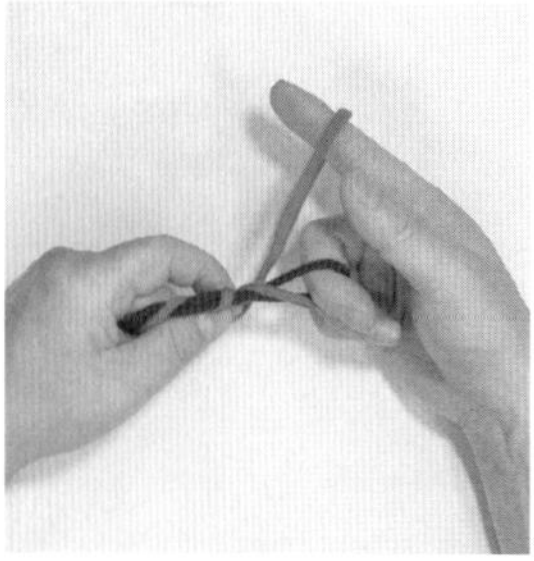

④PEラインの端線を巻きつけます。

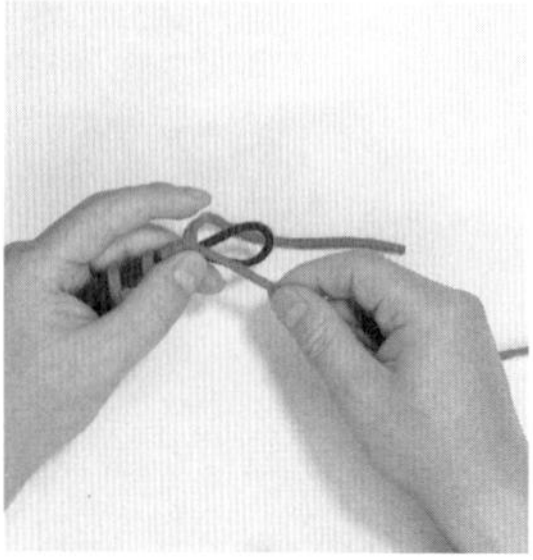

⑤10回ほど巻きつけ終えたところ。

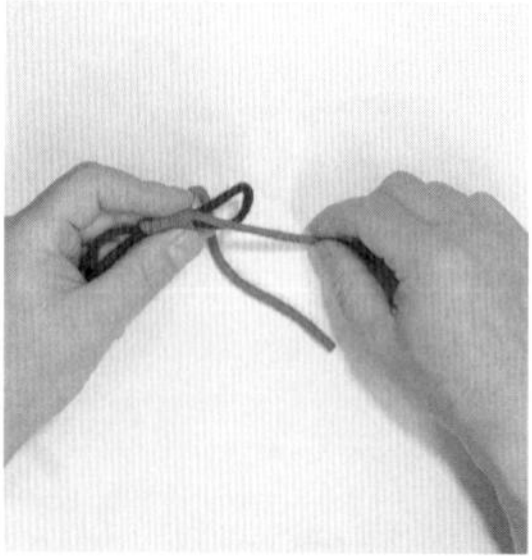

⑥PEライン本線を引いて、結び目を軽く整えます。

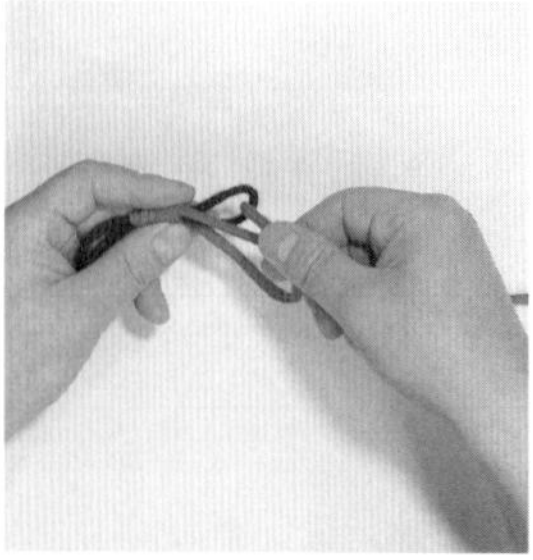

⑦PEラインの端を、輪の中に2回通します。

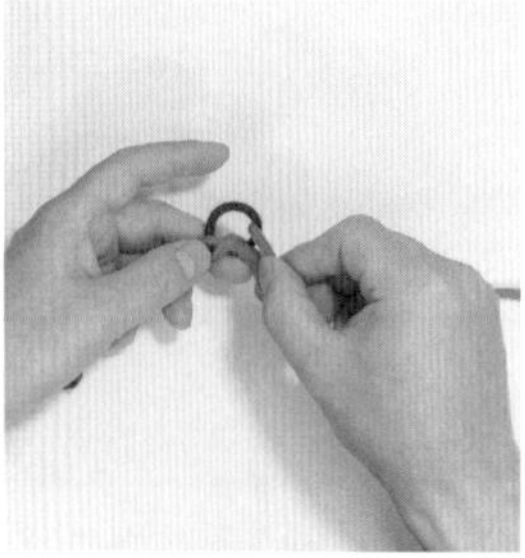

⑧リーダーの輪とPEライン本線を2回巻いたところ。

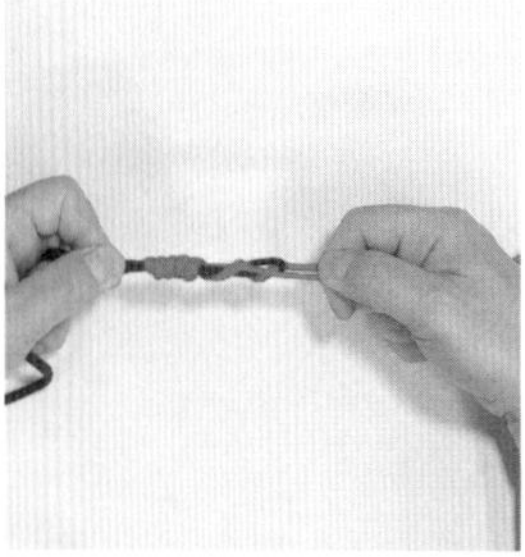

⑨ラインの両方を持って結び目を締め込みます。

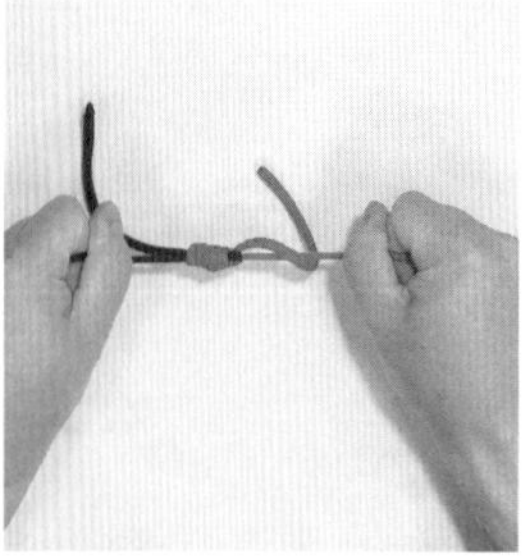

⑩両方の本線のみを持って強く締め込みます。

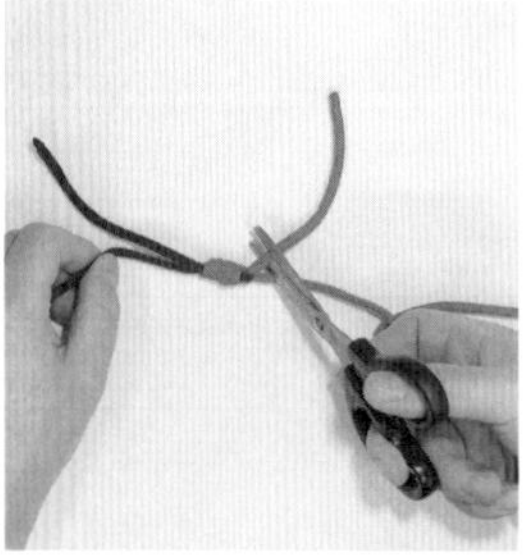

⑪どちらも端をギリギリでカットして完成。

FGノット

PEラインとリーダーを結ぶノット法。PEライン0.8〜2号くらいまでカバーできます。それ以上の太号数はPRノットがおすすめです。

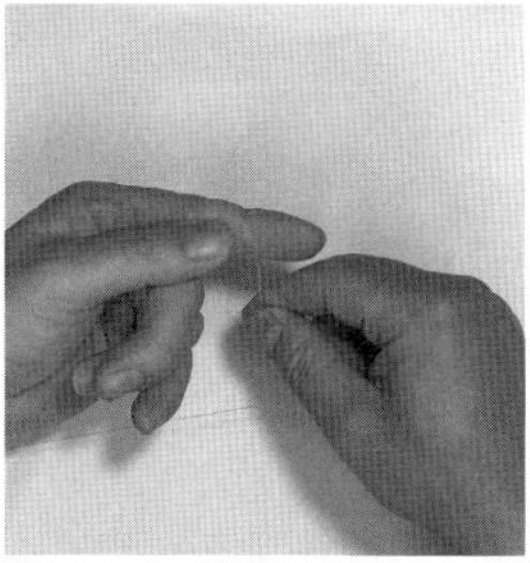

①PEラインの先端を人差し指に解けないように巻きつけます。

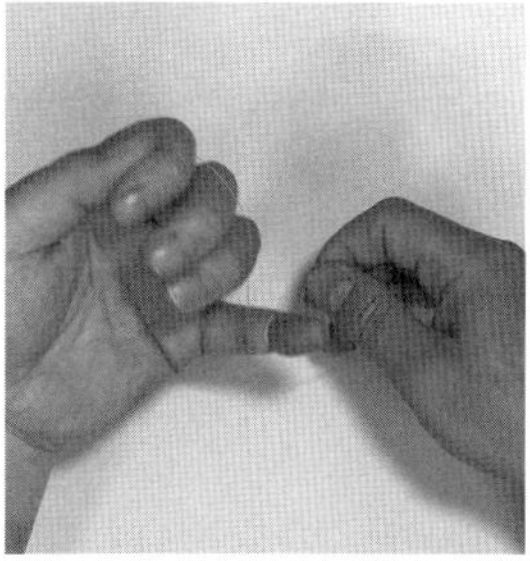

②さらにPEラインの端を小指にも巻きつけます。

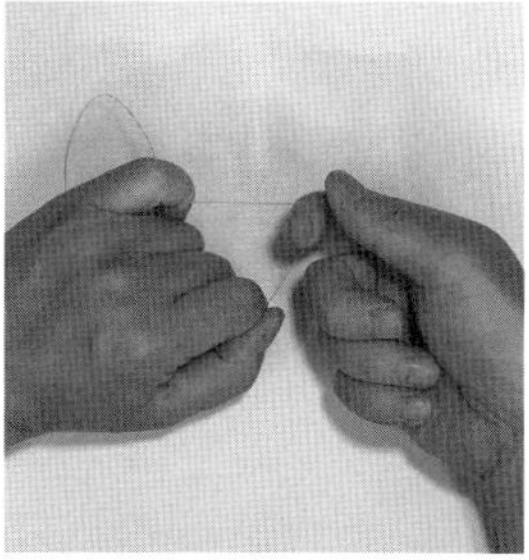

③こんな感じでラインに少し余裕をもたせます。

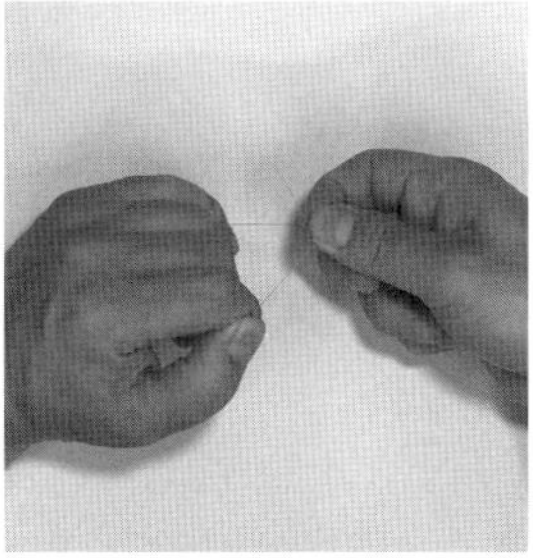

④PEラインの輪の中に、下からリーダーラインの端を3㎝ほど通します。

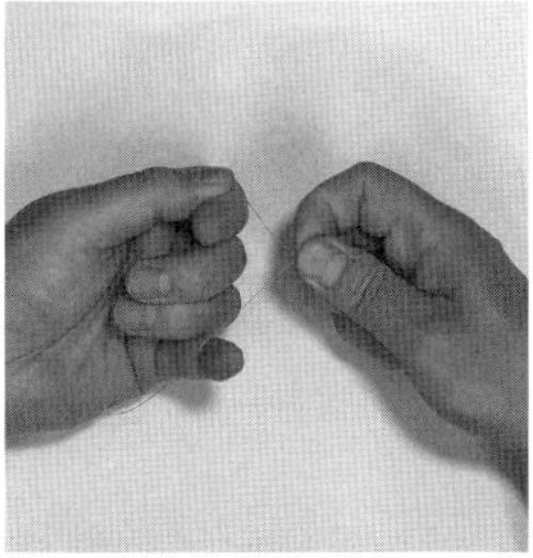

⑤左手首を上側に90度回転させます。

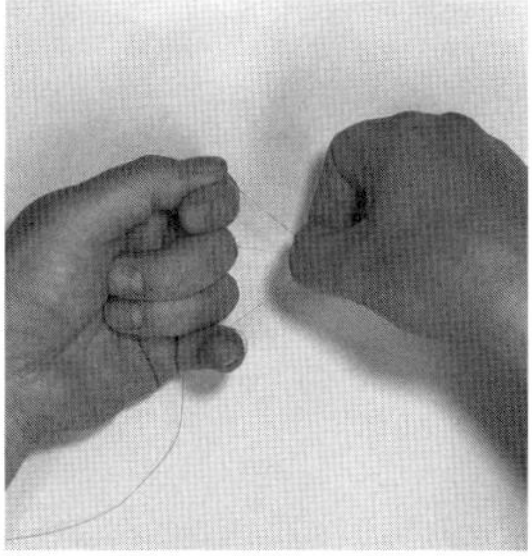

⑥リーダーの端を下側に向けて輪の中を通します。

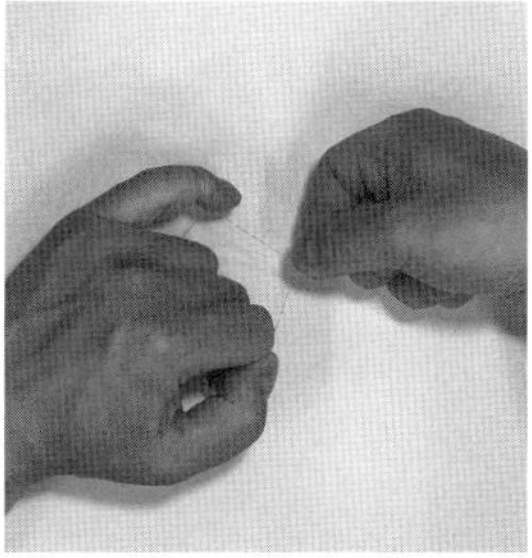

⑦左手首を回転させて元に戻します。

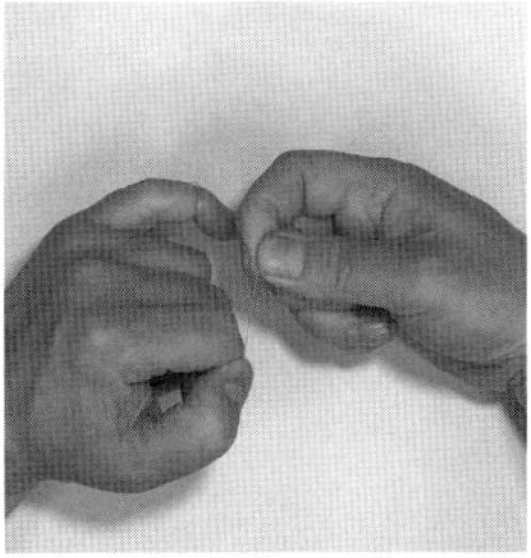

⑧リーダーの端を上に向けて、輪の中をくぐらせます。

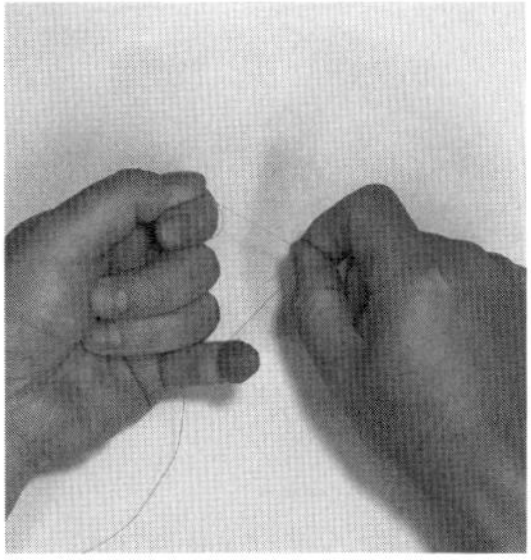

⑨左手首を上側に90度回転させます。

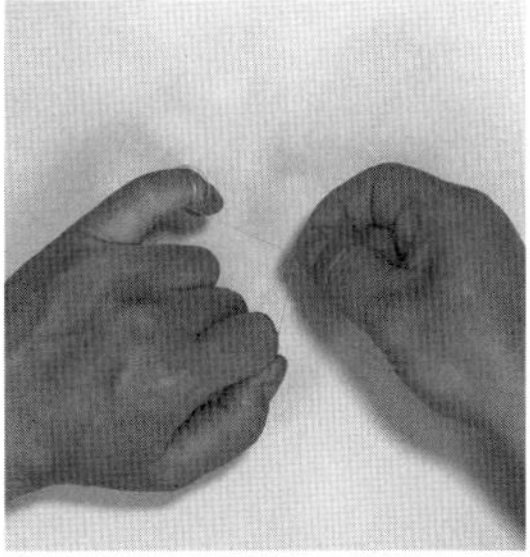

⑩④〜⑨を15回ほど繰り返してリーダーラインにPEラインを編み込みます。

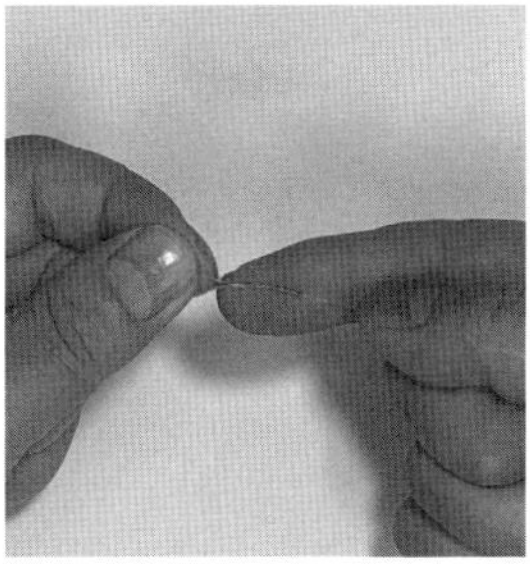

⑪編み込みが完成したところ。
※次ページへ

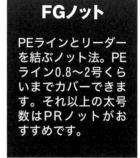

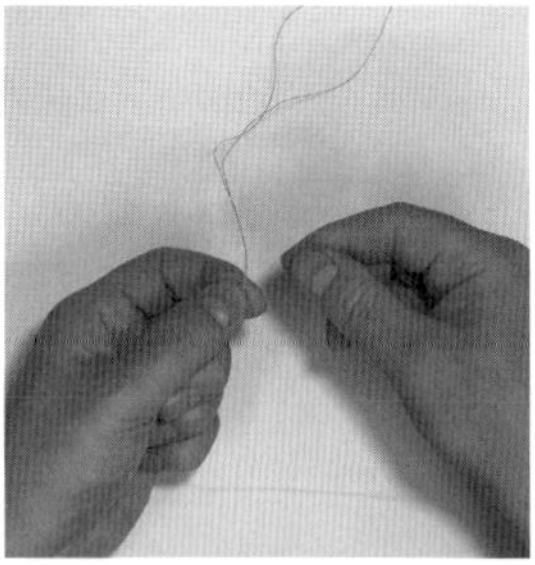

⑫指のラインを解いて、編み込み部を整えます。

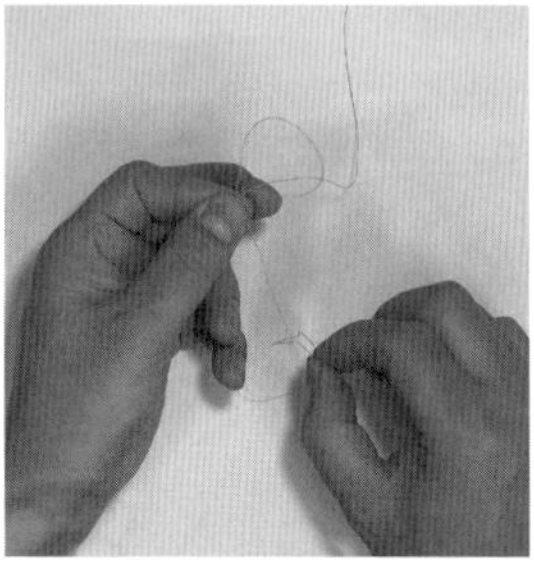

⑬リーダーラインの端とPEライン本線を真っすぐにします。

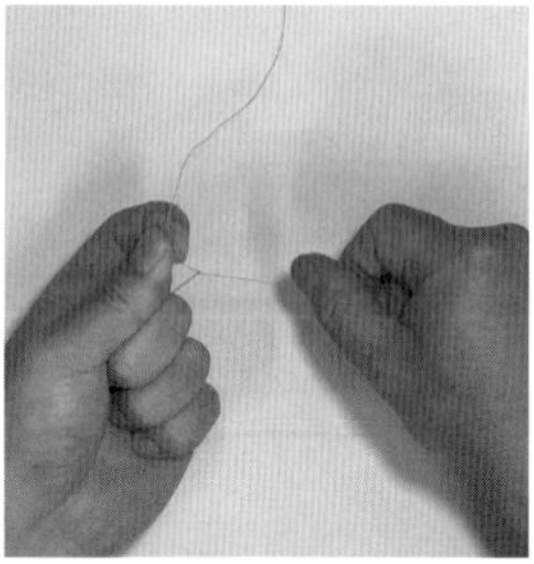

⑭PEラインの端線で、両方のラインをまとめてハーフヒッチで2回締めます。

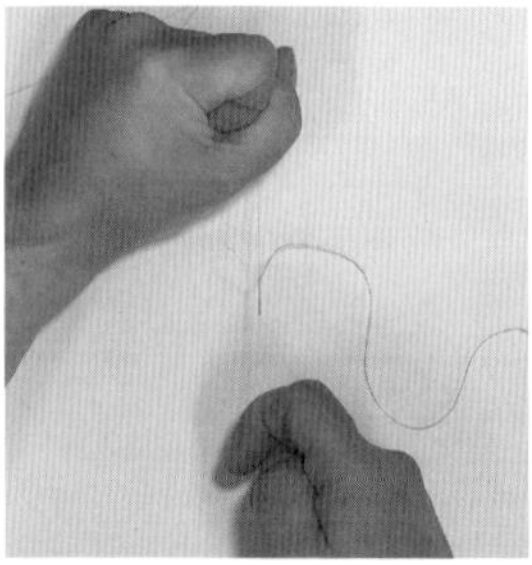

⑮リーダーラインとPEラインの本線を持って強く引いて締め込みます。

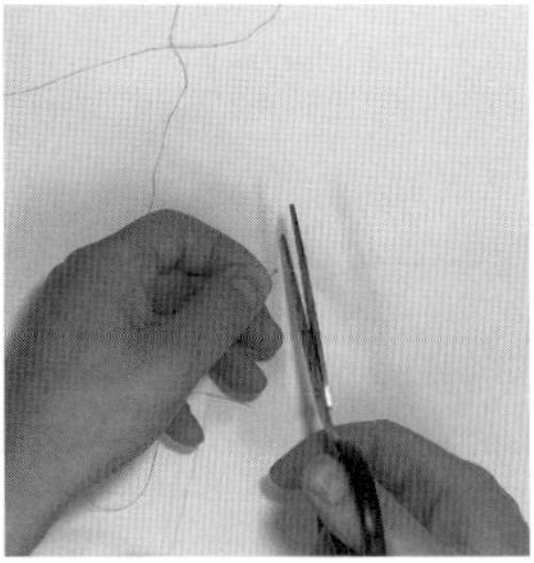

⑯リーダーラインの端を1㎜ほど残してカットします。

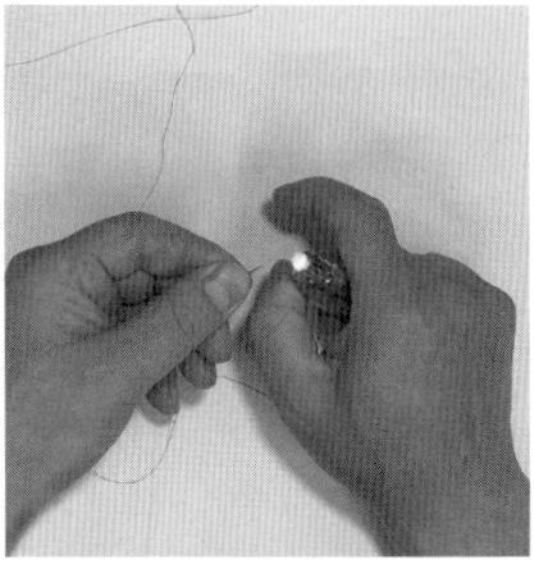

⑰リーダーラインの端をライターで炙って抜け防止のため先端を丸くします。

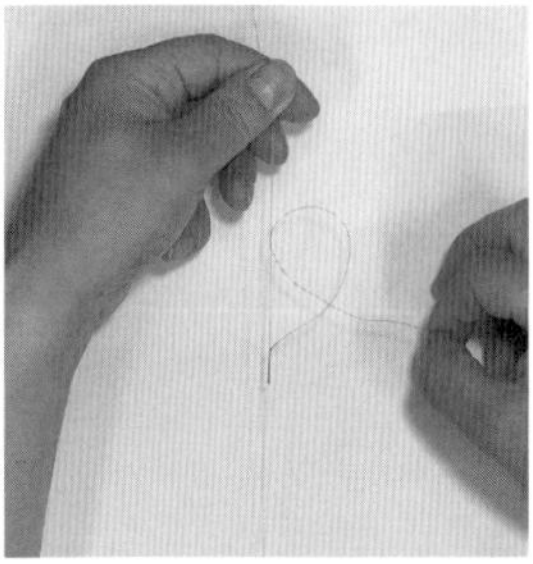

⑱PEラインの端線でPEライン本線を交互にハーフヒッチをします。

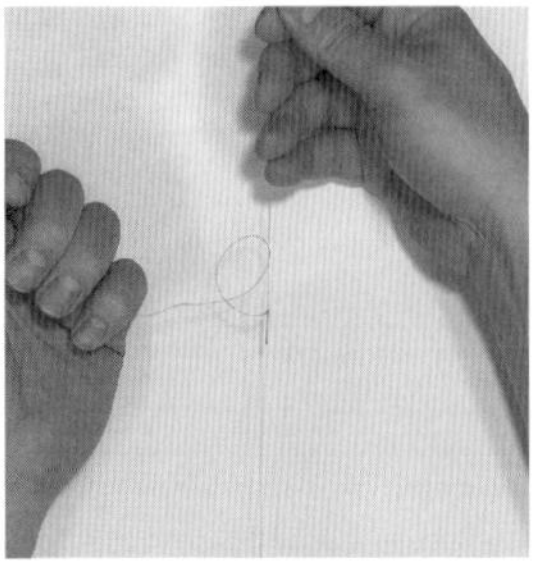

⑲ハーフヒッチをすることでショックを吸収したり解けることを防げます。

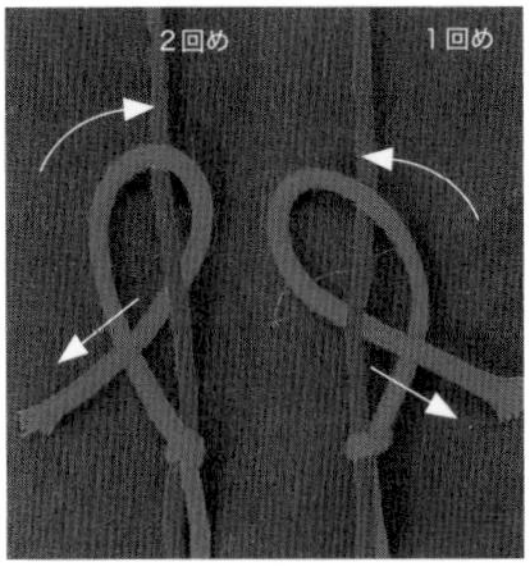

⑳ハーフヒッチやり方。

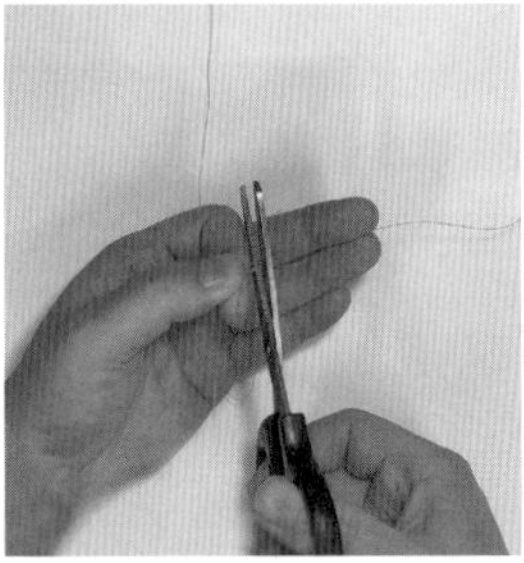

㉑最後はハーフヒッチの2回通してエンドノットを行いラインをカットします。

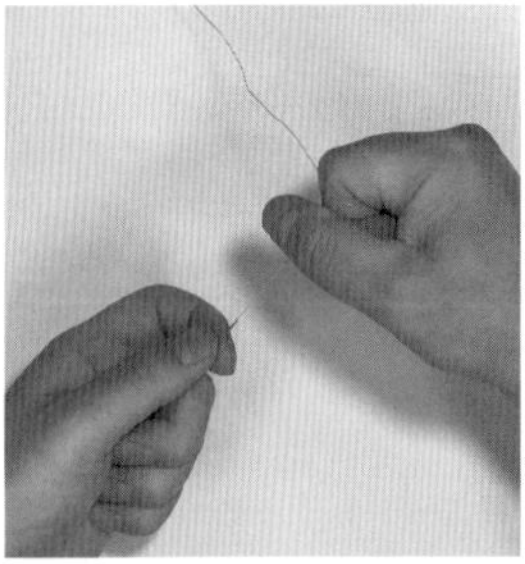

㉒最後に再度強く引いて問題がなければ完成です。

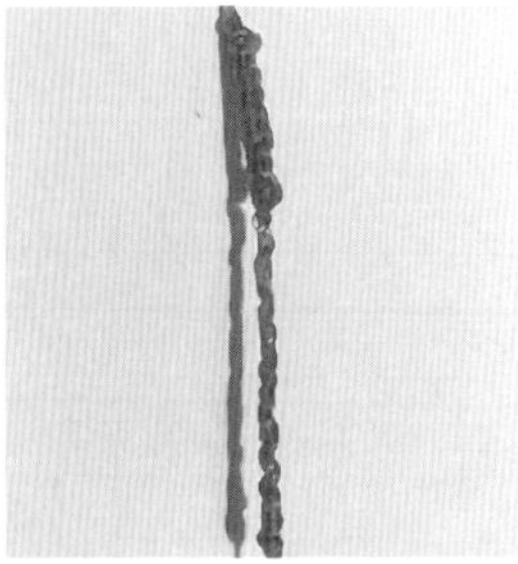

㉓結び目が小さくなるのがFGノットの特徴です。

度量衡換算表《どりょうこう》（単位換算）

釣りには日常的に使われない号やポンドが使われます。感覚になれるまでは換算表を見て覚えましょう。

■PEラインの号数をポンド表示
（0.1号＝約4lb）

号	ポンド	号	ポンド
0.1号	4lb	1.5号	30lb
0.15号	4.5lb	1.7号	34lb
0.2号	5lb	2号	40lb
0.3号	6lb	2.5号	50lb
0.4号	8lb	3号	55lb
0.5号	10lb	4号	60b
0.6号	12lb	5号	80lb
0.8号	16lb	6号	90lb
1号	20lb	8号	100lb
1.2号	24lb	10号	130lb

■長さ早見（インチ＝センチ）

インチ	センチ
1in	2.54cm
2in	5.08cm
3in	7.62cm
3.5in	8.89cm
4in	10.16cm
5in	12.7cm

■オンスをグラムに変換
（１oz＝約28.34ｇ）

オンス	グラム
1/96oz	0.30ｇ
1/64oz	0.44ｇ
1/32oz	0.89ｇ
3/64oz	1.33ｇ
1/20oz	1.42ｇ
1/16oz	1.77ｇ
1/13oz	2.18ｇ
1/11oz	2.58ｇ
3/32oz	2.66ｇ
1/8oz	3.54ｇ
3/16oz	5.31ｇ
1/4oz	7.09ｇ
5/16oz	8.86ｇ
3/8oz	10.63ｇ
7/16oz	12.40ｇ
1/2oz	14.17ｇ
5/8oz	17.71ｇ
3/4oz	21.26ｇ
1oz	28.34ｇ
1.5oz	42.51ｇ
2oz	56.68ｇ

■オモリの号数をグラムに換算
（１号＝3.75ｇ）

号	グラム	号	グラム
0.3	1.125g	21	78.75g
0.5	1.875g	22	82.5g
0.8	3g	23	86.25g
1	3.75g	24	90g
1.5	5.625g	25	93.75g
2	7.5g	26	97.5g
3	11.25g	27	101.25g
4	15g	28	105g
5	18.75g	29	108.75g
6	22.5g	30	112.5g
7	26.25g	35	131.25g
8	30g	40	150g
9	33.75g	45	168.75g
10	37.5g	50	187.5g
11	41.25g	60	225g
12	45g	70	262.5g
13	48.75g	80	300g
14	52.5g	90	337.5g
15	56.25g	100	375g
16	60g	120	450g
17	63.75g	150	562.5g

脱 迷わずステップアップ！初心者の釣り

▶発行者◀
株式会社 ケイエス企画
〒802-0074 福岡県北九州市小倉北区白銀一丁目8-26
電話 093(953)9477 ファックス093(953)9466
kskikaku.co.jp

▶発行所◀
株式会社 主婦の友社
〒141-0021 東京都品川区上大崎3丁目1番1号 目黒セントラルスクエア
(販売)☎049-259-1236

▶印刷所◀
瞬報社写真印刷 株式会社

▶企画・制作◀
株式会社 ケイエス企画

ISBN 978-4-07-345934-7